*Guerilla Marketing für Fortgeschrittene*

C(

*Jay Conrad Levinson* war Vizepräsident und Kreativ-Direktor bei den Werbeagenturen J. Walter Thompson und Leo Burnett Advertising. Heute leitet er eine eigene Marketing-Beratungsfirma. Er ist Autor von »Guerilla Marketing« und »Guerilla Verkauf«.

Jay Conrad Levinson

# Guerilla Marketing für Fortgeschrittene

## Erfolg im kleineren Unternehmen: 50 Goldene Regeln

*Aus dem Englischen von Helga Vogelmann*

Campus Verlag
Frankfurt/New York

Die amerikanische Ausgabe »Guerilla Marketing Excellence« erschien 1993 bei Houghton Mifflin Company, Boston, New York.
Copyright © 1993 by Jay Conrad Levinson.

Die Deutsche Bibliothek – CIP-Einheitsaufnahme

*Levinson, Jay Conrad:*
Guerilla Marketing für Fortgeschrittene : Erfolg im kleineren Unternehmen: 50 Goldene Regeln / Jay Conrad Levinson. Aus dem Engl. von Helga Vogelmann. – Frankfurt/Main ; New York : Campus Verlag, 1994
    Einheitssacht.: Guerilla marketing excellence < dt. >
    ISBN 3-593-35067-X

Alle deutschsprachigen Rechte bei Campus Verlag GmbH, Frankfurt/Main
Umschlaggestaltung: Atelier Warminski, Büdingen
Satz: Textline GmbH, Oberursel
Druck und Bindung: Druckhaus Beltz, Hemsbach
Gedruckt auf säurefreiem und chlorfrei gebleichtem Papier.
Printed in Germany

Dieses Buch ist jenen wunderbaren Menschen gewidmet, die mit ihren unschätzbaren Anregungen, Ratschlägen und Einfällen zu seinem Entstehen beigetragen haben:

Michael Larsen
Elizabeth Pomada
Bill Shear
Leo Burnett
Howard Gossage
Mike Lavin
John Caple
Elaine Petrocelli
Bobby Diamond

und meiner stets verständnisvollen Guerilla-Frau
Pat Levinson

# Inhalt

Vorwort: Vom Nutzen der Goldenen Regeln für Guerillas .... 11

## Erster Teil
### Goldene Regeln für Ihr Denken

1 Die Philosophie des Steinmetz ......................... 17
2 Genauigkeit ........................................... 21
3 Was die Leute in Wirklichkeit kaufen ................... 25
4 Probleme lösen ........................................ 30
5 Die beste Kundenliste der Welt ........................ 34
6 Wertschätzung für den Kunden ........................ 39
7 Bequemlichkeit ....................................... 44
8 Die Macht von Fragen ................................ 48
9 Marketing ist kein Spiel .............................. 52
10 Marketing für neue Produkte und Dienstleistungen ....... 55
11 Informationsquellen für Marketing Know-how .......... 59
12 Aufrichtigkeit ........................................ 63
13 Gewinne ............................................. 67

## Zweiter Teil
### Goldene Regeln für Ihre Effizienz

14 Der Platz im Bewußtsein des Kunden ................... 73
15 Stil oder Inhalt ....................................... 77
16 Machen Sie sich interessant .......................... 80
17 Timing ............................................... 84

18  Schlauheit .............................................  89
19  Bestechung ...........................................  92
20  Sparsamkeit..........................................  96
21  Leichte und schwere Schritte .........................  101
22  Mikro-Marketing .....................................  105
23  Die Gefahren der Originalität ........................  109
24  Judo für Unternehmer ...............................  112
25  Guerilla-Marketing für Dienstleistungen ..............  116
26  Wie man mit Fernsehwerbung den Vertrieb sichert .......  120
27  Der designierte Guerilla .............................  124
28  Strategische Allianzen ...............................  128

## Dritter Teil
### Goldene Regeln für Ihre Marketing-Unterlagen

29  Wettbewerbsvorteile .................................  135
30  Die Macht der Überschrift ...........................  140
31  Magische und tragische Worte ........................  144
32  Menschlichkeit im Marketing .........................  148
33  Humor im Marketing .................................  152
34  Der Wert von Fakten ................................  156
35  Marketing-Kombinationen ...........................  160
36  Guerilla-Tricks ......................................  165
37  Nichts zum Selbermachen ............................  170

## Vierter Teil
### Goldene Regeln für Ihre Marketing-Aktionen

38  Spionage ............................................  177
39  Glaubwürdigkeit ....................................  182
40  Zurückhaltung ......................................  186
41  In zweiter Reihe ....................................  190
42  Zeigen Sie Ihre Fürsorge ............................  194
43  Geben und Nehmen .................................  199
44  Guerilla-Netzwerke ..................................  203
45  Pioniergeist .........................................  208
46  Marketing in einer Rezession ........................  212

47  V.I.P.-Marketing ...................................... 217
48  Systematische Vorgehensweise ......................... 222
49  Guerilla-Beziehungen ................................ 226
50  Das große Fressen ................................... 230

Schlußwort: Verstöße gegen die Goldenen Regeln ............ 235

# Vorwort

## Vom Nutzen der Goldenen Regeln für Guerillas

Das erste Guerilla-Marketing-Buch war der Frage »Wie funktioniert es überhaupt?« gewidmet. Dieser Band zeigt Ihnen nun, wie Sie Ihrem Marketing den letzten Schliff geben.

Das vorliegende Buch soll Sie an gefährlichen Fallen vorbeilotsen und Ihnen gleichzeitig zeigen, wie Ihr Unternehmen höhere Gewinne erwirtschaften kann. Es wird Sie davor bewahren, sich zu jener Schar gutgläubiger Geschäftsleute zu gesellen, die Jahr für Jahr ungeheure Geldsummen für schlechtes Marketing zum Fenster hinauswerfen.

Es ist schon richtig, daß Marketing bisweilen einem Spiel gleicht, das eine Menge Spaß macht. Niemand weiß das besser als ein Guerilla. Dem Guerilla ist aber auch bewußt, daß es bei diesem Spiel um echtes Geld geht. Marketing ist deshalb kein Tummelplatz für Kinder, Amateure oder Vabanquespieler. Ihre persönliche Einstellung zum Marketing wird einen starken Einfluß auf Ihren Erfolg haben.

Die Themen, die hier zur Sprache kommen, wird man vergeblich in der Standardliteratur für Marketing suchen. Wenn Sie Ihr Betriebsergebnis entscheidend verbessern wollen, führt gleichwohl kein Weg an den Aussagen dieses Buches vorbei. Die Ratschläge in meinem ersten Buch waren zielorientiert. Auf den folgenden Seiten wollen wir der Verwirklichung Ihrer Ziele noch ein weiteres Stück näher rücken.

Meine Anregungen mögen mitunter auf den ersten Blick wie Binsenweisheiten erscheinen, die für Sie ohnehin selbstverständlich sind. Aber Binsenweisheiten sind oft gar nicht so selbstverständlich, wie man glauben sollte – das muß ich tagtäglich am eigenen Leib erfahren. Als Guerilla ist es wesentlich für Sie, *alle* diese Wahrheiten zu kennen. Das allein reicht aber nicht. Zusätzlich müssen Sie das Wesen eines Guerilla haben. Es wird am besten charakterisiert durch das Sprichwort »Wissen ist Macht«. Wenn Sie sich erstmal das nötige Wissen angeeignet haben, werden Sie gar nicht in die Versuchung kommen, die Goldenen Regeln zu brechen. Nicht einmal dann, wenn Ihre Geduld einmal am seidenen Faden hängt.

Ihre Vertrautheit mit diesen Regeln wird sich in Ihren Gewinnen niederschlagen. In die Praxis umgesetzt, geben sie Ihrem Marketing den richtigen Biß, weil Sie sich nicht mehr in Kindereien und Naivitäten verzetteln. Ihre Sachkenntnis und Ihr Sinn für Marketing werden sich so verfeinern, daß Ihre Konkurrenten vor Ehrfurcht erblassen. Kaufinteressenten werden Ihnen in Scharen zuströmen. Und Ihre Kunden werden die Wertschätzung, die Sie ihnen entgegenbringen, in Form von neuen Bestellungen und begeisterter Mundpropaganda erwidern.

Sollte Ihnen auf den folgenden Seiten irgendetwas gegen den Strich gehen oder eines Ihrer Idole vom Sockel gestoßen werden, so erwarten Sie dafür bitte keine Entschuldigung von mir. Denn das genau ist meine Absicht. Es zeigt nämlich, daß Sie den Kern der Sache zu verstehen beginnen und dabei sind, die Regeln zu lernen.

Guerillas kämpfen wie Athleten um das olympische Gold. Mit den Goldenen Regeln nehmen auch Sie am Wettkampf teil. Alle Feinheiten des Marketing werden Ihnen eingeimpft, allen voran jene kleinen, aber bedeutsamen Details, die bei den meisten Marketing-Seminaren außer acht gelassen und von den großen Marketingabteilungen übersehen werden.

Wenn ich ganz offen sein soll – und hier bin ich auf Ihren lautstarken Protest gefaßt – wird allgemein ein furchtbar schlechtes Marketing betrieben. Wenn man von einem Unternehmen mit einem überdurchschnittlichen Wachstum hört, dem ein guter Ruf vorauseilt, das expandiert und einen dauerhaften Erfolg aufweist, dann kann man mit großer Wahrscheinlichkeit davon ausgehen, daß sich dieses Unternehmen an die Goldenen Regeln hält.

Als Guerilla – aber auch als Guerilla-Lehrling – sollten Sie immer eine einfache Guerilla-Marketing-Strategie verfolgen: gesteuert von einem Guerilla-Marketing-Kalender und bis an die Zähne gerüstet mit einem ganzen Arsenal von Guerilla-Marketing-Waffen.

Dieses Handwerkszeug zusammen mit der Beherrschung der Goldenen Regeln wird Ihnen Ihren gerechten Anteil am großen Kuchen sichern – oder darf's vielleicht etwas mehr sein? Ihre Gewinne werden sich in jedem Fall steil nach oben bewegen.

Unternehmer jedoch, die sich ohne diese Voraussetzungen auf das Abenteuer Marketing einlassen, gehen ein großes Risiko ein. In dieser Arena wird Sie alles, was Sie nicht wissen, teuer zu stehen kommen. An den Reaktionen Ihrer Kunden und Interessenten werden Sie dieses Manko bestimmt zu spüren bekommen.

Ist es also unabdingbar, jede einzelne dieser Goldenen Regeln zu kennen? Ja, absolut. Ist es nötig, jede Regel in allen Situationen zu befolgen? Keineswegs. Aber ein richtiger Guerilla-Denker kennt zumindest die Regel, gegen die er oder sie *absichtlich* verstößt, kann die Konsequenzen seines Handelns abschätzen und steht nicht da wie jemand, der eine Regel *unabsichtlich* mißachtet hat.

Freilich, alle Regeln unterliegen einem ständigen Wandel. Aber goldene Regeln haben es so an sich, daß sie Grundwahrheiten beinhalten, die sich viel langsamer ändern als der Rest. Und einige davon ändern sich nie.

Der Guerilla-Unternehmer, der diese Goldenen Regeln kennt, weiß, wie man an Marketing herangehen muß. Ein Talent übrigens, das viele Konkurrenten nie entfalten. Seine Guerilla-Marketing-Aktionen sind vorbildlich organisiert und spiegeln seine große Sachkenntnis und seine Marketing-Philosophie wider.

Die 50 Goldenen Regeln gehören Ihnen – befolgen oder mißachten Sie sie. Ihre Zukunft und die Ihres Unternehmens hängen von Ihrer Entscheidung ab.

*Erster Teil*
## Goldene Regeln für Ihr Denken

# Die Philosophie des Steinmetz

## Goldene Guerilla-Marketing-Regel Nr. 1:

*Rechnen Sie nicht immer mit einem sofortigen Erfolg, sondern üben Sie sich in der Guerilla-Tugend der Weitsicht.*

Stellen Sie sich einen Steinmetz vor, wie er den Hammer immer wieder von neuem schwingt und den Stein behaut, immer wieder, immer wieder. Beim fünften Schlag bricht der Stein entzwei.

Heißt das nun, daß nur fünf Hammerschläge nötig waren, um diese schwere Arbeit zu verrichten? Natürlich nicht. Es erforderte fünfhundert, vielleicht sogar fünftausend Schläge, bis es soweit war. Der letzte Schlag allein ist nicht von Bedeutung. Er wirkt nur als einer von vielen, die nötig waren, um die Arbeit des wackeren Handwerkers zu vollenden. Ein ungeübter Beobachter zieht einfach den Schluß, daß fünf Hammerschläge erforderlich sind, um einen Stein zu zerschlagen, nicht mehr und nicht weniger. Aber der Steinmetz und Sie wissen es besser.

Die ganze Wahrheit über Marketing lautet, daß es ein bißchen wie Steineklopfen ist. Ihr Messestand allein wird keine große Wirkung haben, ebensowenig wie Ihr Direktmailing-Brief. Aber Ihr Stand *und* Ihr Brief *und* Ihre Radiowerbung *und* Ihre Anzeigenkampagne *und* Ihre Publicity *und* Ihr persönlicher Einsatz *und* Ihre Geduld werden gemeinsam dazu beitragen, daß Sie Ihr Ziel schließlich erreichen.

Welcher Hammerschlag hat also den Stein gespalten? Welches Marketinginstrument alle Gewinnrekorde gebrochen?

Der Steinmetz bekommt seinen Lohn für behauene Steine. Der Marketing-Direktor erhält seine Anerkennung für die zusätzlichen Gewinne, die auf sein Marketing zurückzuführen sind. Es erfordert eine starke Persönlichkeit, um durchzuhalten, wenn der Stein Schlag um Schlag nicht auseinanderbrechen will. Und es erfordert außergewöhnliche Standfestigkeit, zu seinem Marketing-Programm zu stehen, wenn unmittelbare Erfolge ausbleiben.

Trotzdem glauben viele Angehörige unserer Streß-Generation, daß die Wirkung immer sofort spürbar sein muß. Das mag auf viele Menschen tatsächlich zutreffen, nicht jedoch auf den Guerilla.

Ein guter Steinmetz weiß, daß es keinen Felsen gibt, den er nicht spalten könnte. Er ist geduldiger als jeder Stein. Wirklich gute Marketingleute wissen, daß es keine Anforderung gibt, der sie nicht gewachsen wären. Sie haben einen längeren Atem als die Konkurrenz. Zuerst stecken sie sich hohe Ziele. Dann setzen sie alles daran, sie durch beispielhaften Einsatz auch zu erreichen.

Ihre Vorgehensweise ist durch zwei Merkmale gekennzeichnet: erstens durch äußerste Zurückhaltung, was die Änderung eines einmal beschlossenen Marketing-Konzeptes betrifft, und zweitens durch die Bereitschaft, zu einem geplanten Konzept auch zu stehen, selbst wenn sich nicht sofort ein finanzieller Erfolg einstellt.

Um einen erfahrenen Geschäftsmann zu zitieren: »Ein guter Manager hat genug Verstand, um sich gute Leute zu suchen, die für ihn das erledigen, was er erledigt haben möchte, und gleichzeitig genug Selbstbeherrschung, um sich nicht dauernd einzumischen, während sie es tun.«

Der Steinmetz sucht sich einen Punkt des Steines aus, auf den er immer wieder einschlägt. Der Marketing-Profi sucht sich eine Marktnische und konzentriert sich voll darauf. Endlich – der Stein bricht entzwei. Endlich – die Marktnische gehört Ihnen, das Marketing-Ziel ist erreicht. Das erfordert kein besonderes Genie, dafür aber eine gehörige Portion Standfestigkeit.

Wenn Sie erwarten, daß Ihr Marketing – egal wie phantastisch es auch sein möge – auf der Stelle phänomenale Ergebnisse bringt, so wird Ihr Lebensweg mit Magengeschwüren und Sorgenfalten gepflastert sein. Wenn Sie aber Ihrem Marketing-Konzept – und ein solches zu haben, ist von allergrößter Wichtigkeit – Zeit geben, um wirken und sich entfalten, anregen und Bedürfnisse erwecken zu können, werden Sie bald erkennen, daß es im Prinzip immer funktioniert und daß oftmals gerade die altbewährten Methoden die Garanten für den Erfolg sind.

Es ist gar nicht so unwahrscheinlich, daß Ihnen all das, was ich hier niedergeschrieben habe, bereits bekannt war. Aber warum läuft dann im Marketing so oft etwas schief? Weil ständig an ihm herumgebastelt wird, bevor es überhaupt eine Chance hat, seine Wirkung zu entfalten.

Hier zeigt sich nämlich die Kehrseite unseres Bedürfnisses nach raschen Ergebnissen und größtmöglicher Zeitersparnis. So nobel diese Bestrebungen an sich auch sein mögen, sind sie doch keine Richtschnur für einen Steinmetzen oder einen Marketing-Direktor. Marketing unterscheidet sich nämlich ganz wesentlich von den meisten herkömmlichen menschlichen Tätigkeiten.

Kein Steinmetz wird mit Hast an seine Aufgabe herangehen. Ein Steinmetz wird nie ungeduldig rasche Ergebnisse erwarten. Aber alle Steinmetze sind davon überzeugt, daß sie früher oder später die Aufgabe, die sie in Angriff genommen haben, bewältigen werden. Sie konzentrieren sich auf das langfristige Ergebnis, statt die schier undurchdringliche Oberfläche des harten Felsens vor sich anzustarren.

Karate-Experten werden Ihnen bestätigen, daß sie ein Brett nie mit einem Schlag Ihrer bloßen Hand durchschlagen werden, solange sie sich auf den Punkt des Bretts konzentrieren, an dem der Aufprall stattfindet. Andererseits gelingt ihnen dies in dem Moment, da sie sich auf den Punkt *unterhalb* des Bretts konzentrieren, wo ihre Hand nach dem Schlag aufkommen wird.

Die kleineren Unternehmen sind bevölkert mit Leuten, die gespannt auf den Punkt *am* Brett starren. Diese Kurzsichtigkeit führt zu nichts außer zu blutigen Händen – oder zu fruchtlosen Marketing-Investitionen.

Guerillas nehmen das Brett nicht einmal wahr. Es hat keine Bedeutung im Vergleich zu dem Platz darunter, wo sie hinmöchten. Diese weitsichtige Methode, an die Dinge heranzugehen, weist ihnen den Weg zu ihrem Ziel. Der Weg dorthin ist lediglich eine Notwendigkeit. Das ist die Einstellung, die eines Steinmetzen würdig ist. Es ist auch die Geisteshaltung eines Guerillas. Beide stehen vor dem, was einem Unwissenden als unmögliche Aufgabe erscheint. Beide wissen, daß es gar nicht schiefgehen kann.

Einer meiner Kunden wandte das Prinzip des Steineklopfens in einzigartiger Weise an. Er hatte gerade ein Spezialgeschäft für Betten eröffnet und brauchte dringend eine Anzeige für das Branchenverzeichnis. Wie sollte er sie formulieren? Worauf sollte er besonders hinweisen? Wie sollte er es am besten angehen? Was würde der Steinmetz an seiner Stelle tun?

Den ersten Hammerschlag auf den Stein bewältigte mein Kunde, indem er eine große öffentliche Bibliothek aufsuchte. Die folgenden 100 Schläge bestanden in einem Intensivstudium der Kapitel für *Betten* in 100 verschiedenen Telefonbüchern und Branchenverzeichnissen. Dabei machte er sich zahlreiche Notizen. Was für den Steinmetz der Hammer, war für ihn der Kugelschreiber.

Er notierte sich die besten Aussagen, die stärksten Sätze, die ansprechendsten Werbeslogans. Am genauesten sah er sich die großen Anzeigen an, weil er davon ausging, daß diese von erfolgreichen Unternehmen plaziert worden waren und daher in die richtige Richtung wiesen. Mit seinem »Hammer« führte er die Nachforschungen peinlich genau durch.

Sodann kombinierte er die besten Elemente der besten Anzeigen für die besten Bettengeschäfte des Landes und bastelte sich so eine Anzeige für sein eigenes Geschäft zusammen, die ihm seit mittlerweile 20 Jahren die Bettenkäufer in Scharen zutreibt. Jeder Interessent, der den Weg in seinen Ausstellungsraum findet, ist ein weiteres in Stein gehauenes Meisterwerk, das Ergebnis vieler einzelner Hammerschläge.

Ist das ganz plötzlich geschehen? Ganz und gar nicht. Aber es passiert ständig, weil er sich an die Goldene Regel der Steinmetze und Guerillas gehalten hat.

# Genauigkeit

## Goldene Guerilla-Marketing-Regel Nr. 2:

*Die Fähigkeit, Ihren Markt oder Ihre Märkte genau zu definieren, hat enormen Einfluß auf Ihre Gewinne.*

Diese Goldene Regel wird wohl niemanden in besonderes Erstaunen versetzen. Was dagegen verblüfft, ist die große Zahl von Unternehmern, die den Markt, den sie mit ihren Produkten bedienen wollen, nicht genau definieren können.

Von den vielen Fehlern, die von den Inhabern kleinerer Unternehmen beim Marketing begangen werden – und die Auswahl ist hier leider ziemlich groß – ist dies einer der verbreitetsten und auffälligsten.

Testen Sie anhand der folgenden kleinen Frage selbst, ob Sie dieses Vergehens gegen das Guerilla-Marketing für schuldig befunden werden müssen:

*Beantworten Sie bitte, ohne vorher lange nachzudenken, die Frage: »In welcher Branche sind Sie tätig und was ist das Besondere an Ihrer Firma?« Wie würde Ihre Antwort lauten?*

Wenn Sie bei der Beantwortung dieser Frage lange überlegen müssen oder wenn Ihre Antwort zu lang ausfällt und zu viele Wenns und Abers enthält, sind Sie überführt. Überführt der Sünde, Ihre Marktposition nicht klar und deutlich festzulegen. Sie begehen damit den größten Fehler, der einem im Marketing unterlaufen kann.

Guerillas wissen, daß sie sich auf klar umrissene Zielgruppen konzentrieren müssen, um sich deutlich am Markt zu positionieren. Hier einige Tips, wie Sie richtig an Ihre Positionierung herangehen:

Zuerst setzen Sie sich hin und *erstellen eine Liste Ihrer zehn besten Kunden oder Klienten.* Danach stellen Sie sich die folgenden sieben Fragen über sie:

1. Was lesen sie? Geben Sie sich die Mühe, die eines Guerillas würdig ist, und finden Sie die Namen der Publikationen heraus: Tageszeitungen

Nachrichtenmagazine
Publikationen von Interessenvertretungen
Fachzeitschriften
Konsumentenmagazine
Rundschreiben

2. Welche Veranstaltungen besuchen sie?
Politische Versammlungen
Messen
Veranstaltungen auf Gemeinde- oder Bezirksebene

3. Welchen Gemeinschaften gehören sie an?
Clubs
Vereine
Fach- und Berufsverbände

4. Worauf reagieren sie am besten?
Telefonanrufe
Briefe
Persönliche Besuche
Andere Marketinginstrumente

5. Auf welchem Weg wurden sie auf Sie aufmerksam?
Massenmedien
Direkt-Marketing
Mundpropaganda

6. Was ist der Grund, daß sie zu Stammkunden geworden sind?
Service
Qualität
Persönliche Betreuung

7. Welches sind ihre Probleme?

Sobald Sie die Antworten auf diese sieben Fragen gefunden haben, machen Sie sich an die Arbeit. Lesen Sie das, was Ihre Kunden lesen. Gehen Sie zu den Veranstaltungen, die von ihnen besucht werden. Werden Sie Mitglied in denselben Vereinen. Suchen Sie eine gemeinsame Wellenlänge mit Ihren Kunden. *Bestimmen Sie so geistig Ihren Markt.*

Im nächsten Schritt wenden Sie Ihre neugewonnenen Erkenntnisse an, um mit möglichen Interessenten genauso in Kontakt zu treten, wie Ihnen das bei Ihren Kunden bereits gelungen ist. Was genau ist denn bitte ein Interessent? Ein potentieller Kunde.

Unterstreichen Sie dieselben Vorzüge, denen Sie bereits Ihre bestehenden Kunden zu verdanken haben. Umwerben Sie Ihre Interessenten besser als jeder Konkurrent, indem Sie eine *Extraleistung* erbringen. Wie können Sie herausfinden, wer Ihre Interessenten sind? Drei Antworten: (1) Lassen Sie sich von ihnen »entdecken«. Das erreichen Sie mit Hilfe Ihres umfangreichen Arsenals an Marketing-Waffen, das Sie gezielt einsetzen, um Ihre größten Vorzüge herauszustreichen und zu einer Kontaktaufnahme einzuladen – etwa mittels einer Gratisprobe oder eines Antwort-Koupons; (2) Verfolgen Sie aktiv Hinweise auf mögliche Interessenten, die Sie aus Ihrem bestehenden Kundenkreis erhalten; (3) Ziehen Sie die Konsequenzen aus den Erkenntnissen, die Sie aus den sieben Fragen über Medien, Veranstaltungen und Gruppenzugehörigkeit gewonnen haben.

Als Guerilla zählt es zu Ihren Aufgaben, unablässig Interessenten davon zu überzeugen, *daß Sie imstande sind, ihre Probleme zu lösen.* Sobald aus diesen potentiellen Kunden wirkliche Kunden geworden sind, schreiten Sie zur Tat. Um den richtigen Blickwinkel zu bekommen, stellen Sie sich diese Aufgabe als einen Kreis vor. Die eine Hälfte des Kreises besteht aus Ihren Interessenten, die eine Lösung für ihre Probleme suchen. Weil Sie tatsächlich eine Lösung dafür parat haben, werden die Interessenten zu Kunden. Weil Sie ihre Probleme gelöst haben, bringen sie Ihnen neue Interessenten. Das ist die andere Hälfte des Kreises. 95 Prozent der Unternehmer agieren lediglich in der einen Hälfte des Kreises. Sie müssen aber den ganzen Kreis bearbeiten, um aus Ihrem Angebot das Beste zu machen.

Es gibt wenige Dinge, die für einen Guerilla so wertvoll sind wie die Namen und Adressen von Interessenten sowie die Kontakte, die über seinen Bekanntenkreis zustandekommen – und alles gratis.

In dem vorliegenden Buch der Goldenen Regeln werde ich immer wieder auf die Idee des Kunden-Fragebogens zurückkommen. Wenn Sie Ihren versenden, stellen Sie sicher, daß die sieben Fragen darin enthalten sind. Und machen Sie es sich zur eisernen Regel, die erhaltenen Informationen in Ihre weitere Vorgehensweise einfließen zu lassen.

Es wäre reine Zeitverschwendung, die Informationen zu sammeln, ohne sie anschließend zu verwerten. *Handeln ist der Zweck der Übung.*

Die Auseinandersetzung mit den Antworten auf die sieben Fragen wird Ihnen dabei helfen, sich eine klare Vorstellung von Ihrem Markt zu machen. Sie werden deutlicher spüren, wo Ihre Stärken und Schwächen liegen. Sind Ihnen diese aber erst einmal bewußt, dann haben Sie bereits den ersten Schritt in Richtung auf eine klare Linie getan.

Das Marketing ändert sich. Die Leute ändern sich. Die Zeiten ändern sich. Die Medien ändern sich. Die Prioritäten ändern sich. Auch die Antworten auf Ihre sieben Fragen werden sich im Laufe der Zeit verändern. Eines schönen Tages erscheint dann ein dynamisches Unternehmen auf der Bildfläche und ermittelt die aktuellen Antworten auf diese Fragen. Und damit wird dieses Unternehmen einen unschätzbaren Wettbewerbsvorteil in seiner Branche haben.

Und wem wird dieses dynamische Unternehmen wohl gehören? Es wird Ihre Firma sein, weil Sie am Puls der Zeit geblieben sind. Etwa alle drei Jahre sollten Sie einen neuen Kunden-Fragebogen versenden. Stellen Sie wieder die sieben Fragen. Stellen Sie zehn oder zwanzig oder mehr Fragen, wenn Sie wollen. Stellen Sie die Fragen, die Sie früher bereits gestellt haben, zusammen mit beliebig vielen neuen Fragen.

Ihre Fragebogen-Aktionen sollten aber nicht auf Ihre Kunden beschränkt bleiben. Befragen Sie Ihre eigenen Mitarbeiter, wie sie Ihr Produkt oder Ihre Dienstleistung sehen. Manchmal kommen die wertvollsten Informationen aus ungeahnten Quellen: von Empfangsdamen, Sekretärinnen, Büroboten, Sachbearbeitern und anderen Leuten aus den unteren Hierarchieebenen.

Nur wenn Sie diese Methoden konsequent und gewissenhaft anwenden, werden Sie in der Lage sein, Ihren Zielmarkt genau im Auge zu behalten. So können Sie der Verschwendung Ihres Marketing-Budgets und Ihrer kostbaren Zeit wirkungsvoll einen Riegel vorschieben.

Allzu viele Unternehmen arbeiten mit veralteten Kundendaten oder, noch schlimmer, ganz ohne. So wird es ihnen nie gelingen, ihren Markt zu definieren. Diese Goldene Regel könnte ihre Rettung sein.

# Was die Leute in Wirklichkeit kaufen

## Goldene Guerilla-Marketing-Regel Nr. 3:

*Richten Sie Ihr Marketing an Leute, die schon zum Kauf entschlossen sind, und werden Sie sich klar darüber, was sie in Wirklichkeit von Ihnen kaufen wollen.*

Die Menschen erwarten von jedem Produkt und von jeder Dienstleistung eine Unzahl von Vorzügen. Es liegt daher an Ihnen, den Leuten, die hier und heute in den Genuß dieser Annehmlichkeiten kommen wollen, unablässig alle diese Vorzüge klarzumachen. Und schon haben Sie Ihren Verkauf unter Dach und Fach.

Ein Interessent wird nicht wegen Ihres Hochglanz-Marketing zum Kunden, sondern weil Ihr Marketing eine Saite in seinem Kopf zum Klingen gebracht hat. Das Bedürfnis nach den Vorzügen Ihres Produktes ist geweckt worden. Marketing funktioniert nicht etwa so, daß es Produkte oder Dienstleistungen zum Kauf anbietet. Es unterstützt vielmehr die Leute bei ihrer Suche nach bestimmten Vorzügen, die mit dem *Besitz* des Produktes oder der Dienstleistung verbunden sind.

Um Ihnen zu verdeutlichen, wie Marketing funktioniert, müssen Sie sich darüber klarwerden, was die Kunden wirklich kaufen.

- Sie kaufen *Nutzen* und nicht Attraktionen.
- Sie kaufen Ihre *Versprechungen*. Also Vorsicht.
- Sie kaufen Ihre *Glaubwürdigkeit*.
- Sie kaufen *Lösungen* für ihre Probleme.
- Sie kaufen *Sie*, Ihre *Angestellten*, Ihre *Kundendienst-Abteilung*.
- Sie kaufen *Reichtum, Erfolg, Sicherheit, Liebe, Anerkennung*.
- Sie kaufen Ihre *Garantie*, Ihre *Reputation* und Ihren *guten Namen*.
- Sie kaufen die *Meinung anderer* über Ihr Geschäft.
- Sie kaufen *Erwartungen*.
- Sie kaufen *einleuchtende* Behauptungen, nicht bloß aufrichtige.

- Sie kaufen *Hoffnung* für ihre eigene Zukunft und die ihres Unternehmens.
- Sie kaufen *Markennamen* lieber als unbekannte Namen.
- Sie kaufen die *Beständigkeit*, die Sie an den Tag legen.
- Sie kaufen das *Ansehen* der Medien, in denen Sie werben.
- Sie kaufen *Wert* – was nicht dasselbe ist wie Preis.
- Sie kaufen *Auswahl,* und oftmals das Beste aus Ihrer Auswahl.
- Sie kaufen *Risikofreiheit*, die durch Ihre Garantie gewährleistet ist.
- Sie kaufen die *Anerkennung Dritter* für Ihre Produkte und Dienstleistungen.
- Sie kaufen *Zuverlässigkeit.*
- Sie kaufen *Bequemlichkeit* beim Einkaufen, beim Zahlen und in vielen anderen Bereichen.
- Sie kaufen den *Respekt,* den Sie ihrer Person und ihren Ideen entgegenbringen.
- Sie kaufen Ihre *Identität*, die durch Ihr Marketing vermittelt wird.
- Sie kaufen *Klarheit*; was sie nicht verstehen, kaufen sie nicht.
- Sie kaufen *Stil* – die Art von Stil, die zu ihnen paßt.
- Sie kaufen *Sauberkeit* und schließen daraus, daß das Ihre Art ist, Geschäfte machen.
- Sie kaufen *Aufrichtigkeit*; ein unehrliches Wort bedeutet: keine weiteren Verkäufe.
- Sie kaufen *Komfort* in Form von Angeboten, die ihrem Begriff von Komfort entsprechen.
- Sie kaufen *Erfolg*: Ihren Erfolg, aus dem ihr eigener werden kann.
- Sie kaufen *guten Geschmack* und haben eine genaue Vorstellung davon, was das ist.

Guerilla-Unternehmen sagen den richtigen Leuten, was sie bei ihnen finden werden – nämlich all die Vorzüge in der obigen Liste – und *das* macht die Wirkung von Marketing aus. Marketing funktioniert, weil es dafür sorgt, daß *aus Interessenten Kunden werden*; daß ihnen genau das angeboten wird, was sie wollen oder brauchen; und daß sie sowohl bewußt als auch unterbewußt ausgiebig auf den Nutzen, nach dem sie suchen, hingewiesen werden.

Marketing funktioniert auch deshalb, weil Unternehmen mit Köpfchen sich darüber im klaren sind, was ihre Kunden *nicht* kaufen: ausgefallenen Firlefanz; marktschreierische Schlagzeilen; Spezialeffekte; Artikel, die nicht zu ihrer Persönlichkeit passen; grelles Marketing; verlogenes Marketing; ein niedriger Preis (Wußten Sie, daß das nur für 14 Prozent der eigentliche Kaufgrund ist?); unbekannte Produkte; oder eine aufwendige Verpackung, die von den Hauptvorzügen ablenkt.

Kunden kaufen auch nicht jene Art von Humor, die sich über den Zweck des Produktes lustig macht; Angebote, die in einer unleserlichen Schrift angekündigt werden; Angebote, die mit Grammatik- und Rechtschreibfehlern gespickt sind; Verkäufer, die nicht zuhören können; oder Sachen, die sie nicht ganz verstehen. Die Leute kaufen keine technischen Spielereien, die keinen klar erkennbaren Nutzen bieten; die geringste Unehrlichkeit, in welcher Form auch immer; unglaubwürdige Versprechungen (nicht einmal dann, wenn sie stimmen); zweifelhafte Qualität oder Service; oder auch nur einen Anflug von Dilettantismus in Ihrem Marketing.

Marketing, das seinen Zweck erfüllt, hütet sich vor all diesen Verkaufstötern. Marketing funktioniert nur dann, wenn Sie wirklich verstehen, was man in diesem Zusammenhang unter *gelungenem* Marketing versteht. Ein gelungenes Marketing sichert Ihnen Umsätze und Gewinne. Es zeigt Ihnen, welche Ihrer Angebote einen hohen Gewinn abwerfen und welche nicht. Es ermutigt Ihre Kunden, öfter bei Ihnen vorbeizuschauen und mehr Geld bei Ihnen auszugeben. Es lockt Interessenten und Gewinne von Ihren Konkurrenten weg. Es erinnert Ihre Kunden und Ihre potentiellen Kunden an Ihre Hauptvorzüge. Ihnen geht das ständige Wiederholen dieser Vorzüge vielleicht schon auf die Nerven; Kunden und Interessenten langweilen sich nicht so leicht. Und schließlich begründet und verstärkt Marketing Ihre Identität und Ihren guten Ruf. Marketing funktioniert bei Firmen, die auf diese Ziele hinarbeiten.

Marketing funktioniert nicht bei Firmen, die unrealistische Erwartungen in die Macht des Marketing setzen. Das muß Ihnen klar sein. Marketing kann keinen plötzlichen Zustrom neuer Kunden bewirken, eine sofortige und dramatische Gewinnsteigerung auslösen, zweitklassige Qualität und fragwürdigen Service ausgleichen, alle Ihre Liquiditätsprobleme lösen, einen Bedarf für unbrauchbare Produkte oder Dienstleistungen wecken oder das richtige Produkt an die falschen Leute, am falschen Ort und zur falschen Zeit verkaufen.

Welche Art von Marketing erreicht nun die Leute, die wirklich kaufen? Das ist ganz einfach: Marketing, das *Interessenten anspricht* und *Kunden informiert*. Das kann nur funktionieren, wenn es bei ihnen auch tatsächlich auf Interesse stößt. Am leichtesten geht das, indem Sie Ihre Vorzüge unterstreichen. Marketing funktioniert, weil es Interessenten dazu anregt, einen Kauf zu tätigen. Und es funktioniert auch deshalb, weil Sie den wesentlichen Punkt erkannt haben und sich nach ihm richten: Treue zu Ihrem Marketing-Konzept.

Zum Glück für Guerillas ist es recht einfach, die Leute zu erreichen, die kaufen wollen, und sie davon zu überzeugen, daß Sie genau das haben, was sie wollen. Das liegt daran, daß so wenig wirklich gutes Marketing gemacht wird, weil so wenige wissen, wie man *die Leute richtig anspricht*. Und deshalb können Sie, mit den Fähigkeiten und dem Elan eines Guerilla ausgestattet, sich von Ihren Konkurrenten abheben und sie in den Augen Ihrer Interessenten überflügeln.

Die Leute brauchen und wollen Dinge, und Marketing zeigt ihnen, daß diese Sachen verfügbar, erschwinglich und begehrenswert sind. Das funktioniert, weil viele Leute gerade planen, etwas zu kaufen und es ehrlich schätzen, wenn man sie in die richtige Richtung lenkt.

Ich erinnere mich noch, wie ich als frischgebackener College-Absolvent beschloß, ich müsse mir unbedingt einen Geschäftsanzug zulegen. Aber wo sollte ich den kaufen? Wieviel würde ich dafür hinlegen müssen? Und welche Kriterien sollten mich bei meinem Kauf leiten? Zufällig – obwohl es sich in Wirklichkeit selten um einen Zufall handelt – las ich eine Zeitungsanzeige. Überschrift: Wieviel sollte ein Mann für einen Anzug ausgeben?

Was meinen Sie, habe ich diese Anzeige Wort für Wort verschlungen? Habe ich daraus erfahren, wonach ich suchen mußte, was es mich kosten würde und wo ich meinen neuen Anzug kaufen konnte? Und ob. In diesem, wie in vielen anderen Fällen, funktionierte das Marketing, weil es die Zielperson genau auf dem richtigen Fuß erwischte. Mir erschien es so, als ob diese Anzeige an mich persönlich gerichtet wäre und nicht an irgendeinen anonymen Menschen, der mir womöglich gerade über die linke Schulter schaute.

Marketing allein hätte mich nicht dazu bringen können, mir in dieser Woche einen neuen Anzug zu kaufen, wenn ich nicht ohnehin schon selbst mit dem Gedanken gespielt hätte. Aber das Marketing, das auf jemanden abzielte, der sich geistig bereits im Markt befand, hat funktioniert, weil es mir genau das bot, wonach ich suchte: Information, Vorzüge und eine Adresse, wo ich meinen Kauf abwickeln konnte.

Das waren die Dinge, die ich damals wirklich kaufte. Und weil mir das Unternehmen mit seiner Anzeige genau das anbot, machten sie das Geschäft mit mir.

Marketing erweckte in mir den übermächtigen Wunsch, Kunde bei diesem Unternehmen zu werden. Genau das legt Ihnen diese Goldene Regel auch ans Herz.

# Probleme lösen

## Goldene Guerilla-Marketing-Regel Nr. 4:

*Es ist bei weitem leichter, statt dem eigentlichen Produkt eine Problemlösung zu verkaufen.*

Aus diesem Grund stellen Guerillas ihre Firmen gerne als *Problemlöser* dar. Sie befassen sich mit jenen Fragen, die ihre Interessenten beschäftigen, um ihnen anschließend ihre Produkte oder Dienstleistungen als passende Antwort anzubieten.

Fast alle Unternehmen schlagen sich mit irgendwelchen Problemen herum. Es gehört zu den Aufgaben eines denkenden Guerilla, diese Probleme zu orten. Eine gute Methode dafür ist der Aufbau eines Netzwerkes. Das erreicht man nicht, indem man von morgens bis abends sein eigenes Lob singt. Vielmehr müssen Sie gut und aufmerksam zuhören, aktiv Fragen stellen und Ihre Radarantenne ständig auf die Entdeckung möglicher Schwierigkeiten gerichtet halten. Sobald Sie ein Problem entdeckt haben, nehmen Sie mit Ihrem Interessenten Kontakt auf und präsentieren ihm Ihren Lösungsvorschlag. Ihrer Jagd nach Problemen können Sie auch bei der Teilnahme an Messen und an Veranstaltungen von Interessensvertretungen, durch den Versand von Fragebögen und beim Telefonmarketing nachgehen.

Wie Sie ja bereits wissen, kaufen die Leute nicht einfach ein Shampoo; in Wirklichkeit kaufen sie sauberes Haar. Verkauft wird demnach ein Nutzen. Einige Shampoo-Erzeuger haben ihre Gewinne dadurch vervielfacht, daß sie ihren Kunden immer wieder versichert haben, daß ihr Shampoo die Haare sauber und geschmeidig macht und so das Problem von widerborstigem Haar *löst* – sie haben einen Nutzen *und eine Problemlösung* offeriert.

Zur Zeit sind die Produkte am erfolgreichsten, die den Leuten dabei helfen, mit dem Rauchen aufzuhören, abzunehmen, mehr aus ihrem Geld zu machen, gesund zu leben, den Haarwuchs zu verstärken (oder zumindest den Eindruck von dichterem Haar zu erwecken),

Falten zu glätten und Zeit zu sparen. All das sind problemlösende Produkte und Dienstleistungen.

Einige der soeben genannten Produkte und Dienstleistungen können auch so vermarktet werden, daß an die Stelle der Betonung eines positiven Effektes die Vermeidung von negativen Phänomenen tritt. Möglicherweise wird so etwas eine größere Korrektur Ihrer Marktpositionierung erfordern. Das ist grundsätzlich nichts Schlechtes, wenn sich dadurch Ihre Gewinne steigern lassen. Gelingt es Ihnen, dann werden Ihnen noch mehr Türen offenstehen.

Vielleicht sind Ihnen die Hauptprobleme Ihrer Interessenten ohnehin bestens bekannt. In diesem Fall sollten Sie Ihr Marketing darauf konzentrieren, diese *Probleme zu unterstreichen*, um im gleichen Atemzug Ihr Produkt oder Ihre Dienstleistung als ideale Lösung dafür anzubieten. Wissen Sie hingegen nichts Genaues über diese Probleme, dann geben Sie sich einen Stoß und schließen Sie schleunigst diese Bildungslücke. Unabhängig von den Vorzügen des Produktes, das Sie anbieten: Für sein eigenes Problem interessiert sich Ihr Kunde bestimmt mehr.

Es ist nicht besonders schwierig, sich als Problemlöser zu präsentieren. Haben Sie sich erst einmal dazu entschlossen, werden Sie bald feststellen können, daß Marketing und Verkauf viel einfacher werden. Den Interessenten ist *Ihre Firma* völlig gleichgültig; sie interessieren sich vor allem für *ihre eigenen Sorgen*. Wenn es Ihnen gelingt, hier anzusetzen, werden die Interessenten anfangen, sich für Ihre Firma zu interessieren. Sie werden kaufen wollen, was Sie anzubieten haben.

Womöglich erfordert es einen gewissen Nachforschungsaufwand, um den Problemen Ihrer Kunden auf den Grund zu gehen und herauszufinden, für welche Probleme genau Ihre Produkte oder Dienstleistungen eine Lösung bieten. Sie werden aber auf keine Vorbehalte stoßen, sofern es darum geht, ein Problem zu erkennen und zu lösen. Aber Vorsicht: Übertreiben Sie Ihre Behauptungen, wieviele Probleme Sie zu lösen imstande sind, nicht, sonst wird Ihre Glaubwürdigkeit unterminiert. Ihr Hauptvorzug würde dadurch unscharf. Konzentrieren Sie sich lieber auf eine besonders gute Problemlösung für ganz bestimmte Schwierigkeiten. Dann halten Sie Ausschau nach Interessenten, die mit diesem Problem zu kämpfen haben, und präsentieren ihnen Ihren Lösungsvorschlag.

Ein angenehmer Nebenaspekt der Positionierung als Problemlöser ist der, daß es viel leichter wird, Interessenten ausfindig zu machen. Diese Interessenten sind nicht bewußt auf der Suche nach Ihrem Angebot. Aber sie sind empfänglich für Lösungen ihrer Probleme. Es liegt nun an Ihnen, das Problem zu formulieren. Das können Sie im sicheren Bewußtsein, daß Leute, die tatsächlich das Problem haben, auf beinahe alles reagieren werden, was ihnen eine Lösung verspricht. Haben alle Leute und alle Unternehmen Probleme? Wenn Sie sich aufmerksam umsehen und lange genug hinschauen, können Sie diese Frage bejahen. Zum Glück gibt es Ihre Firma, die sich darauf versteht, zumindest eines davon zu lösen. So müssen Sie denken. Das ist die Einstellung, die Sie durch Ihr Marketing und Ihren Verkäuferstab vermitteln sollten.

Guerillas wissen, daß man oft tief graben muß, bis man so ein Problem freigelegt hat. Sie wissen aber auch, daß ein Problem, das einmal irgendwo auftaucht, zumeist auch anderswo vorkommt. Und sie sind sich dessen bewußt, daß Fallbeispiele von Personen oder Unternehmen, deren Problem sie erfolgreich gelöst haben, die beste Grundlage sind für eine steil nach oben zeigende Wachstumskurve.

Ein wirkungsvolles Marketing-Konzept enthält sowohl eine Beschreibung des Problems als auch der dazugehörigen Lösung – als Anleitung für jene, die die Marketing-Unterlagen gestalten, und um zu verhindern, daß sie dabei in die falsche Richtung marschieren. Verkaufsschulungen in Guerilla-Firmen behandeln immer die Problem*erkennung*, die Problem*analyse* und die Problem*lösung*. Verkäufer können durch Erfahrungsaustausch untereinander mehr über die Art der Probleme ihrer Interessenten erfahren. Das kommt dem ganzen Unternehmen zugute.

Halten Sie sich das Konzept der Problemlösung stets vor Augen. Es muß in Ihren Marketing-Unterlagen, auf Ihren Verkaufsvorführungen und in Ihrer Firmenphilosophie ständig zum Ausdruck kommen. Und sorgen Sie dafür, daß Ihre Angestellten auf derselben Wellenlänge sind.

Es ist seltsam: So einleuchtend das alles klingt, sind sich viele Unternehmen dieser Regel für Guerillas nicht bewußt. Sie verkaufen Äußerlichkeiten. Sie verkaufen Nutzen. Aber sie lassen die Problemlösung außer acht, weil sie kein Gefühl haben für die Schwierigkeiten, mit denen ihre Interessenten sich herumschlagen müssen. Entwickeln Sie diese Antenne für den Interessenten und bieten Sie Lösungen für Probleme an, deren sich Ihr Kunde womöglich noch gar nicht bewußt ist. Das ist eine wichtige, eine Goldene Regel für Ihr Geschäft.

# Die beste Kundenliste der Welt

## Goldene Guerilla-Marketing-Regel Nr. 5:

*Ihre eigene Kundenliste ist die beste der Welt – aber nur dann, wenn sie vor Informationen über jeden Ihrer Kunden nur so strotzt.*

Gründen Sie Ihr Marketing-Konzept auf die wertvollste Kundenliste, die es gibt – auf Ihre eigene.

Es gibt kein Marketing-Instrument, das an eine gute, aktuelle Interessentenliste für genau Ihren Zielmarkt heranreicht. Eine Liste von Interessenten, die auf dem besten Wege sind, zu Kunden zu werden, wird in ihrer Bedeutung nur von einer anderen Aufstellung übertroffen – der Kundenliste nämlich, welche Sie vom Tag Ihrer Firmengründung an geführt haben. Falls Sie keine geführt haben: Fangen Sie wenigstens morgen damit an. Wenn Sie wie ein Guerilla denken und handeln, dann enthält Ihre Kundenliste weit mehr als bloß Namen und Adressen.

Alle Guerillas sollten wissen, daß ein Verkauf an einen Fremden fünfmal mehr kostet als ein Verkauf an einen bestehenden Kunden. Trotz dieser nackten Tatsache haben sich viele Firmen immer noch nicht dazu durchgerungen, eine Kundenliste zu führen. Wer ohne Kundenliste arbeitet, übrigens eine weitverbreitete Unart bei kleineren Unternehmen, sollte sich ernsthaft überlegen, nach einer anderen Beschäftigung Ausschau zu halten.

Parallel zu Ihrer mit einer Menge nützlicher Informationen gespickten Kundenliste sollten Sie auch die eingangs erwähnte aktuelle Interessentenliste führen. Obwohl es nur ein Fünftel kostet, an bestehende Kunden zu verkaufen, kann man echte Interessenten beinahe zu dieser Gruppe zählen: als schlummernde Kunden, die nur darauf warten, wachgeküßt zu werden – und der Guerilla ist der Prinz.

Harvey Mackay, der Autor des Buches »Swim with the Sharks Without Being Eaten Alive« (Schwimme mit den Haien, ohne bei lebendigem Leib gefressen zu werden), ist auch Geschäftsführer der

Mackay Envelope Corporation, die über 10 Millionen Briefumschläge pro Tag erzeugt. Er ist sich des Wertes jedes einzelnen Kunden und Interessenten bewußt, und seine Kundenliste ist vollgepackt mit Detailinformationen – zu insgesamt 66 Punkten. Das soll Ihnen eine Vorstellung davon geben, wie eine Weltmeister-Kundenliste auszusehen hat.

Harvey und sein Verkäuferstab kennen die Ausbildung der Leute auf ihrer Liste. Sie wissen über die Familienverhältnisse ihrer Kunden und Interessenten Bescheid. Sie sind über ihre geschäftliche Lage und sogar die Büroeinrichtung im Bilde.

Die Mackay Envelope Corporation kann ihre täglich 10 Millionen Briefumschläge deshalb absetzen, weil ihre Kundenliste die Verkäufer mit Einzelheiten über den Lebensstil ihrer Kunden versorgt. Dazu zählen Gewohnheiten wie Rauchen, Essen, Trinken, Spielen, Autofahren, besondere Leistungen, Lieblingssportler und andere kleine, bunte Details. All diese Wissenskörnchen gehen aus den 66 Punkten der Kundenliste hervor.

Können Sie sich vorstellen, die Zeit zum Sammeln all dieser Informationen zu erübrigen? Sie tun gut daran, sich diese Zeit zu nehmen. Das gehört zu dem Preis, den Sie zahlen, wenn Sie ein echter Guerilla sein wollen. Wenn Sie diesen Preis nicht zu zahlen bereit sind, lassen Sie sich gesagt sein, daß selbst die aufwendigste, teuerste Marktforschung kein vergleichbares Ergebnis erbringen wird.

Die Firma Mackay zahlt ihren Obulus und gewinnt ihre Daten über Kunden und Interessenten, indem sie sich Zeit für den persönlichen Kontakt nimmt. Zusätzlich werden Informationen von anderen Kunden, Lieferanten, Banken, aus Zeitungen, Fachzeitschriften und dem Fernsehen gesammelt. Besondere Aufmerksamkeit wird Empfangsdamen, Sekretärinnen, Telefonistinnen und Sachbearbeitern aus den verschiedenen Abteilungen des Kunden-Unternehmens zuteil. Es ist unerheblich, woher die Informationen kommen.

Haben Sie die Informationen einmal gewonnen, dann muß der Verkäufer, der den Kundenkontakt hält, diese Daten auswendig lernen, andernfalls sind sie zu nichts nütze. Über einen neuen Service, für den Ihre Kunden im Fragebogen Interesse bekundet haben, sollten Sie Schulungen abhalten; schicken Sie persönliche Briefe an jene Interessenten, bei denen Sie aufgrund des Fragebogens das Gefühl haben, daß sie schon bald zu Ihren Kunden gehören könnten; laden Sie eine große Gruppe von fußballbegeisterten Kunden und Interessenten zu einem wichtigen Spiel ein – so können Sie den Kontakt mit ihnen intensivieren. Denn als Ergebnis Ihrer Nachforschungen wissen Sie ja jetzt, ob Sie bei diesen Leuten mit einem Fußballspiel einen Treffer landen können.

Laden Sie nicht alle Kunden und Interessenten zu solchen Veranstaltungen ein, sondern nur besonders gute Kunden, besonders vielversprechende Interessenten und Ihre Großabnehmer. Einen großzügigen Service sollten Sie allen Ihren Kunden und Interessenten angedeihen lassen. Aber bei einigen von ihnen kann eine Extraportion Dienst am Kunden zweckmäßig sein. Und weil Sie ganz genau wissen, wofür diese Leute sich begeistern, wissen Sie auch, wo Sie ansetzen können, damit sich diese Investition am besten rechnet.

Machen Sie auch von Informationen Gebrauch, die Ihnen im Gespräch zu Ohren gekommen sind. Zeichnen Sie alles auf, was Ihnen durch Direktmailing, Telefaxe, Notizen, Telefonate, Anrufbeantworter und sonstige Hilfsmittel bekannt wurde. Sie können sicher sein, daß Ihr Interessent noch nie so aufmerksam betreut wurde. Beim Erfassen der Informationen haben Sie bereits einen gehörigen Beitrag zu jenem gewaltigen Aufwand geleistet, der nötig ist, um aus einem Kunden einen Stammkunden und aus einem Interessenten einen Kunden zu machen.

Wenn ich raten müßte, wer die wichtigste Person ist, der Sie in Ihrem Leben begegnet sind, würde ich auf einen Ihrer Kunden tippen. Diese Person wird, wenn Sie sie gut behandeln, immer wieder bei Ihnen kaufen und Ihr Unternehmen an eine ganze Reihe anderer Leute weiterempfehlen. Je länger und detaillierter Ihre Kundenliste ist, desto weniger müssen Sie in teures Massen-Marketing investieren.

Ihre Kunden identifizieren sich mit Ihnen, es ist also ein klarer Fall, daß auch Sie sich mit ihnen identifizieren sollten. Bleiben Sie mit ihnen in Kontakt. Geben Sie ihnen das Gefühl, daß sie dazugehören. Glauben Sie mir, die meisten Unternehmer wenden nicht soviel Energie für ihre Kunden auf. Guerillas schon.

Wenn Sie sich einen Ruf als großartiger Verkäufer erwerben wollen, der noch dazu einen tollen Service bietet, sollten Sie Ihren Angestellten die folgenden Prinzipien einschärfen:

- Ein Kunde ist die wichtigste Person in Ihrem Geschäft, egal ob im persönlichen Kontakt oder brieflich.
- Ein Kunde ist nicht auf uns angewiesen; wir sind aber auf ihn angewiesen.
- Ein Kunde stellt keine Unterbrechung unserer Arbeit dar; er ist der Zweck dieser Arbeit. Wir tun ihm keinen Gefallen, wenn wir ihn bedienen; er tut uns einen Gefallen, wenn er uns die Gelegenheit dazu gibt.
- Ein Kunde ist niemand, mit dem man streitet oder dem man widerspricht. Niemand ist jemals aus einer Auseinandersetzung mit einem Kunden als Sieger hervorgegangen.
- Ein Kunde ist ein Mensch, der mit seinen Wünschen zu uns kommt. Es liegt an uns, diese Wünsche zu seinem und unserem eigenen Vorteil zu erfüllen.

Halten Sie Ihre Kundenliste stets auf dem letzten Stand. Eine Kundenliste, die älter als 90 Tage ist, läuft bereits Gefahr, überholt zu sein, warnen die Experten. Das ist gar nicht so schwierig, wie es klingt, wenn Sie es sich zur Gewohnheit machen, Ihren Kunden auf der Spur zu bleiben, Veränderungen aufmerksam zu verfolgen, den persönlichen Kontakt zu halten und dafür zu sorgen, daß sie regelmäßig in ihren eigenen vier Wänden besucht werden. Beauftragen Sie alle Mitarbeiter Ihrer Firma, beim Sammeln dieser Daten mitzumachen. Abonnieren Sie alle in Frage kommenden Fachzeitschriften; Sie finden dort eine Menge nützlicher Informationen. Alles, was Ihnen noch zu tun bleibt, ist sie zu sammeln – meist sogar gratis. Ironischerweise ist der Schlüssel zum Erfolg – Ihre Kundenbeziehungen – umsonst.

Wenn Sie mit solchen Informationen arbeiten, geht es eigentlich im Kern darum, dem Kunden das Gefühl zu geben, daß er Ihnen wichtig ist. Um diesen Eindruck noch zu unterstreichen, sollten Sie jeden Kunden an sich persönlich heranlassen, beispielsweise durch eine direkte Telefonnummer. Zerstören Sie nicht so ein wichtiges Dialoginstrument, indem Sie sich hinter einer förmlichen Sekretärin verschanzen.

Computer sind sehr hilfreich, um Ihre Kundenliste auf dem jeweils letzten Stand zu halten. Eine Computerliste zu erstellen und zu bearbeiten, ist eine der edelsten Aufgaben für den Guerilla. Sorgen Sie jedenfalls dafür, daß es erledigt wird, entweder von Ihnen selbst oder von einer gewissenhaften Person Ihres Vertrauens.

Eine richtige Kundenliste ist eine Art Marketing-Kunstwerk. In den Händen eines Guerilla kommt ihr die Aufgabe des Fadenkreuzes im Zielfernrohr zu. Wenn Ihre Liste alle wichtigen Einzelheiten enthält, ist allein dadurch schon der Beweis erbracht, daß Ihre persönliche Aufmerksamkeit Ihren Kunden gegenüber bei weitem höher ist als die jeder anderen Firma. Es wird die beste Kundenliste der Welt sein. Und Sie werden die Früchte dieser Goldenen Regel ernten.

# Wertschätzung für den Kunden

## Goldene Guerilla-Marketing-Regel Nr. 6:

*Bringen Sie durch konsequente Nachbearbeitung beständig Ihre Wertschätzung für Ihre Kunden zum Ausdruck.*

Ein Kunde ist eine ganz besondere Art von Lebewesen. Von den Milliarden von Menschen, die diesen Planeten bevölkern, hat sich nur ein ganz kleiner Teil dafür entschieden, bei Ihnen zu kaufen. Man hat Ihre Firma aus einem bestimmten Grund ausgewählt. Es ist Ihre Pflicht – eigentlich sollte es Ihnen ein Vergnügen sein – Ihr Möglichstes zu tun, um diesen Menschen das Leben zu erleichtern: mit gutem Rat, Preisnachlässen oder der Ankündigung neuer Produkte und Serviceleistungen.

Dazu gibt es nur eine einzige Möglichkeit: *konsequente Kontaktpflege*. Durchbrechen Sie die Barriere der Trägheit – bei Ihnen selbst und bei Ihren Kunden. Jeder Guerilla weiß genau, daß Kunden in der Regel nicht wegen hoher Preise oder schlechtem Service weglaufen, sondern zu etwa 80 Prozent wegen Untätigkeit nach einem erfolgten Verkauf. Und was ist das Gegenteil von Trägheit? Richtig – Wertschätzung für den Kunden.

Guerillas zeigen ihre Wertschätzung für den Kunden auf verschiedenste Art und Weise. Denken Sie zum Beispiel einmal über die folgenden 15 Vorschläge nach:

1. *Ein Dankschreiben* innerhalb von 48 Stunden nach dem Kauf – oder innerhalb von 24 Stunden, wenn Sie einen noch tieferen Eindruck hinterlassen wollen.
2. *Ein Angebot für einen Artikel*, der zum Kaufgegenstand paßt. Der richtige Zeitpunkt dafür ist etwa 30 Tage nach dem ursprünglichen Kauf gekommen. Das Angebot kann sowohl ein Produkt als auch eine Dienstleistung umfassen. Wenn Sie selbst kein ideales Nachbearbeitungsangebot im Sortiment haben, tun Sie sich mit je-

mandem zusammen, der es hat. So etwas nennt man eine Strategische Allianz. Wenn Sie über diesen Trend in der Zukunft des Geschäftslebens noch nicht nachgedacht haben, sollten Sie ganz schnell umdenken.

3. *Ein Fragebogen*, der etwa 3 Monate nach Ihrem ersten Kundenkontakt versandt wird. Er dient dazu, Ihnen mehr als die übliche Kundeninformation zu verschaffen. Es gibt sogar Firmen, die die Handschriften auf den ausgefüllten Fragebögen graphologisch untersuchen lassen, um die Persönlichkeit des Kunden besser einschätzen zu können. Handschriftenanalyse ist zwar keine anerkannte Wissenschaft, kann aber nützliche Erkenntnisse liefern. Je besser Sie Ihre Kunden verstehen, desto vorteilhafter können Sie Ihre Wertschätzung zum Ausdruck bringen.

4. *Eine Geburtstagskarte* zu versenden, ist keine große Angelegenheit mehr, wenn Sie einmal den ausgefüllten Fragebogen zurückerhalten und so den Geburtstag erfahren haben – Tag und Monat, niemals das Jahr! In weiterer Folge können Sie dann diese Taktik ausbauen und etwa Glückwunschkarten zum Universitätsabschluß der Kinder, zum Hochzeitstag oder – als besonders eifriger Guerilla – Ansichtskarten aus Ihren Ferien verschicken. Überhäufen Sie Ihre Kunden nicht mit Post, aber lassen Sie gelegentlich von sich hören. Diese sehr persönliche Art der Kundenbetreuung eignet sich nicht für alle Ihre Kunden, kommt aber hervorragend bei Ihren guten, alten Stammkunden und bei Großabnehmern an. Das ist gleichzeitig jene Gruppe von Kunden, von der Sie gelegentlich an andere weiterempfohlen werden. Verständlicherweise eignet sich diese Taktik nicht für Chemiekonzerne, öffentliche Versorgungsbetriebe oder die Top 500 Unternehmen. Aber sie ist Gold in den Händen fast jedes Kleinunternehmers oder Freiberuflers mit einem Kundenstock irgendwo zwischen 3 und 100 Stammkunden. So gesehen, könnte man es sogar den Top 500 ans Herz legen.

5. *Ein Angebot durch Telefonmarketing*, gerade zu dem Zeitpunkt, an dem es Ihrem Kunden am besten paßt – was Sie zuvor durch Ihren Fragebogen herausgefunden haben. Das Gespräch sollte freundlich und verbindlich geführt werden. Und kurz. Der Angerufene sollte sofort spüren, daß er ein hochgeschätzter Kunde ist.

6. *Ein Rundschreiben*, das monatlich, alle zwei Monate oder viertel-
jährlich versandt wird. Wenn es unter dem Gesichtspunkt der
Wertschätzung für den Kunden gestaltet wird, so wird es mehr einbringen als kosten, wertvolle Gratis-Informationen bieten und
dabei gleichzeitig Verkaufsangebote unters Volk bringen. Rundschreiben sind auch ein fruchtbarer Boden für gemeinsame Marke-
ting-Arrangements mit anderen Unternehmen. Empfehlen Sie Siemens in Ihrem Rundschreiben, und vielleicht wird Siemens seiner-
seits in ihrem Rundschreiben eine Empfehlung für Sie abgeben.
Oder etwas in der Art.

7. *Ein Preisausschreiben*, das zuverlässig von einem Kunden und
nicht von irgendeinem Kerl gewonnen wird, der Ihre Angebote
noch gar nicht richtig zur Kenntnis genommen hat. Halten Sie
Ihren Kunden vor Augen, daß ihre Chancen dabei wesentlich
besser stehen als in der staatlichen Lotterie, ist doch Ihre Kundenliste wesentlich kleiner als die Bevölkerung des ganzen Landes.

8. *Eine Bitte um Empfehlungen.* Sie sollten geradeheraus, ehrlich und
bescheiden die Kunden um die Namen von nur drei Personen
oder Firmen bitten, die möglicherweise mit Ihrer Firma gerne ins
Geschäft kommen würden.

9. *Eine Vorführung* für Ihre Top-Kunden, bei der Neuerscheinungen
oder neue Modelle noch vor dem offiziellen Termin besichtigt werden können. Dabei stehen die Kunden nicht unter Kaufdruck, fühlen sich aber geschmeichelt, weil sie die Produkte vor allen anderen zu Gesicht bekommen. Erfrischungen anzubieten ist bei solch
einer Veranstaltung ein Muß.

10. *Inoffizielle Rabatte*, die Sie Ihren Kunden, und *nur* Ihren Kunden
einräumen. Diese Maßnahme kann natürlich nicht mit einer Anzeigenkampagne unterstützt werden. Aber Sie sollten keine Ein-
wände erheben, falls Ihr Kunde mal einen Freund mitbringen
möchte.

11. *Ein zeitlich begrenztes Angebot*, das Sie zuerst Ihren Kunden zu-
kommen lassen, und das erst genau eine Woche später an die Allge-
meinheit gerichtet wird. Damit schlagen Sie zwei Fliegen mit einer
Klappe. Sie lassen Ihren Kunden besondere Behandlung angedeihen und treiben sie gleichzeitig zum Kauf an.

12. *Eine reine Informations-Mitteilung.* So etwas verkörpert geradezu die Wertschätzung für den Kunden, geben Sie ihm doch Informationen, ohne ihm gleichzeitig etwas zum Kauf anzubieten. Fassen Sie sich kurz, und Ihre Kunden werden sich über Ihre Zusendungen freuen. Das ist für die meisten Unternehmen ein Traumzustand, für Guerillas jedoch ganz normal.

13. *Ein Tonband- oder Video-Prospekt*, abhängig von der Höhe Ihrer Gewinnmarge pro Verkauf. Eine Tonband-Kassette kann weniger als 3 Mark kosten, während die Videobroschüre gut fünfmal so teuer kommen wird. Versenden Sie diese Medien niemals an Fremde; suchen Sie sich dafür jene Kunden aus, die Sie besonders schätzen.

14. *Ein Katalog mit Ihren Angeboten*, den Sie nur an Ihre Kunden versenden, sofern das zu Ihrer Kundenstruktur paßt. Oder senden Sie ihn zuerst an die Kunden und später an sonstige Interessenten, wenn Ihre Kundenliste nicht lang genug ist. Kunden wissen einen Katalog besonders zu schätzen, wenn klar daraus hervorgeht, daß dieser Katalog exklusiv für Kunden ist.

15. *Ein Sonderangebot zum Jahrestag des genauen Datums des alles entscheidenden ersten Kaufes.* Haben Sie je so ein Angebot erhalten? Nur wenn Sie Kunde bei Guerillas sind. Deshalb ist so eine Taktik besonders gut geeignet, um sich von anderen Unternehmen abzuheben.

Wenn Sie den Kontakt mit Ihren Kunden nicht aufrechterhalten, wird Ihnen früher oder später ein anderer diese wertvollen Geschöpfe vor der Nase wegschnappen. Sie müssen ständig das Feuer der Herzlichkeit und Verbundenheit schüren. Das wird Ihren Kunden zeigen, wie sehr Sie sie schätzen, mehr als alle Worte dies könnten. Und gleichzeitig bewahrt es Sie vor Trägheit.

Warum, glauben Sie, zeigt sich immer wieder, daß es fünfmal so teuer kommt, einen neuen Kunden zu gewinnen, als an einen bestehenden zu verkaufen? Sehr einfach: weil die Suche nach einem neuen Kunden Geld kostet, während es umsonst ist, einen bestehenden Kunden zu finden. Es ist weit billiger, einen Abonnenten dazu zu bringen, sein Abonnement zu verlängern, als einen neuen Abonnenten aufzuspüren.

Deshalb ist die Verbeugung vor dem Kunden so wichtig. Guerillas pflegen den Kontakt mit ihren Kunden, mit einem ständig wachsenden Kundenkreis. Daraus ergeben sich mit der Zeit kontinuierlich steigende Gewinne bei gleichzeitig sinkenden Ausgaben für das Marketing. Das ist der wahre Geist des Guerilla-Marketing: Aller Erfolg beruht auf Ihrer Phantasie und Ihrem persönlichen Einsatz und nicht auf den Möglichkeiten Ihres Bankkontos. Wenn Sie so arbeiten, werden Folgekäufe und Verkäufe aufgrund von Empfehlungen Ihre gebührende und reiche Belohnung dafür sein, daß Sie sich diese Goldene Regel zu Herzen nehmen.

# Bequemlichkeit

## Goldene Guerilla-Marketing-Regel Nr. 7:

Sorgen Sie für die Bequemlichkeit Ihrer Kunden und machen Sie es ihnen ganz leicht, bei Ihnen zu kaufen.

Bequemlichkeit spielte immer schon eine gewisse Rolle bei Kaufentscheidungen. Seit aber unser aller Leben vom täglichen Streß diktiert wird, ist uns unsere Zeit kostbarer als je zuvor. Damit erhält auch unsere Sehnsucht nach Bequemlichkeit eine ganz neue Dimension.

Der Anhänger des Guerilla-Marketing schließt daraus, daß die Menschen heutzutage weniger noch als früher bereit sind, Warteschlangen in Kauf zu nehmen. Sie hassen es, beim Einkaufen auf Schwierigkeiten zu stoßen und mögen nichts mit Unternehmen zu tun haben, die ihnen ihre kostbare Zeit stehlen. Sie können es nicht leiden, wenn Firmen mit ihren Bestellungen herumtrödeln oder sie nicht sofort bedient werden. Für viele Leute ist nicht einmal sofortige Bedienung schnell genug.

Die Mehrheit der Menschen wünscht sich ein problemloseres Leben. Als Guerilla müssen Sie bei diesem Wunsch einhaken.

Das allgemeine Bewußtsein für den Wert der Zeit hat mittlerweile einen so starken Einfluß auf das Marketing gewonnen, daß ich mich entschlossen habe, mein Acht-Worte-Gewinn-Credo um einen zusätzlichen Begriff zu erweitern: *Bequemlichkeit*. Nun lautet also das Credo des Guerilla: Engagement – Investition – Beständigkeit – Vertrauen – Geduld – Auswahl – Nachbearbeitung – Erstaunen – und *Bequemlichkeit*. Diese Konzepte sind in meinem früheren Buch »Guerilla Marketing« näher erläutert.

Jetzt aber zurück zur Bequemlichkeit Ihrer Kunden und Interessenten. Nachfolgend finden Sie zehn Ratschläge, wie Sie es den Leuten leicht machen können, bei Ihnen zu kaufen. Je mehr dieser kundenfreundlichen Ideen Sie in die Praxis umsetzen, desto besser werden Sie verdienen.

1. *Gestalten Sie Ihre Geschäftszeiten kundenfreundlich.* Das bedeutet: halten Sie sooft und solange offen wie irgend möglich. Schöpfen Sie im Rahmen der gesetzlichen Möglichkeiten alle Mittel aus, damit Ihre Kunden oft und lange bei Ihnen einkaufen können.

2. *Akzeptieren Sie nicht nur eine oder zwei Kreditkarten,* sondern werden Sie Vertragspartner bei allen am Markt befindlichen Organisationen. Dies bedeutet erhöhten Verwaltungsaufwand. Denken Sie aber daran, daß viele Leute mehrere Karten einstecken haben. Wenn bei einer der Einkaufsrahmen ausgeschöpft ist, können Sie das Geschäft nur machen, wenn Sie auch die andere Kreditkarte akzeptieren.

3. Bieten Sie die Möglichkeit zur *zinslosen Teilzahlung* an. Teilen Sie einfach den Rechnungsbetrag in drei, sechs oder zwölf kleine Raten. Je kleiner diese Teilzahlungen sind, desto höher werden Ihre Umsätze sein, sogar wenn der Gesamtpreis gar nicht so niedrig ist.

4. Bieten Sie die Bequemlichkeit eines *gebührenfreien Telefonanschlusses* an. Den können Sie für die Entgegennahme von Anfragen, Bestellungen und für sonstige Serviceleistungen einsetzen. Experten behaupten, daß auf diese Weise die Anzahl der Kundenkontakte um bis zu 30 Prozent steigt. Nicht nötig ist ein solcher gebührenfreier Telefonanschluß, wenn Sie Ihre Geschäfte ausschließlich mit ortsansässigen Kunden machen. Denen ist es wahrscheinlich lieber, wenn sie Sie direkt erreichen können, um Ihnen ordentlich die Meinung zu sagen, wenn Sie ihnen Mist verkauft haben sollten.

5. Lassen Sie einen *Katalog oder Prospekte* drucken, damit Kunden und Interessenten jederzeit leicht an Informationen über Ihr Angebot herankommen, und zwar nicht nur in Ihrem Geschäft, sondern auch bei sich zu Hause, in den eigenen Unterlagen.

6. Sorgen Sie dafür, daß Ihre Bestellformulare und Rechnungen *klar und übersichtlich gestaltet sind.* Wenn Sie schon dabei sind, achten Sie gleich darauf, daß Ihre Beleuchtung *hell* ist und Ihr Parkplatz eine *ausreichende Größe* hat.

7. Ein *Telefaxgerät* gehört heutzutage einfach dazu, um potentiellen Käufern sofort Informationsmaterial übermitteln zu können. Vergessen Sie nicht, daß man Ihnen vielleicht auch Bestellungen durchfaxen will.

8. Wenn es sich schon nicht vermeiden läßt, Ihre Kunden während eines Anrufes auf die Warteleitung zu legen, sollten Sie ihnen dabei wenigstens *Sonderangebote* und *sonstige Neuigkeiten* über Ihre Firma vorspielen, um ihnen die Wartezeit zu verkürzen. Vergeuden Sie nicht die Zeit Ihrer Kunden. Ganze 85 Prozent werden aufmerksam Ihren Leitungsnachrichten lauschen.

9. Durchforsten Sie gewissenhaft alle Bereiche Ihres Unternehmens. Zwar sollte alles auf Qualität und Rentabilität ausgerichtet sein, das *Tempo* sollte aber auch nicht zu kurz kommen. Wenn Sie in fünf Bereichen flott sind und im sechsten zu langsam, kann Sie dieser Engpaß um Ihren guten Ruf bringen.

10. Versuchen Sie, dahin zu kommen, daß Sie möglichst jede Frage Ihrer Kunden und Interessenten mit »ja« beantworten können. Das wird kaum in 100 Prozent der Fälle möglich sein, aber jedenfalls in 75 Prozent. Je öfter Sie »ja« sagen können, desto leichter ist es, bei Ihnen zu kaufen.

Je mehr die Leute auf ihre Zeit achten, desto mehr werden sie mit Firmen Geschäfte machen, die in jedem Bereich ihrer Geschäftstätigkeit klar auf Kundenfreundlichkeit ausgerichtet sind. Selbst für langjährige Geschäftsverbindungen zu Kunden gibt es keine Bestandsgarantie. Wenn Sie nicht am Ball bleiben, werden sich selbst diese guten Leute früher oder später von Ihnen abwenden und zu einem anderen Unternehmen überlaufen, das ein Mehr an Bequemlichkeit bietet und ihnen damit hilft, Zeit zu sparen.

Noch vor etwa zehn Jahren war die übliche Reaktion, wenn man mit einem Anrufbeantworter verbunden war, eine Schrecksekunde und instinktive Abwehr. Die Leute schnitten eine Grimasse, wenn ihr Anruf von einer Maschine beantwortet wurde. Heute schätzen die meisten bereits die Bequemlichkeiten, die die Beantwortungstechnologie bietet. Auf einen Anrufbeantworter zu sprechen oder seine Nachricht bei einem professionellen Antwort-Service zu deponieren, ist zur Selbstverständlichkeit geworden. Viele Kunden freuen sich über die Möglichkeit, ihre Bestellung mitten in der Nacht oder am Sonntag loswerden zu können.

Schauen Sie sich einmal bei erfolgreichen Unternehmen um und finden Sie heraus, ob dort Bequemlichkeiten angeboten werden, die

Sie Ihren Kunden noch nicht bieten können. Fragen Sie auch Ihre Kunden direkt, wie Sie zu ihrer Bequemlichkeit beitragen könnten. Sie können sicher sein, daß man es Ihnen sagen wird, und Sie können von solchen Informationen nur profitieren.

Beziehen Sie Ihre Mitarbeiter in Ihr Streben nach maximaler Bequemlichkeit für die Kunden mit ein. Versuchen Sie Ihr Unternehmen mit den Augen eines Kunden zu betrachten. Denken Sie an die Unternehmen, bei denen Sie selbst Stammkunde sind und fragen Sie sich, ob dort irgendwelche Bequemlichkeiten angeboten werden, die Ihnen besonders gut gefallen haben.

Wenn Sie sich geistig mit der Bequemlichkeit der Kunden befassen, müssen Sie über viele Einzelbereiche nachdenken. Dazu gehören unter anderem Zustellung, Geschäftsabwicklung beim Kunden statt im Geschäft, die Verbesserung des telefonischen Bestellsystems, die Einführung von postalischen Bestellungen, die Erhöhung des Personalstandes im Servicebereich oder die Einrichtung von Pendelbussen, die Ihre Kunden zu Ihrem Geschäft bringen.

Ich spreche aus Erfahrung. Ich bin seit über 20 Jahren treuer Kunde bei ein- und derselben Autowerkstatt. Dort hält man mich damit bei Laune, daß mein Wagen immer rechtzeitig fertig wird und daß die Endabrechnungen in der Regel niedriger sind als der ursprüngliche Kostenvoranschlag.

Aber wirklich überzeugt haben sie mich durch das einmalige Angebot, mich jeweils heimzubringen, nachdem ich mein Auto abgeliefert habe, und mich auch wieder abzuholen, sobald es fertig repariert ist. Ich habe einen Kunden, der eine Druckerei mit Copy-Shop betreibt und 95 Prozent seiner Bestellungen abholt und zustellt. Das Wissen, daß die meisten seiner Konkurrenten Abholung und Zustellung überhaupt nicht anbieten, bereitet ihm große Genugtuung. Kein Wunder, daß sein Unternehmen das größte seiner Branche in der ganzen Umgebung ist.

Die Geschäftswelt hat sich mittlerweile soweit entwickelt, daß Bequemlichkeit genauso ein Know-how darstellt wie etwa fortschrittliche Technologie. Der Tag ist nicht fern, an dem die Kunden mittels Fernbedienung über ihr Fernsehgerät einkaufen können. Die Goldene Regel von der Bequemlichkeit ist hochaktuell und gewinnt jeden Tag mehr an Gewicht.

# Die Macht von Fragen

## Goldene Guerilla-Marketing-Regel Nr. 8:

Fragen führen zu Antworten; Antworten führen zu
Kundenbeziehungen; Kundenbeziehungen führen zu Gewinnen.

Es gibt eine wirkungsvolle und vielseitig verwendbare Guerilla-Marketing-Waffe, die keinen Pfennig kostet. Viele Unternehmen machen davon keinen Gebrauch, obwohl es ihnen ein Leichtes wäre. Oder sie handhaben dieses Instrument so schlecht, daß sie nur einen kleinen Teil seines Potentials ausschöpfen. Um eine Beziehung zu Ihren Kunden aufzubauen und an Informationen heranzukommen, die über Sein oder Nichtsein Ihrer Firma entscheiden können, müssen Sie sowohl über die Macht von Fragen als auch über die vielen Einsichten, die Sie aus den Antworten gewinnen können, Bescheid wissen.

Die Antworten, die Sie auf Ihre Fragen erhalten, spiegeln die Seele Ihres Kunden wider. Um die Bedeutung dieser Tatsache voll und ganz zu erfassen, denken Sie einmal über die folgenden drei Grundwahrheiten nach:

1. Je mehr Kundenbeziehungen, desto mehr Gewinne.
2. Informationen unterstützen Ihr Marketing.
3. Handschriften können Hinweise auf die Persönlichkeit liefern.

Kombinieren Sie die Wahrheiten, die sich hinter diesen grundlegenden, aber auf den ersten Blick unzusammenhängenden Tatsachen verbergen. Dann wird es Ihnen gelingen, die Art von Beziehung zu Ihren Kunden aufzubauen, die zu mehr Wiederholungskäufen, größeren Bestellmengen und einer soliden Mundpropaganda führt. Weil es sich um einen wirklich wichtigen Punkt handelt, und um sicherzugehen, daß wir uns richtig verstehen, wollen wir diese drei Grundregeln einer näheren Betrachtung unterziehen.

Unter *Beziehung* versteht man ein »harmonisches oder sympathisches Verhältnis«. Wenn Sie über diese Art von Verbindungen verfügen, werden Sie von Ihren Kunden als ein Freund oder Partner angesehen. Sie Ihrerseits behandeln Ihre Kunden in derselben Art und Weise. Sie sind wirklich Partner. Sie sind wirklich Freunde. Sie wollen Ihren Kunden helfen und Sie wissen auch wie – weil Sie ihnen die richtigen Fragen gestellt haben, den Antworten aufmerksam zugehört haben, und so eine Beziehung aufbauen konnten. Alle Guerillas wissen, daß Vertrauen mehr zur Umsatzsteigerung beiträgt als jeder andere Einzelfaktor. Und jeder Guerilla kann sich leicht ausmalen, daß Vertrauen aus Beziehungen entsteht.

*Informationen* sagen Ihnen, was Ihr Kunde braucht. Das ist nicht notwendigerweise dasselbe, was Ihr Kunde will. Wenn Sie sich ganz auf seine wahren Bedürfnisse konzentrieren, können Sie Ihren Kunden davon überzeugen, daß er oder sie diese Dinge wirklich braucht. Das versetzt Sie in die Lage, ihm maßgeschneiderte Angebote zu unterbreiten. Ihr Dienst am Kunden und Ihr Marketing entspricht dann genau den wirklichen Bedürfnissen des Kunden. Von Ihren Prospekten bis zu Ihren Verkaufstelefonaten muß alles auf diesen Bedarf ausgerichtet sein. Dazu müssen Sie eine Menge Fragen stellen und die Antworten genau *analysieren* (einfaches Zuhören oder Lesen genügt nicht). Zusätzlich sammeln Sie weitere Informationen aus diversen anderen Quellen. Über je mehr Informationen Sie verfügen, desto mehr Beziehungen können Sie aufbauen.

*Handschriften* werden allgemein als Schlüssel zum menschlichen Charakter anerkannt. Graphologie, also die Analyse von Handschriften, wird von großen Konzernen gerne bei der Personalauswahl verwendet. Psychiater setzen sie häufig ein, um einen besseren Einblick in die Persönlichkeit ihrer Patienten zu bekommen. Sie wird vor Gericht als Beweis zugelassen und hat nichts mit pseudowissenschaftlicher Astrologie, Kaffeesatzlesen oder Kartenlegen zu tun. Dieses Konzept, *Antworten und Handschriften zu analysieren,* eignet sich hervorragend als Strategie für jeden Guerilla – ist es doch ausgefallen, unkonventionell, effektiv und neuartig. Es gibt sogar Firmen, die ihren Verkaufsstab im Rahmen ihrer Marketing-Ausbildung in Graphologie schulen.

Die immense Macht von Fragen enthüllt sich durch die Antworten auf Fragestellungen wie beispielsweise:

- Welche drei Dinge gefallen Ihnen an unserer Firma am besten?
- Welche drei Dinge stören Sie an unserer Firma am meisten?
- Wenn Sie sich die ideale Firma in unserer Branche ausdenken könnten, wodurch würde sie sich von unserem Unternehmen unterscheiden?
- Welche drei bekannten Unternehmen gefallen Ihnen am besten?

Es liegt nun an Ihnen zu entscheiden, welche Kundeninformation Sie erhalten wollen. Dann gestalten Sie den dafür am besten geeigneten Fragebogen. Anschließend sollten Sie sich darauf vorbereiten, aufgrund der erhaltenen Daten auch aktiv zu werden. Wenn Sie auf die erhaltenen Antworten nicht eingehen, wozu dann der ganze Aufwand? Die Macht von Fragen liegt in der Macht von Antworten ... und darin, was Sie daraus machen.

Die meisten Firmen machen sich nicht einmal die Mühe, Kundenfragebögen zu versenden. Manche verschicken zwar welche und lesen die Antworten, lassen aber die Handschriften außer acht. Guerillas sind immer darauf bedacht, sich in ihrem Marketing möglichst viele wissenschaftliche Erkenntnisse zunutze zu machen. Deshalb stellen sie Fragen, beschäftigen sich mit den Antworten und analysieren die Handschrift. Sodann gestalten sie ihr gesamtes Erscheinungsbild so, daß es zu den Bedürfnissen und der Persönlichkeit ihrer Kunden und Interessenten paßt. Wenn meine Klienten lange Fragebögen an ihre Kunden verschicken, sind sie immer wieder von der hohen Antwortquote überrascht. Die Leute freuen sich, wenn man sie um ihre Meinung fragt. Schließlich ist niemand ein besserer Experte für Kunden als ein echter, lebendiger Kunde.

Wenn Sie eine Menge Fragen stellen, müssen Sie auch erklären, warum Sie das tun. Nachfolgend finden Sie ein Beispiel, wie so ein Fragebogen etwa für einen Partyservice aussehen könnte:

Wir sind ein neuartiger Partyservice, der Ihnen warme Mahlzeiten direkt ins Haus liefert. Sie können die Menüs aus einem von fünf Restaurants beziehen und aus unserer beiliegenden Speisekarte auswählen. Dann rufen Sie uns einfach an und wir liefern Ihr Essen innerhalb einer Stunde bei Ihnen an. Um Ihnen wirklich einen optimalen Service bieten zu können, möchten wir Sie um Ihre Mitarbeit ersuchen. Wenn Sie einen Moment Zeit haben, würden Sie uns mit der Beantwortung der folgenden Fragen einen großen Dienst erweisen. Herzlichen Dank!

Wieviele Personen leben in Ihrem Haushalt? _____

Wie alt sind sie? _____

Wer sorgt üblicherweise für das Essen? _____

Wie oft essen Sie außerhalb? _____

Was wären in Ihren Augen die drei Hauptvorteile, wenn Sie die Mahlzeiten nach Hause geliefert bekämen?

    1. _____

    2. _____

    3. _____

Wäre Ihnen dieser Service 10 Mark Liefergebühr wert? _____

Ihr Geschlecht? Ihr Haushaltseinkommen? _____

Welche Zeitungen lesen Sie? _____

Welche Radiosender bevorzugen Sie? _____

Welches sind Ihre liebsten Fernsehsendungen? _____

Haben Sie Kabel-TV? Satelliten-TV? _____

Welche Zeitschriften lesen Sie? _____

Ihr Beruf? _____

Wieviele berufstätige Erwachsene leben in Ihrem Haushalt? _____

Welche Art von Küche schmeckt Ihnen am besten? _____

Was wäre für Sie ein Grund, unseren Service nicht in Anspruch zu nehmen? _____
_____

Wo würden unsere Anzeigen Sie am ehesten erreichen? _____

Haben Sie sonstige Hinweise und Ratschläge für uns? _____

Wir sind Ihnen sehr verbunden, daß Sie sich die Zeit genommen haben, diesen Fragebogen zu beantworten. Wir werden bemüht sein, uns mit schmackhaften, heißen Menüs bei Ihnen zu revanchieren. Das hilft Ihnen dann, diese Zeit wieder einzusparen.

Einer der sympathischsten Aspekte von Fragen, abgesehen von ihrem Einfluß, ist ihre erstaunliche Wirtschaftlichkeit. Es kostet nichts, diese Fragen zu stellen. Es kostet sehr wenig, Fragebogen zu drucken oder zu kopieren. Es kostet nichts, die Namen Ihrer Kunden aufzulisten. Es kostet lächerlich wenig, die Fragebögen an sie zu verschicken.

Diese Goldene Regel ist ganz typisch für das Wesen von Guerilla-Marketing – kleine Ursache, große Wirkung.

# Marketing ist kein Spiel

## Goldene Guerilla-Marketing-Regel Nr. 9:

Marketing ist zugkräftiger, wenn Sie es als ernste Sache und nicht als Spielerei betrachten.

Guerillas lieben Spaß und Unterhaltung. Sie gehen ins Theater. Sie besuchen Konzerte. Mal sieht man sie in der Oper das Libretto mitlesen, dann wieder treten sie als Kandidaten in einem Fernsehquiz auf. Es kann durchaus vorkommen, daß sie bei Seifenopern der Sentimentalität freien Lauf lassen. Mit einem Wort, Guerillas lassen sich gerne unterhalten, und manch einer besitzt sogar wahre Entertainer-Qualitäten.

Aber sie wissen auch, wo die Grenze zwischen Spiel und Ernst verläuft. Und so begreifen sie auch sehr genau, daß Marketing *kein* Spiel ist. Angesichts der unwiderstehlichen Anziehungskraft des Showbusiness, der Sirenenklänge eines begeisterten Publikums und der falschen Ratschläge von Kollegen fällt es nicht immer leicht, standhaft zu bleiben. Tappen Sie nicht in diese Falle! Ihren Nervenkitzel sollten Sie besser aus soliden Gewinnen als aus dem Beifall des Publikums beziehen.

Wenn Sie ein Marketing-Instrument gestalten, sind Sie ein Verkäufer, kein Showmaster. Sie arbeiten für Umsätze und Gewinne, nicht für Applaus und Auszeichnungen. Die Leute, die Ihre Unterlagen lesen, sollen ja genügend Information über Ihre Produkte und Dienstleistungen erhalten. Sie müssen dabei soviel Bedarf wecken, daß es tatsächlich zum Kauf kommt. Ihre Aufgabe ist also, diese *Information zu vermitteln, während Sie gleichzeitig einen Bedarf für das erzeugen, was Sie verkaufen.*

Solange das Ihre Grundhaltung ist, können Sie so unterhaltsam sein, wie Sie nur wollen. Sie können Ihre Angebote verzieren wie einen Weihnachtsbaum – nur müssen Sie darauf achten, daß all der Glanz Ihren Antwortquoten nicht in die Quere kommt. Natürlich muß Marketing Aufmerksamkeit auf sich ziehen und Interesse erwekken, schließlich sollen die Leute ja etwas kaufen. Aber ich warne Sie ausdrücklich, daß jeder Hauch von Unterhaltung das Risiko in sich birgt, Ihre Grundaussage zu überlagern. Das trifft in gleichem Maße auf Originalität, Witz, Kunst und all die anderen Blickfänge zu, die unschuldige Geschäftsleute schon viele Milliarden verschwendeter Marketing-Mark gekostet haben.

Unterhaltungseffekte sind die erste Anlaufstelle für die Phantasielosen. In Wirklichkeit sollten sie höchstens eine letzte Zuflucht sein. Viele Leute erfinden zuerst einen witzigen Showeffekt, um dann ihr Produkt oder ihre Dienstleistung in dieses Schema einzuzwängen. Guerillas dagegen denken sich zuerst eindrucksvolle Verkaufsideen aus und schaffen erst dann eine heitere Atmosphäre, um ihre Idee zur Geltung zu bringen. Meistens jedoch lassen sie ihre Finger lieber ganz von solchen Spielereien. Nein, Verzeihung: Sie meiden sie wie die Pest.

Ihre Leser, Zuseher und Interessenten werden sich nämlich mit Sicherheit an die feine Unterhaltung erinnern, nicht aber an Ihre Marketing-Idee, selbst wenn sie noch so gut war. Ist es Ihnen tatsächlich gelungen, die Aufmerksamkeit Ihrer Interessenten zu erwecken, dann sollten Sie dieses Interesse nicht mit süßen Worten, überdimensionalen Graphiken und guten Witzen vertun – das geht alles auf Kosten Ihres Angebotes.

Haben Sie diese Aufmerksamkeit, die die Welt bedeutet, einmal errungen, dann nützen Sie sie, um eine Saite in Ihrem Leser oder Zuseher oder Zuhörer zum Klingen zu bringen. Bringen Sie die Substanz Ihres Angebotes zur Geltung. Betonen Sie seine Vorzüge, seine Einzigartigkeit, seinen Wert. Sprechen Sie mit Ihrer Botschaft jede Person direkt an, anstatt ein großes anonymes Publikum zu unterhalten. Und stellen Sie sich zwischendurch immer wieder die Frage nach dem Erfolg. Das Ergebnis, das Sie sich wünschen, ist nicht schallendes Gelächter, sondern Verkäufe. Kein Gekicher, sondern eine Bestellung. Es gibt Zeiten zum Lachen und Zeiten zum Geldverdienen.

Die Gefahr des allzu spielerischen Umgangs mit Marketing geht auch von den Erwartungen der Unternehmer, der Marketing-Leute und der Medien aus. Obwohl zu viele Showeffekte fast immer den Verkauf stören, glauben viele, daß Marketing und Unterhaltung zusammenpassen wie Kaffee und Kuchen. In Wirklichkeit passen sie überhaupt nicht zusammen.

Aber das Publikum hat sich mittlerweile daran gewöhnt, beim Kaufen auch seinen Spaß zu haben. Die anderen Unternehmen bringen sie doch auch zum Lachen, wieso also Ihre Firma nicht? Anstatt nach dem Wesentlichen Ihres Angebotes zu fragen, halten sie nur Ausschau nach dem Knalleffekt. Sie müssen also an zwei Fronten kämpfen, indem Sie Ihr Angebot *so attraktiv gestalten, daß es jeder Unterhaltungseinlage die Show stiehlt*. Ein echter Guerilla zielt darauf ab, daß die Leute sagen: »Ich will dieses Produkt!« und nicht: »Dieser Werbespot hat mir gefallen!«

Konfrontiert mit immer verblüffenderen Spezialeffekten, die in den Print- und elektronischen Medien ohne weiteres möglich sind, muß man sich hier eine Menge Zurückhaltung auferlegen. Aber ringen Sie sich dazu durch, es macht sich bezahlt. Zwingen Sie sich. Bevor Sie irgendwelche Marketing-Unterlagen zur Produktion freigeben, lesen Sie sich noch einmal dieses Kapitel durch.

Es würde Ihnen doch niemals einfallen, Ihre Kunden und Interessenten auf den Arm zu nehmen. Muß ich Ihnen extra sagen, daß Sie auch sich selbst nicht an der Nase herumführen sollten? Wenn Sie einen unwiderstehlichen Hang zu Showeffekten in Ihrem Marketing verspüren, dann haben Sie diese Warnung vielleicht nötig. Im Augenblick, da Sie gerade das vorliegende Kapitel lesen, werden Sie die Weisheit dieser Goldenen Regel sicher anerkennen. Aber wenn es Ihnen geht wie der Motte, die unwiderstehlich vom Licht angezogen wird, könnten Sie einmal vergessen, wie leicht man sich verbrennen kann.

Lassen Sie das nicht zu! Wenn Sie der Meinung sind, daß Marketing schon ein Dschungel ist, dann ist das Spiel damit im Vergleich dazu ein regelrechtes Minenfeld. Es hat schon manche großartige Idee in die Luft gejagt und nicht wenige Unternehmen in den Bankrott getrieben. Weil es um einen so hohen Einsatz geht und so ernste Konsequenzen drohen, müssen Sie als Guerilla gegen Spielereien im Marketing unbedingt immun bleiben. Übrigens kann die beste Unterhaltung nie soviel echte Freude bereiten wie Verkaufen. Befolgen Sie diese Goldene Regel, und hinterher sagen Sie mir dann, womit Sie die meiste Freude hatten, nachdem Sie Ihre ersten Gewinne auf die Bank getragen haben.

# Marketing für neue Produkte und Dienstleistungen

## Goldene Guerilla-Marketing-Regel Nr. 10:

*Wenn Sie Angebote erstmalig einführen, kündigen Sie sie voller Begeisterung als brandneu an und erklären Sie klar und deutlich, worin ihre Vorzüge bestehen.*

Es ist so wie mit jedem ersten Eindruck: Sie bekommen nur *eine* Chance, ein neues Produkt oder eine neue Dienstleistung vorzustellen, und Ihre Einführung wird die Meinung vieler Leute noch für einen langen Zeitraum bestimmen. Sie müssen daher alles Menschenmögliche tun, damit diese Einführung den *richtigen Eindruck* bei den *richtigen Leuten* hinterläßt. Guerillas denken viel über solche Fragen nach.

Mit Ihrem Einführungs-Marketing erzeugen Sie viele Eindrücke auf einmal. Etwa die Hälfte dieser Wahrnehmungen wird falsch, die andere Hälfte richtig sein. Versetzen Sie sich in Ihre Zielgruppe hinein und versuchen Sie, sich deren Eindrücke auszumalen. So können Sie möglicherweise ein falsches Bild vermeiden. Damit ist die halbe Schlacht bereits geschlagen, und nicht unbedingt die einfachere Hälfte.

Ihr Produkt oder Ihre Dienstleistung muß nicht das beste, billigste oder modernste sein. Aber es muß genau dem entsprechen, was Ihre Interessenten suchen. Und diese Tatsache müssen Sie unmißverständlich zum Ausdruck bringen.

Da draußen in Ihrem Zielmarkt gibt es Leute, die sich von allem, was neu ist, angezogen fühlen. Sie kaufen Produkte und Dienstleistungen einfach deshalb, weil sie neu sind. Das sind die *Ja-zu-Neu-Leute*: Sie fühlen sich von Innovationen angezogen. Einige Märkte funktionieren tatsächlich auf diese Art. Beispielsweise der Markt für Damenshampoos, wo 90 Prozent der Kunden zumindest einmal im Jahr ein neues Shampoo ausprobieren. »Neu« klingt in der Shampoosprache einfach besser als »Seifenschaum«. Markentreue ist hier beinahe ein Fremdwort.

Neben diesen Alles-Neue-Ausprobieren-Typen gibt es noch eine Abwarten-und-Teetrinken-Masse. Das sind die *Nein-zu-Neu-Leute*. Sie kaufen manche Dinge einfach deshalb nicht, weil sie neu sind. Sie mißtrauen allem, wovon sie noch nie gehört haben, sogar wenn es nachweislich gut ist. Warum? Weil sie Fremde nicht leiden können. Und wenn Sie neu sind, sind Sie automatisch ein Fremder für sie.

Ihr Marketing sollte auf die *Neu-Warum-nicht?*-Leute abzielen. Glücklicherweise gehört sowieso die Mehrheit der menschlichen Rasse zu dieser Kategorie.

Die Ja-zu-Neu-Leute werden Ihr Angebot sowieso kaufen, einfach weil es neu ist. Das ist alles, was sie daran interessiert. Verschwenden Sie kein Geld, sie von irgendetwas zu überzeugen; sie brauchen nicht überzeugt zu werden.

Die Nein-zu-Neu-Gemeinde in Ihrer Zielgruppe wird Ihr Angebot auf keinen Fall kaufen, eben weil es neu ist. Das ist alles, was sie daran interessiert. Verschwenden Sie kein Geld darauf, sie zu überzeugen; sie lassen sich nicht überzeugen – zumindest jetzt noch nicht.

Zum Glück will die große Masse Ihres Publikums mehr über Ihr Produkt oder Ihre Dienstleistung wissen, als die bloße Tatsache, daß es neu ist. Sie wollen wissen, welche guten Eigenschaften es hat. Sie sind sehr empfänglich für all die guten Gründe, warum sie es besitzen sollten. Sie werden sich Ihre Marketing-Botschaft aufmerksam anhören, wenn es für sie prinzipiell von Interesse ist. Wenn Sie diese Leute wirklich zum Kauf bewegen wollen, werden Sie sich allerdings gewaltig anstrengen müssen. Aber seien Sie getrost: Im Grunde *wollen sie kaufen*.

Nachfolgend finden Sie zehn Guerilla-Tips, wie Sie soweit kommen:

1. Konzentrieren Sie Ihr Marketing auf die Vielleicht-Gruppe, vergessen Sie die Ja- und die Nein-Sager.
2. Demonstrieren Sie Ihr Vertrauen in Ihr neues Produkt oder Ihre neue Dienstleistung durch die Qualität der Einführungskampagne. Bringen Sie zum Ausdruck, daß gerade seine Neuartigkeit ein besonderer Vorzug ist.

3. In Ihren Marketing-Unterlagen sollten immer wieder die Begriffe *»neu«, »Ankündigung«, »Einführungsangebot«, »erstmals«* und *»endlich«* vorkommen. Vermitteln Sie das Gefühl eines Durchbruchs. Aber achten Sie darauf, nicht zu übertreiben, damit Ihre Glaubwürdigkeit keinen Schaden nimmt.

4. Nachdem Sie alle Details ausgearbeitet und den Vertrieb gesichert haben, feuern Sie gleich aus allen Rohren. Schalten Sie große Anzeigenkampagnen. Führen Sie ein Direktmailing durch und kombinieren Sie dies mit anderen Methoden des Direktmarketing. Es kann zum Beispiel großartig funktionieren, einen Fernsehspot mit einer Telefonmarketing-Aktion zu verbinden.

5. Stellen Sie sicher, daß Ihre Anzeigen, Prospekte, Verkaufspräsentationen, Briefe, Postkarten, Ihr Logo, Ihre Behauptungen, Ihre Themen und alle sonstigen Marketing-Instrumente ein einheitliches Erscheinungsbild aufweisen.

6. Setzen Sie so bald als möglich Aussagen von Pionier-Anwendern über deren Erfahrungen mit Ihrer Neuheit ein. Geben Sie dabei das genaue Modell an. Arbeiten Sie mit Zahlen und Fakten. Das wird Sie Ihrem Ziel in Riesenschritten näherbringen.

7. Sprechen Sie möglichst bald von allgemeiner Beliebtheit oder vom Durchbruch in einer bestimmten Branche. Unterstreichen Sie, daß bestimmte Personen, mit denen Ihre Zielgruppe sich identifiziert, Ihren Hit bereits in Gebrauch haben.

8. Gehen Sie sicher, daß eine allfällige Publizität auf Ihr sonstiges Marketing abgestimmt ist. Sie soll genau zum Auftakt einsetzen, aber keinesfalls zu früh. Besser einen Monat später als einen Monat zu früh. Verwenden Sie Nachdrucke dieser Publicity in Ihren anderen Marketing-Bereichen.

9. Sorgen Sie dafür, daß Ihre Texte, Ihr Verkaufspersonal und Ihr Marketing ein starkes Engagement ausstrahlen. Begeisterung wirkt immer ansteckend, am besten kommt sie aber während einer Einführungsphase an. Da hat man sie auch am nötigsten.

10. Planen Sie schon vorher, wie es mit Ihrem Marketing weitergehen soll, wenn die Party vorbei ist. »Neu« dauert höchstens sechs Monate, und Sie können in dieser Zeit alle Gewinn-Rekorde brechen. Aber irgendwann müssen Sie einen Schwenk vollführen. Bereiten Sie diesen Umschwung schon bei Ihrem Einführungsmarketing

vor, indem Sie Phase zwei bereits in den Texten anklingen lassen. Wenn es soweit ist, werden Sie froh sein, vorgesorgt zu haben. Beim Start der zweiten Phase sollten Sie sich bereits auf die nachfolgenden Kampagnen vorbereiten – auch wenn es bis dahin noch drei Jahre sein mögen. Der Gedanke dabei ist, durch kluge Planung Engpässe zu vermeiden. Das Motto lautet, allzeit bereit zu sein, aber genügend Selbstbeherrschung zu haben, um den richtigen Augenblick abwarten zu können.

Die Einführungsphase ist ein einmaliger und ganz entscheidender Zeitraum im Lebenszyklus eines Produktes bzw. einer Dienstleistung. Oftmals ist sie ausschlaggebend für Erfolg oder Mißerfolg.

Die Markteinführung neuer Produkte und Dienstleistungen ist eine Kunstform, die sich wesentlich von den sonstigen Aufgaben des Marketing unterscheidet. Für einen Guerilla stellt sie eine einmalige Gelegenheit dar, um satte Gewinne zu machen. Einen Rückschlag bei einer schlecht koordinierten Produkteinführung zu verwinden, kann Jahre dauern, wenn eine Kurskorrektur überhaupt noch möglich ist. Der Schwung einer heißen und vitalen Einführungsphase hält oft Jahre an. Später kann man immer wieder darauf Bezug nehmen, und so selbst mit einem stark reduzierten Marketing-Budget immer noch schöne Gewinne einfahren.

Verplanen Sie für eine Dreimonatseinführung etwa 50 Prozent des Jahresbudgets für Marketing. Den Rest verteilen Sie übers Jahr auf die anderen Produkte. Was Sie dabei nicht vergessen sollten: Ein Großteil Ihres Marketingbudgets gehört zwar der Einführung Ihrer neuen Angebote, es muß aber genügend übrigbleiben, um die Kampagne während des restlichen Jahres weiterführen zu können.

Sie sind jetzt wie ein Langstreckenläufer, der in der Startposition kauert, den Fuß am Startkeil, nach vorne gebeugt, um beim Ertönen des Startschusses loszurennen. Die Bedeutung eines guten Starts muß ich Ihnen wohl nicht erklären. Diese Goldene Regel wird Sie mit einem Vorsprung gegenüber Ihren Konkurrenten im Rennen und am gesamten Markt belohnen.

# Informationsquellen für Marketing Know-how

## Goldene Guerilla-Marketing-Regel Nr. 11:

*Je besser Sie über den gesamten Marketingprozeß Bescheid wissen, desto höher werden Ihre Gewinne sein.*

Die meisten Menschen fühlen sich von Marketing eingeschüchtert, sogar wenn sie damit ihren Lebensunterhalt verdienen oder es aus anderen Gründen für sie lebenswichtig ist. Um diese Scheu zu überwinden und teure Marketing-Fehler zu vermeiden, empfiehlt es sich, durch unablässiges Sammeln von Informationen zu diesem Thema immer auf dem letzten Stand zu sein. Wissen ist der Treibstoff für Ihr Marketing. Diese Art von Know-how stellt einen beachtlichen Wettbewerbsvorteil dar.

Ein weiterer Grundstein für produktives Marketing ist neben dem Know-how auch das Verständnis für die zugrundeliegenden Vorgänge. Im Guerilla-Wörterbuch wird Verständnis definiert als »Erkennen der wahren Natur einer Sache, besonders durch intuitives Einfühlungsvermögen«. Das soll nicht heißen, daß Marketing aus dem Bauch kommt und von Reflexhandlungen bestimmt wird. Gesunder Menschenverstand sollte die Intuition allemal im Griff haben. Wenn Sie aber über beides verfügen, gesunden Menschenverstand im Sinne von Know-how und Intuition im Sinne von Verständnis, dann sind Sie für die Schlacht gerüstet und haben die besten Chancen auf den Sieg.

Mit diesem Verständnis und einem profunden Know-how über Marketing sind Sie noch nicht notwendigerweise in der Lage, auch ein wirklich gutes Marketing auf die Beine zu stellen. Aber zumindest werden Sie den Unterschied zwischen erstklassigem und grausigem Marketing erkennen können. Diesen Unterschied zu durchschauen, wird einen großen Unterschied in Ihrer Jahresbilanz machen.

Von den verschiedenen Methoden, sich Marketing-Know-how anzueignen – Sie sind übrigens gerade dabei, weil Sie dieses Buch über Marketing lesen – ist Lebenserfahrung vielleicht die beste. Ich sage »vielleicht«, weil manche Menschen aus dem Leben lernen, während es an anderen spurlos vorübergeht.

Wenn Sie Bücher über Marketing lesen, gewinnen Sie wertvolle Erkenntnisse. Es gibt heute mehr gute Literatur zu diesem Thema als jemals zuvor. Damit meine ich nicht die dicken Bände über Marketing für Konzerne mit Zigmillionen-Budgets. Stattdessen sollten Sie die Regale guter Buchhandlungen nach der Art von Marketing-Literatur durchkämmen, die Ihnen die richtigen Einsichten für Ihre Situation vermitteln kann.

Es werden auch ausgezeichnete Marketing-Seminare am Markt angeboten, oft in Form von Universitätslehrgängen, aber auch durch Branchen-Fachverbände und professionelle Seminar-Veranstalter. Sie werden feststellen, daß einige dieser Seminare einen allgemeinen Überblick über Marketing vermitteln, andere sich auf einzelne Aspekte konzentrieren und wieder andere nach dem Motto »Spucken wir in die Hände und packen wir's an« aufgebaut sind.

Rundschreiben und Fachzeitschriften über Marketing können Ihnen gute Dienste leisten. Sie werden in den harten 90er Jahren alles Wissen brauchen, an das Sie herankommen können. Der Wettbewerb im Marketing wird immer schärfer, immer mehr Unternehmen raufen sich um das Geld *Ihrer* Kunden. Große Erfolge im Marketing werden nur noch von Firmen erzielt, die über fundiertes Know-how und ein tiefgehendes Verständnis verfügen.

Im Gegensatz zu vielen Wissensgebieten, die man durch fleißiges Studium einmal erlernen kann, unterliegt Marketing einem ständigen Wandel. Während Sie diese Zeilen lesen, verwandelt es sich gerade von einer Kunst zu einer Wissenschaft. Ständig tauchen neue Medien auf. Alle Welt experimentiert andauernd mit ihnen herum. Entweder man fällt dabei auf die Nase oder man erzielt phantastische Gewinne. Lernen Sie von den Erfahrungen anderer. Mit Marketing-Know-how bleiben Sie am Puls des Geschehens. Das kann den Unterschied zwischen Erfolg und Mißerfolg ausmachen.

Das entscheidende Know-how, über das Sie verfügen müssen, ist jedenfalls das Wissen darum, wie Marketing eigentlich funktioniert und wie nicht. Diese Goldenen Regeln wurden geschrieben und veröffentlicht, um Ihr Know-how zu erweitern und Ihnen zu einem besseren Verständnis zu verhelfen.

Verständnis entwickeln Sie dann, wenn Marketing für Sie seine Mystik verliert und Sie die einzelnen Schritte des Prozesses klar erkennen können. Nur wenn Sie diese Entwicklung durchlaufen haben, werden Sie die richtige Perspektive haben, um zu erkennen, daß Marketing im Prinzip nach ganz simplen Regeln funktioniert, vorausgesetzt *Sie* komplizieren es nicht unnötig. Zahlreiche Unternehmer haben zusammengenommen Milliarden von Mark verschleudert, weil sie nie die wahre Natur von Marketing erkannt haben – nämlich angewandtes Know-how. Clevere Unternehmer betrachten die Zusammenarbeit mit Marketing-Fachleuten als Unterricht. So freunden sie sich mit Marketing an und lernen, wie man es gewinnbringend gestaltet.

Wenn es an einem Ort 100 Geschäfte gibt und alle 100 werden zur Teilnahme an einem Marketing-Seminar eingeladen, wie kommt es dann, daß nur 25 tatsächlich teilnehmen? Weil die anderen 75 glauben, daß Marketing entweder zu kompliziert ist oder für ihr Geschäft sowieso keine Bedeutung hat. Guerillas können sich hierüber nur freuen – ein Guerilla ist nämlich immer bemüht, sein Wissen für sich zu behalten. Kein anständiger Guerilla kann wollen, daß seine Konkurrenten wissen, wie man mit Marketing umgeht. Wäre es Ihnen etwa recht, wenn Ihre Konkurrenten diese Goldenen Regeln auch anwendeten?

Guerilla-Know-how unterscheidet sich vom landläufigen Knowhow über Marketing dadurch, daß es sich weniger auf finanzielle Mittel als auf das Wissen um den optimalen Einsatz von Zeit, Ausdauer und Phantasie stützt. Guerilla-Know-how zeigt den Guerillas auch genau, wie sie sich verhalten müssen, wenn man versucht, es ihnen nachzumachen.

Erfolgreiches Marketing wird fast immer von jenen nachgeahmt, die selbst nicht über eine ausreichende Phantasie verfügen. Der Neuling ringt deshalb verzweifelt seine Hände. Nicht so der Guerilla. Er hat von Anfang an gewußt, daß man ihm nacheifern würde. Er steckt das ein und legt ohne zu zögern mit der nächsten Phase seines Marketing-Konzeptes los. Er ist immer einen Schritt voraus.

Marketing ist für Ihr Unternehmen viel zu wesentlich, um nur im stillen Kämmerlein betrieben zu werden. Daher lautet diese Goldene Regel, sich soviel Guerilla-Know-how wie möglich anzueignen – und niemals mit dem Lernen aufzuhören.

# Aufrichtigkeit

## Goldene Guerilla-Marketing-Regel Nr. 12:

*Arbeiten Sie nur mit Marketing-Techniken, deren Aufrichtigkeit über jeden Zweifel erhaben ist.*

Es ist keine Frage, daß Marketing eine ehrliche Angelegenheit ist. Aber die meisten Leute sind davon nicht sehr überzeugt. Sie etwa?

Eine großangelegte Umfrage hat ergeben, daß 53 Prozent der Bevölkerung Marketing mit »Täuschung« verbinden. Sie und ich wissen, daß die Öffentlichkeit einen eingebauten Lügendetektor hat, wenn es ums Marketing geht. Die Werbebranche rangiert auf der Glaubwürdigkeitsskala ganz weit unten.

Eine kleine, aber wachsende Zahl von schwarzen Marketing-Schafen trägt die Schuld an diesem schlechten Eindruck. Das meiste Marketing ist insofern aufrichtig, als es wahre Tatsachen wiedergibt. Aber gleichzeitig wird oft maßlos übertrieben, hauptsächlich vom Unternehmen selbst oder vom Werbetexter, die sich von ihrer eigenen ehrlichen Begeisterung mitreißen lassen. Die Grenze zwischen Übertreibung und Unaufrichtigkeit verläuft fließend. Haben Sie sie aber einmal überschritten, ist es verdammt schwer, umzukehren und das Vertrauen der Kunden wiederzugewinnen. Guerillas vermeiden es tunlichst, diese Grenze überhaupt zu überqueren.

Ich möchte nicht soweit gehen zu behaupten, daß Aufrichtigkeit eine der stärksten Waffen im Arsenal eines Guerilla ist (obwohl sie Bestandteil einer jeden solchen Ausrüstung sein sollte). Ich kann Ihnen aber versichern, daß Unehrlichkeit einer der Erzfeinde Ihrer Reputation und damit Ihres gesamten Marketings ist. Unaufrichtigkeit wirft ein schlechtes Licht auf Ihre Angebote und auf die Medien im allgemeinen, und stellt all Ihre Marketing-Bemühungen in Frage. Um ganz offen zu sein: Es ist ohnedies schwer genug, im Bereich des Marketing glaubwürdig zu wirken, selbst wenn man die Wahrheit sagt. Um ernstgenommen zu werden, müssen Sie alle Hebel in Bewegung setzen.

Eine Methode, an Glaubwürdigkeit zu gewinnen, besteht darin, einen Lapsus aus der Vergangenheit zuzugeben. Oder Sie verraten etwas über Ihre Firma, das nicht von Vorteil, aber auch nicht weiter schlimm ist. Alles, was Sie im Anschluß an dieses Zugeständnis von sich geben, wird man Ihnen glauben, weil Sie so ehrlich waren, einen Fehler oder Schwachpunkt zuzugeben.

Einer meiner Lieblingsguerillas, Besitzer einer großen Video-Verleih-Kette, verlangt von allen seinen Angestellten, daß sie einen Film aussuchen, der ihnen nicht gefällt, damit sie den Kunden davon abraten können. Und schon wird ihnen alles, was sie danach sagen, geglaubt, weil sie ihre Aufrichtigkeit unter Beweis gestellt haben. Sie versuchen offensichtlich nicht, einem jeden Mist zu verkaufen.

Es ist bedauerlich, daß es überhaupt nötig ist, Maßnahmen zu ergreifen, um Ihre Glaubwürdigkeit vor dem Kunden zu festigen. Aber das Mißtrauen ist inzwischen so tief in den Konsumenten verwurzelt, daß es zu einer Realität geworden ist, mit der man im Marketing rechnen muß.

Ein positiverer Ansatz, um seine Glaubwürdigkeit zu erhöhen, ist die Herausgabe eines Rundschreibens oder die Abhaltung von Seminaren. Dadurch betonen Sie Ihre fachliche Autorität und Ihre Erfahrung. Regelmäßige Anzeigenkampagnen, in denen Sie die verschiedenen Vorzüge Ihres Angebotes – wie etwa Rabatte oder Kaufanreize – wiederholen, fügen sich zusammen und vermitteln dem Konsumenten einen Eindruck von Vertrauenswürdigkeit. Es kann einem nämlich kaum etwas Schlimmeres passieren, als sich extra auf den Weg in ein Geschäft zu begeben, nur um zu erfahren, daß der reduzierte Artikel aus der Werbung nicht mehr auf Lager ist. Die meisten würden das als schmutzigen Trick empfinden und ihren Glauben an Ihre geschäftliche Integrität verlieren.

Es ist recht einfach, ein aufrichtiges Marketing zu betreiben. Aber es ist sehr schwer, dabei auf Vertrauen zu stoßen. Ihre Aussagen müssen das Siegel der Wahrheit tragen und ein Gefühl von Ehrlichkeit vermitteln. Und dennoch dürfen Sie auf keinen Fall gönnerhaft wirken. Sie müssen sich der anderen Werbeaussagen bewußt sein, die Ihre Botschaft auf den Anzeigenseiten und in den Radiowellen umgeben. Die können Lügen hinausposaunen, als ob es kein Morgen gäbe. Aber Sie sollten sich glaubwürdiger Begriffe und Ausdrücke bedienen. Obwohl *eine* ehrliche Marketing-Waffe allein noch lange nicht den Beweis für Ihre Glaubwürdigkeit erbringt, wird Ihr konsequenter Einsatz im Dienste der Wahrheit auf die Dauer den gewünschten Effekt erzielen.

Marketing, das zu 99 Prozent ehrlich und zu 1 Prozent unaufrichtig ist, wird dazu führen, daß einem die Unaufrichtigkeit ständig vorgehalten wird. Die Leute werden unbewußt Ihr Marketing nach Ihrer *unglaubwürdigsten Aussage* beurteilen. Das bedeutet, Sie können Ihr bestes Marketing-Konzept mit nur einer klitzekleinen Schwindelei ruinieren.

Solange es Marketing gibt, wird es von einer skeptischen Öffentlichkeit als mögliche Täuschung eingestuft werden. Das breite Publikum wird selbst bei der eindringlichsten Aussage ein Haar in der Suppe finden. Das ist nicht Ihre Schuld. Aber es ist Ihre Pflicht, diesem Hindernis aus dem Weg zu gehen. Und es ist ebenso Ihre Pflicht, nichts zu tun, um das Hindernis noch zu vergrößern.

Als Faustregel sollten Sie sich vor Augen halten, daß beinahe jedes beschreibende Adjektiv in Ihrem Prospekt vom Eindruck der Aufrichtigkeit ablenkt. Arbeiten Sie mit Fakten statt mit Meinungen. Verwenden Sie genaue Zahlen statt vager Andeutungen. Geben sie, wenn möglich, Namen, Daten und Orte an, um Ihrem Marketing den Eindruck von Aufrichtigkeit zu verleihen.

Betrachten Sie es einmal so: Wenn Sie einen Zeitungsartikel schreiben würden, wäre es ganz egal, wie aufrichtig Sie dabei wären. Menschen unterliegen der Vorstellung, daß Ehrlichkeit und tatsächliche Wahrheit mit der Form zusammenhängen.

Wenn Sie aber erfolgreiches Marketing gestalten wollen, dann werden Sie schon schief angesehen, bevor Sie auch nur in Erscheinung treten. Das bedeutet, daß Ihre Aufgabe keineswegs leicht ist: Sie ist mühsamer als die Arbeit eines Schriftstellers. Sogar Ernest Hemingway hat zugegeben, daß es bei weitem schwieriger ist, einen Werbetext zu verfassen, als einen Roman zu schreiben. Von einem Roman erwartet man, daß er frei erfunden ist und als Werk der Phantasie vielleicht voller Übertreibungen steckt. Marketing dagegen soll den Tatsachen entsprechen, unglücklicherweise wird es jedoch ebenso als Fiktion angesehen.

Ihre Aufgabe besteht darin, gegen diese Vorbehalte anzukämpfen. Prüfen Sie Ihr Marketing unter diesem Gesichtspunkt auf Herz und

Nieren. Ist auch jeder Satz kompromißlos ehrlich? Spricht aus jedem einzelnen Wort die nackte Wahrheit? Ist Ihr Grundtenor glaubwürdig, oder schlagen Sie bloß wieder in dieselbe marktschreierische Kerbe wie alle anderen? Wie sieht es mit Ihren optischen Hilfsmitteln aus? Sehen die Photomodelle unnatürlich aus? Lächeln sie in Situationen, in denen normalerweise niemand lächeln würde? Oder ist die ganze Szene so irreal, daß sie automatisch den Unglaubwürdigkeitsalarm auslöst?

Stellen Sie sich vor, daß der größte Spötter der Welt Ihnen bei allem, was Sie tun, über die rechte Schulter schaut. Jedesmal, wenn Sie einen Teil Ihres Marketing gestalten, hören Sie gut hin, was Ihnen dieser Zyniker zu sagen hat. Er ist dazu da, um Sie auf dem schmalen Pfad der Tugend zu halten. So können sie sicher sein, daß alles hundertprozentig aufrichtig wirkt, und daß Sie diese Goldene Regel befolgen.

# Gewinne

## Goldene Guerilla-Marketing-Regel Nr. 13:

*Alles in Ihrem Marketing sollte darauf abzielen, Ihre Gewinne zu erhöhen – Umsatz allein macht nicht glücklich.*

Es ist einleuchtend, daß Marketing solange nicht kreativ ist, als es keine Waren bewegt. Waren in Bewegung zu bringen, ist grundsätzlich zweifellos keine üble Sache. Wenn Sie dabei aber keine ordentlichen Gewinne machen, gehen Sie am eigentlichen Zweck Ihrer Geschäftstätigkeit vorbei.

Leider denken nicht alle Unternehmen so. Sie machen im guten Namen des Marketing die schlimmsten Fehler. Einigen wir uns also gleich zu Beginn darauf, daß Marketing letztlich den Zweck hat, Gewinne zu erzielen.

Haben Sie diesen Gedanken erst einmal verinnerlicht, sind Sie nahe daran, die Sache in den Griff zu bekommen. Aber als Massenkommunikationsmittel unterliegt Marketing – so wie Ihr ganzes Geschäft – einem ständigen Entwicklungsprozeß. Verleumdungen, Geschmacklosigkeiten, undiplomatische Aussagen und Lügen sind daher tabu. Wenn Sie sich diese Punkte ständig vor Augen halten *und* sich außerdem darüber im klaren sind, daß der Zweck des Marketing darin besteht, Gewinne zu machen, stehen die Zeichen auf Erfolg.

Manche Firmen verkaufen ihre Produkte und Dienstleistungen zu so niedrigen Preisen, daß sie zwar einen gigantischen Warenumschlag erzielen, dabei aber lächerliche Gewinne machen. Andere geben zuviel Geld für Werbekampagnen in den falschen Medien aus, weil sie nicht der Frage nachgehen, woher neue Kunden erstmals von ihrem Geschäft gehört haben. So etwas frißt die Gewinne auf, selbst wenn die Umsätze steigen.

Der Schlüssel zum Erfolg liegt darin, sich so intensiv mit den eigenen Finanzen zu befassen, daß man genau *die Kosten pro Verkauf und den Gewinn pro Verkauf* kennt. Die Kosten pro Verkauf zu kennen und zu reduzieren, ist allerdings erst die Hälfte der Aufgabe. Den Gewinn pro Verkauf zu erhöhen, das ist das Ziel.

Ich kann mich noch gut an eine Vertreterkonferenz erinnern, die in feierlicher Atmosphäre begann, weil in der abgelaufenen Periode die Umsätze stark gestiegen waren und gleichzeitig die Kosten pro Verkauf gesenkt werden konnten. Am Ende der Veranstaltung dominierte allerdings eine leicht deprimierte Stimmung. Es stellte sich nämlich heraus, daß die Firma bei jedem Verkauf, den sie tätigte, Geld verlor. Bis zu diesem Zeitpunkt genossen die zuständigen Marketing-Leute ihr ungetrübtes Glück. Sie brauchten lediglich auf die nach oben zeigende Umsatzkurve und den hohen Warenumschlag zu verweisen. Sie hatten ihr oberstes Ziel aus den Augen verloren – die Gewinne. Und das Unternehmen bezahlte diesen Irrtum mit einem empfindlichen Verlust.

Daraufhin erhöhte das Unternehmen seine Preise, verbesserte so die Gewinnsituation und war nun in der Lage, den berühmten Zusammenhang zwischen steigenden Umsätzen und steigenden Gewinnen wiederherzustellen. Das ganze Guerilla-Marketing dreht sich um diesen bedeutenden Zusammenhang.

Um dauerhaft hohe Überschüsse zu erwirtschaften, müssen Sie so planen, daß Sie bei jedem Verkauf gewinnen. Auch während einer Guerilla-Marketing-Kampagne müssen Sie ein wachsames Auge auf Ihre Finanzen haben. Lassen Sie sich ausschließlich von steigenden Gewinnen beeindrucken.

Ohne ein solches Konzept könnten Sie leicht in die roten Zahlen rutschen. Vorübergehend können die Gewinne auch ohne ständige Marketing-Aktivitäten ganz ordentlich sein, aber eben nur kurzfristig. Nur wenn es Ihnen gelingt, alle drei oben genannten Ziele unter einen Hut zu bringen, wird Ihr Marketing seine volle Pracht entfalten.

Es gibt zehn Arten, wie Guerillas ihre Gewinne erhöhen können.

1. Definieren Sie klar und deutlich die *Vorzüge*, die Ihr Unternehmen potentiellen Kunden zu bieten hat, zusammen mit Ihrer *Einzigartigkeit*. Rücken Sie diese Aspekte ständig in den Vordergrund. Sie gehören zu den Hauptgründen, warum Kunden ein Geschäft aufsuchen.

2. Setzen Sie verstärkt Methoden des *Direktmarketing* statt herkömmlicher Werbemittel ein. Heutzutage schlägt dieser direkte Ansatz herkömmliche Strategien bei weitem.

3. *Entlasten Sie Ihren Kunden von allen Risiken.* Wie? Mit einer ehrlichen hundertprozentigen Geld-zurück-Garantie und einer konsequenten Der-Kunde-hat-immer-recht-Politik.

4. Sagen Sie den Leuten immer wieder, *warum sie gerade bei Ihrem Unternehmen kaufen sollten.* Wenn Sie zuerst die Vorzüge Ihres Angebotes genannt haben, sollten Sie hinterher auch sagen, warum Ihr Geschäft besser ist als andere.

5. Gewöhnen Sie sich an, *Tests* durchzuführen. Testen Sie Ihre Angebote, Briefe, Postkarten, Anzeigen, Schlagzeilen, Schrifttypen und Broschüren. Guerillas wissen genau, daß ein Test entscheidend für ihre Gewinne sein kann. Testen Sie dieselbe Anzeige in zwei verschiedenen Zeitungen, so finden Sie die richtige Zeitung heraus. Testen Sie verschiedene Anzeigen in derselben Zeitung, dadurch finden Sie die richtige Anzeige heraus. Guerillas testen beides.

6. Seien Sie sich der *Macht der Überschrift* immer bewußt. Sie dürfen dabei ruhig ein Überlegenheitsgefühl entwickeln, denn 90 Prozent der kommerziellen Anzeigen haben gar keine Überschrift. Und das, obwohl die richtige Schlagzeile die Antwortquote um bis zu 2100 Prozent erhöhen kann.

7. *Testen Sie Ihre Preise*, und denken Sie dabei nicht nur an Preissenkungen. Ein Guerilla weiß genau, daß ein Preis von 299 Mark unter Umständen sogar besser sein kann als einer von 245 Mark. Ich habe schon erlebt, wie ein Kosmetikprodukt, das sich für 4 Mark nur schleppend verkaufte, bei einem Preis von 10 Mark zum Renner wurde.

8. *Schreiben Sie mehr Text.* Solange die Informationen leicht lesbar und interessant sind, werden kaufbereite Interessenten jedes Wort verschlingen. Guerillas verkaufen mehr, wenn sie mehr zu sagen haben.

9. Stellen Sie sicher, daß *jeder* in Ihrer Organisation gewinnorientiert arbeitet und den Zusammenhang zwischen hohen Gewinnen und einer rosigen Zukunft erkannt hat. Bieten Sie Ihren Mitarbeitern *Gewinnbeteiligungen* an.

10. Verlieren Sie niemals die Tatsache aus den Augen, daß *Marketing der Motor* ist, der alle Geschäfte und alle Branchen, die Gewinne abwerfen, antreibt.

Man kann natürlich nicht *immer nur* Gewinne machen. Rechnen Sie nicht damit, daß sich Ihre Schatzkammer gleich am Anfang bis obenhin füllt, wenn Sie noch nicht einmal alle Ihre Gemeinkosten mit Sicherheit kennen. In einer Testphase können Sie keine Gewinne erwarten. Da besteht der Ertrag noch aus Informationen, die sich erst später in reichliche Gewinne umwandeln lassen. Wenn es Ihnen gelingt, während einer Testphase Ihre Kosten zu decken, ist das schon eine reife Leistung.

Auch in Zeiten, in denen Sie Investitionen für die Zukunft tätigen, dürfen Sie keine nennenswerten Gewinne erwarten. Es kann vorkommen, daß Sie über mehrere Monate größere Ausgaben verkraften müssen, die sich erst sehr viel später bezahlt machen werden. Aber seien Sie unbesorgt. Wenn Sie Ihre Investition sorgfältig geplant haben, sind die langfristigen Gewinne genauso süß wie die kurzfristigen – und oftmals bei weitem höher.

Sie dürfen nicht die fixe Idee haben, unbedingt jeden Tag und jeden Monat Gewinne machen zu müssen. So läuft das Spiel nicht. Sehr wohl aber sollten Sie jedes Jahr einen höheren Gewinn als im Vorjahr erzielen. Wenn Sie an den Grundsätzen in diesem Buch festhalten, sind Sie Ihren Mitläufern im Rennen um das finanzielle Schlaraffenland immer um eine Nasenlänge voraus.

Denken Sie immer an die Regel: *Gewinne sind das Maß aller Dinge.*

*Zweiter Teil*
# Goldene Regeln für Ihre Effizienz

# Der Platz im Bewußtsein des Kunden

## Goldene Guerilla-Marketing-Regel Nr. 14:

*Es ist leichter, einen großen Marktanteil zu erobern, wenn Sie sich zuvor einen großen Platz im Bewußtsein Ihrer Kunden gesichert haben.*

Viele Unternehmen wünschen sich einen großen Marktanteil. Das ist ein durchaus ehrenwertes Unterfangen, gehen wir doch davon aus, daß ehrliche Gewinne ein nobles Ziel sind. Wenn Sie dabei aber nur nach den Marktanteilen schielen, wird dieses Ziel für Sie in weite Ferne rücken.

Ihr Geschäft kann diesen Marktanteil dann erreichen, wenn Sie zuerst in eine andere Richtung arbeiten. Guerillas wissen, daß ihnen ihr Marktanteil dann sicher ist, wenn sie sich zuerst einen Platz im Bewußtsein ihrer Kunden erobern. Das bedeutet, daß für Ihre Interessenten Ihr Unternehmen nicht eines unter vielen ist, sondern daß es für sie *geradezu der Inbegriff dessen ist, was Sie zum Verkauf anbieten.*

Sie können sich diese Wertschätzung bei Ihrer Zielgruppe durch fleißigen Einsatz der Guerilla-Marketing-Waffen und durch unablässige Bemühungen in Ihrem Marketing erwerben. Die meiste Aufmerksamkeit werden Sie mit der Beibehaltung eines Marketing-Konzeptes und mit Ihrem Verständnis für die *Macht der Wiederholung* erreichen.

Auch bedeutende Firmen wie Kellogg's und Beiersdorf haben einmal klein angefangen. Sie haben ein Grundthema im Marketing über mehr als 50 Jahre beibehalten. Sie haben ihre Kunden umworben und sich in ihr Bewußtsein eingegraben. Sie nehmen vielleicht auch in Ihrem Bewußtsein einen festen Platz ein. Wer kennt nicht Käpt'n Iglo, Meister Propper oder die vielen, vielen bunten Smarties, um nur einige Beispiele für konsequentes, langjährig erfolgreiches Marketing zu nennen.

Unabhängig vom Preis oder der Qualität Ihrer Angebote ist es unrealistisch zu glauben, daß eine einzige tolle Anzeige allein Sie gleich ganz nach oben katapultieren kann. Aber Sie haben einen Fuß in der Tür, wenn auch nur einen kleinen. Das ist ja nicht schlecht; das ist sogar sehr gut. Eine kleine Anzeige gefolgt von weiteren wird diesen Spalt in der Tür erweitern und Ihren Platz im Bewußtsein dieser Menschen vergrößern.

Sie müssen den Namen Ihrer Produkte oder Ihrer Dienstleistungen, Ihre Unternehmensphilosophie, die Werte, für die Sie stehen, ständig wiederholen. So wird es Ihnen mit etwas Glück gelingen, einen Platz im Bewußtsein der Leute zu erobern. Solche Wiederholungseffekte können Sie durch Ihre Beschilderung, Zusendungen, Telefonanrufe, Werbespots, Anzeigen, Messeteilnahmen, Public Relations, Prospekte und zahlreiche andere Guerilla-Marketing-Waffen erzielen, besonders aber durch die intensive Pflege Ihrer Kundenbeziehungen.

Bauen Sie diese Beziehungen mit fortwährenden Aufmerksamkeiten aus, mittels kleiner Geschenke, Ankündigungen neuer Produkte, überzeugender Serviceleistungen und attraktiver Preise. Mit Ihren Aktivitäten können Sie beweisen, wie sehr Ihnen Ihr Kunde am Herzen liegt. Fragen Sie nach, was Sie noch zum Wohlbehagen Ihres Kunden beitragen könnten. Hören Sie bei der Antwort genau hin und richten Sie sich danach.

Sind Sie erst einmal im Bewußtsein Ihrer potentiellen Kunden verankert – einfach zu messen an Ihrem gestiegenen Marktanteil –, dann sollten Sie fortlaufend Sonderangebote und Ankündigungen machen. So können Sie Ihren Marktanteil noch weiter ausbauen. Publicity, Werbung, alles, was Sie über Ihr Geschäft sagen oder für Ihre Kunden tun, wird Sie ins Bewußtsein Ihrer Kunden weiter eindringen lassen. Lernen Sie durch das Lesen von Branchen- und Marketing-Fachzeitschriften von der Taktik anderer Guerillas in Ihrer Branche.

Denken Sie aber daran: Entscheidend ist, daß Ihr gesamtes Marketing zusammenpaßt. Ihre Briefe, Ihr Firmenzeichen, Ihre Anzeigen, Ihre Aussagen gegenüber den Kunden, die Verpackung – alles muß auf dasselbe Ziel ausgerichtet sein. Absolute *Klarheit* ist unentbehrlich, um eine einheitliche Linie zu erhalten. Stellen Sie sicher, daß alle Ihre Unterlagen *dieselbe Aussage* haben. Und wiederholen Sie diese Aussage immer wieder. Andernfalls werden Sie den begehrten Marktanteil, um den sich schließlich alles dreht, niemals erreichen.

Sicher – es dauert eine Weile, bis sich der gewünschte Erfolg einstellt. Aber trösten Sie sich: Es bedarf noch erheblich mehr Geduld, einen Marktanteil zu erobern, wenn man nicht zuvor seinen Platz im Bewußtsein der Kunden erwirbt. Und manchen gelingt das überhaupt nie.

Ich hoffe, diese Erkenntnis spendet Ihnen Trost, wenn Sie beispielsweise eine Anzeigenkampagne laufen haben und nicht gleich alle Umsatzrekorde brechen. Machen Sie sich in so einem Fall klar, daß Sie diesen kleinen Mißerfolg leicht wegstecken können in der Gewißheit, damit jedenfalls in das Bewußtsein Ihrer potentiellen Kunden eingedrungen zu sein. Die neuen Umsatzrekorde werden sich dann in absehbarer Zeit bestimmt einstellen.

Neun Phasen kennzeichnen für einen Guerilla den Weg zum Erfolg:

1. Der Interessent nimmt Ihr Marketing wahr und es läßt ihn völlig kalt. Seien Sie nicht traurig. Zumindest sieht er es. In zwei von drei Fällen würde er Ihr Marketing nämlich gar nicht erst bemerken.

2. Wenn der Interessent Ihr Marketing zum zweiten Mal sieht, ist das für ihn kein großes Ereignis. Er nimmt immer noch keine große Notiz von Ihnen.

3. Der Interessent kann sich erinnern, Ihr Marketing schon irgendwann irgendwo gesehen zu haben. Er nimmt Sie jetzt bewußt zur Kenntnis und kann Sie bereits von irgendeinem dahergelaufenen nullachtfünfzehn-Unternehmen unterscheiden.

4. Der Interessent gewinnt die Überzeugung, daß es sich bei Ihrem um ein erfolgreiches Unternehmen handelt. Warum? Weil er weiß, daß nur erfolgreiche Unternehmen mit ihrem Marketing kontinuierlich präsent sind.

5. Nun entschließt sich der Interessent zu ergründen, worum es bei Ihnen überhaupt geht. Er beginnt, jedes Wort Ihrer Prospekte zu lesen und fordert vielleicht über Telefon oder brieflich zusätzliche Informationen von Ihnen an.

6. Zu diesem Zeitpunkt werden Sie von einer nagenden Unruhe ergriffen, weil Ihre Kunden sich nicht gerade die Klinke in die Hand geben. Aber gerade jetzt sollten Sie nicht den Mut verlieren, denn die ersten Interessenten erwägen bereits einen Kauf bei Ihnen.

7. Der erste Interessent beginnt damit, die Einzelheiten eines Kaufes zu überdenken. Er macht sich konkrete Gedanken darüber, welche Fragen in diesem Fall zu klären wären, woher er das Geld nehmen soll und wie er das neue Produkt genau einsetzen würde.

8. Nun plant der Interessent das genaue Datum seines Besuches bei Ihnen, er hat bereits eine explizite Kaufabsicht. Vielleicht ruft er vorher an, um einen Termin zu vereinbaren; vielleicht kommt er aber auch eines Tages einfach so vorbei.

9. Die Phase, auf die Sie die ganze Zeit über hingearbeitet haben, rückt jetzt immer näher, der Kauf steht unmittelbar bevor. Sie werden nun keine großen Schwierigkeiten mehr vorfinden. Die Zeit, die Sie Ihrem Interessenten gelassen haben, um auf Ihr Marketing aufmerksam zu werden, hat eine ausreichende Vertrauensbasis geschaffen.

Diese neun Phasen wurden in einer Studie festgestellt, die sich mit der Frage befaßte, wie viele Kontakte nötig sind, um eine Person von völliger Gleichgültigkeit bis zur Kaufbereitschaft zu bringen. Dies ist ein weiterer Beweis für die Goldene Regel, daß man, um einen Marktanteil zu erringen, zunächst einmal einen Platz im Bewußtsein des Kunden erobern muß.

# Stil oder Inhalt

## Goldene Guerilla-Marketing-Regel Nr. 15:

*Das Fleisch und die Kartoffel in Ihrem Menü sind wichtiger als der Teller, auf dem es serviert wird.*

Hat Ihr gegenwärtiges Marketing mehr Stil oder mehr Inhalt? Die ideale Antwort würde selbstverständlich lauten, daß Ihr Marketing beides hat. Der Stil vermittelt Ihre Identität und erregt die Aufmerksamkeit Ihres Zielpublikums. Der Inhalt bringt die Substanz Ihrer Angebote zum Ausdruck und regt Ihre Zielgruppen zum Kauf an. Also machen Guerillas ihre Hausaufgaben und wissen genau, wer an den Vorzügen ihrer Produkte oder Dienstleistungen Interesse haben könnte.

Augenscheinlich hat im Marketing beides seinen Platz, Stil *und* Inhalt. Nur geht ein Guerilla so an die Sache heran, daß beide klar unterschieden werden können. Dem eigentlichen Produkt oder der Dienstleistung fällt dabei auf jeden Fall die Hauptrolle zu. Ist es Ihnen schon passiert, daß Sie einen Fernsehspot gesehen oder eine Anzeige gelesen haben und sich gefragt haben, wovon dabei, zum Kuckuck, überhaupt die Rede ist? Nun, dann wissen Sie, worum es mir hier geht. In der Frühzeit der Werbung kam man noch ganz ohne Spezialeffekte und Computergraphiken aus. Als zwei Herren namens Harley Procter und sein Vetter James Gamble ihre Seife zu lange kochten, so daß sie flüssig wurde, kreierten sie den Slogan, »Ivory ist die Seife, die schwimmen kann.« Später legten sie die Betonung auf ihre Reinheit und sagten, daß die Seife einen Reinheitsgrad von 99 und 44 Hundertstel Prozent aufwies. Die Leute wußten genau, was damit gemeint war.

Später dann wurden wir von der kreativen Revolution heimgesucht. Im Namen der *Kreativität*, die an die Stelle der weniger glanzvollen, aber viel zutreffenderen Bezeichnung »*Verkauf*«getreten ist, werden jedes Jahr Hunderte von Millionen Mark zum Fenster rausgeworfen. Und das ist noch eine vorsichtige Schätzung.

Diese kreativen Rebellen, von denen jeder mit Sicherheit mehrere Preise in der Vitrine stehen hat, lassen sich vom Stil betören und vergessen dabei, auf den Inhalt zu achten. Marketing ist keine Zirkusnummer und dient nicht der Unterhaltung. Sein Zweck ist einzig und allein der Verkauf, und folglich sollte möglichst viel Inhalt hineingepackt werden.

Mit großem Bedauern muß ich Ihnen mitteilen, daß viele Marketing-Experten diese grundlegende Tatsache offensichtlich aus den Augen verloren haben.

Das Konzept Ihres Marketing sollte so aussehen, daß Sie *Inhalt mit Stil* präsentieren. Das bedeutet, daß die Betonung auf der *inhaltlichen Aussage* liegt. Woran sich die Zuseher und Leser erinnern, ist der Inhalt. Wegen des Inhalts werden Schecks ausgestellt, Kreditkarten gezückt und Bestellungen aufgegeben.

Ich halte es für meine Pflicht, Sie vor der Vielzahl von »kreativen« Leuten zu warnen, die die Marketingbranche bevölkern. Viel zu viele von ihnen wurden darauf trainiert, ein prächtiges Bild zu zeichnen, sich eine einprägsame Überschrift oder einen markanten Slogan einfallen zu lassen, während sie in Wirklichkeit dazu da sein sollten, einen klar erkennbaren Aufwärtstrend in Ihrer Umsatzkurve zu bewirken. Die Verantwortung für die Entwicklung dieser Umsatzkurve tragen *Sie*. Denken Sie immer daran, daß etwas mit Ihrer Gleichung nicht stimmen kann, wenn eine »kreative« Idee Sie mehr kostet, als sie Ihnen bringt. Die Gleichung müßte vielmehr lauten: »Kreativität = Gewinn«.

Inhalt setzt sich sowohl aus Tatsachen als auch aus Meinungen zusammen. Inhalt umfaßt Eigenschaften und Vorzüge. Der Inhalt soll so präzise wie möglich dargestellt werden (»99 und 44 Hundertstel Prozent Reinheit«). Zu diesem Zweck können sowohl Worte als auch Bilder eingesetzt werden. Der Inhalt dient nicht der Unterhaltung, und Sie sollten auch nicht versuchen, diesen Eindruck zu erwecken. Dafür ist der Stil zuständig. Stil ist Unterhaltung. Stil sorgt dafür, daß es Spaß macht, sich Ihr Marketing anzusehen oder anzuhören.

Sie müssen nicht mit Hollywood konkurrieren. Ihre Konkurrenz ist das Unternehmen, das auch an Ihre Kunden verkauft und Ihre Interessenten umwirbt. Ihre Konkurrenten haben keine Sterne in den Augen, sondern ihre Gewinne im Sinn.

Wenn Sie diesen Zusammenhang zwischen Inhalt und Stil berücksichtigen und all die Gründe bedenken, warum Sie im Zweifelsfall Ihr

Geld immer für den Inhalt ausgeben sollten – sollten Sie dennoch über die Ausnahmen von dieser Goldenen Regel Bescheid wissen.

Eine solche Ausnahme wäre es beispielsweise, wenn der eigentliche Gehalt Ihres Produktes oder Ihrer Dienstleistung sein Stil ist. Es kommt vor, daß die Botschaft an Ihre Zielgruppe diesen Stil als Hauptvorzug nennt. Hier ist nämlich der Stil der Inhalt.

Im Marketing für Kosmetika, Designer-Kleidung, Autos, Zigaretten und Bier gelingt es oftmals mit Erfolg, den Stil zum Leitgedanken zu machen. Während manche Unternehmen in ihrem Marketing vor allem das eigentliche Produkt in den Vordergrund stellen, konzentrieren andere ihre Werbebotschaften auf Themen wie Ökologie oder Sex – Fragen, die nichts mit ihren Produkten zu tun haben, aber eine Menge mit ihren Zielmärkten.

Oft werden im Marketing auch kritische Töne angeschlagen – durch zweideutige, provokante oder gar radikale Aussagen. Das ermöglicht es dem Zielmarkt-Publikum, sich mit dem beworbenen Markennamen zu identifizieren. Der Zweck dieser Marketing-Methode besteht immer noch darin, das Produkt zu verkaufen. Aber dieser Zweck wird über den Umweg der Projektion von Bildern, Illusionen oder einem Image erreicht, das die Einstellungen und Wünsche des Zielmarktes widerspiegelt.

Ist das eigentlich Stil oder Inhalt? Es ist purer Inhalt – aber, noch einmal, der Stil ist der Inhalt. Viele Guerillas sehen den sichersten Weg zum Verkauf in der gedanklichen Verbindung ihres Angebot mit den Werten der Interessenten.

Marketing hat eigentlich nie der Weltverbesserung gedient. In den 90er Jahren erschien aber plötzlich eine neue Art von Marketing auf der Bildfläche. Es versucht, Produkte zu verkaufen und gleichzeitig unseren Planeten zu retten. Diese Tendenz ist typisch für unser »grünes« Zeitalter. Fortschrittliche Firmen stellen sich selbst als Wesen mit Herz statt als gesichtslose Unternehmen dar, denen es ausschließlich aufs Geldverdienen ankommt.

Trotz allem bleiben die Ausnahmen von der Regel »Inhalt vor Stil« unbedeutend. Die meisten Leute sollten nicht einmal daran *denken*, ihr Produkt mit Stil auf Kosten des Inhalts zu verkaufen. Viele haben es dennoch versucht. Die meisten haben dabei kräftig draufgezahlt.

Die Goldene Regel lautet: Betonen Sie den Inhalt, aber mit Stil.

# Machen Sie sich interessant

## Goldene Guerilla-Marketing-Regel Nr. 16:

*Ihr Marketing soll die Aufmerksamkeit von möglichst vielen Interessenten erregen und dieses Interesse auch fesseln.*

Der beste Marketing-Inhalt, die ganze Anmut Ihrer Prosa, die zeitlose Schönheit Ihres Layouts und die unermüdlichen Anstrengungen Ihres Verkäuferstabes sind vergeudet an Leute, die alldem keine Beachtung schenken.

Guerillas wissen das zu verhindern. Ihr Marketing zieht die Aufmerksamkeit der Interessenten magisch auf sich. Das ist keine leichte Aufgabe. Meistens wird Marketing entweder überhaupt keine Beachtung geschenkt oder die Aufmerksamkeit wird in die falsche Richtung gelenkt. Sie müssen nicht nur das Interesse von möglichen Käufern gewinnen, was an sich schon eine schwierige Aufgabe ist. Sie müssen außerdem diese Aufmerksamkeit solange fesseln können, bis sie zum Kauf führt – und noch lange danach.

In den Medien wimmelt es nur so von gut geplanten Werbekampagnen, die deshalb danebengehen, weil bei der ganzen schönen Planung vergessen wurde, daß es gilt, Aufmerksamkeit zu erregen. Wenn Sie wirklich etwas verkaufen wollen, dann müssen Sie auf jeden Fall zuerst einmal das *Interesse* Ihrer künftigen Kunden erwecken. Als ersten Schritt dazu müssen Sie ihre *Aufmerksamkeit* auf sich ziehen.

Am besten können Sie diese Anteilnahme mit etwas erringen, das direkt mit Ihrem Produkt oder Ihrer Dienstleistung zusammenhängt. Idealerweise wird Ihr Angebot ohnehin aufgrund seiner konkreten Vorzüge die Aufmerksamkeit auf Sie lenken.

Ein echter Guerilla stellt sich auf seine Kunden und Interessenten ein. Nur so wird es gelingen, mit festem Griff die Aufmerksamkeit, die Ihnen einmal zuteil wird, festzuhalten und sie in die richtige Richtung zu lenken. Sie müssen darauf hinweisen, auf welche Art und Weise sich das Leben Ihres Interessenten durch den Besitz *Ihres* Produktes zum Positiven verändern wird. Eben weil Sie imstande sind, die Dinge vom Standpunkt Ihres Interessenten aus zu betrachten, werden Sie es fertigbringen, einen hohen Grad an Aufmerksamkeit zu erzielen. Jemand, der mit seinem Markt nicht vertraut ist, kann auch nicht erwarten, auf diesem Markt als vertrauenswürdig betrachtet zu werden. Das Ergebnis: sinkende Umsätze.

Es ist einfach interessanter, wenn Sie sagen können »Auf der Basis Ihres heutigen Energieverbrauches sparen Sie mit dieser Solarheizungsanlage 264 Mark im Monat« als zu sagen »Mehr als tausend photoelektrische Zellen verwandeln im Innern dieses Gerätes Licht in Elektrizität«. Ohne Zweifel sind beide Aussagen faszinierend. Aber die erstere trifft genau ins Schwarze.

Halten Sie sich ständig vor Augen, daß die Leute nicht zum Zeitvertreib Zeitungsannoncen oder Prospekte, Branchenverzeichnisse und Direktmailing-Briefe lesen, sich Radiospots anhören und Fernsehwerbung oder Videoprospekte ansehen.

Sie lesen, hören und sehen nur das, was ihnen interessant erscheint. Das bedeutet: Sie müssen alles in Ihrer Macht Stehende tun, um dieses Interesse zu wecken. Es reicht nicht, wenn Ihre Überschrift und Ihr Werbematerial dieser Anforderung entsprechen. All Ihre Marketing-Instrumente, die den Kunden bis zu seiner Kaufentscheidung begleiten, müssen darauf ausgerichtet sein, die Aufmerksamkeit zu fesseln.

Was interessiert denn die Menschen?

1. Sie selbst.
2. Was ihnen Ihr Angebot bringt.
3. Der Wert dieser Vorzüge für sie.
4. Nicht übers Ohr gehauen zu werden.
5. Warum sie gerade jetzt kaufen sollen.

Ihre Aufgabe besteht nun darin, ihnen etwas zu sagen, wofür sie sich interessieren. Wenn das eine komplexe oder hochtechnische Geschichte ist – das muß nicht notwendigerweise dasselbe sein – vermitteln Sie sie in einer Sprache, die verständlich ist und zeigen Sie auf, wozu die Sache dient. Teilen Sie den Leuten attraktive Fakten über Ihr Produkt mit, aber nur soweit sie für Ihre Interessenten von konkretem Interesse sind. Geben Sie ihnen mit Garantien und Prüfungszeugnissen das Gefühl, daß sie bei Ihnen nicht reingelegt werden. Geben Sie ihnen einen guten Grund, warum sie den Kauf gerade jetzt tätigen sollten, ohne es sich »noch einmal durch den Kopf gehen zu lassen«. In Wirklichkeit bedeutet das nämlich in der Regel: »Vergiß es«. Der Guerilla weiß, daß in diesem Stadium ein Kauf unmittelbar bevorsteht. Er wird daher alles daransetzen, damit er derjenige ist, der den Abschluß macht.

Es gibt zehn weitere Verfahren, um Aufmerksamkeit zu erregen und das Interesse zu fesseln.

1. Denken Sie immer daran, daß es bei Anzeigen auf die Überschrift ankommt.

2. Selbst wenn Milliarden von Menschen Ihre Werbebotschaft lesen mögen, richten Sie Ihre Aussage immer direkt an eine Person. Behalten Sie einen persönlichen Ton bei, statt die »graue Masse« anzusprechen.

3. Verwenden Sie Ausdrücke, die nach einer Ankündigung klingen und etwas Neues versprechen.

4. Betonen Sie, wie leicht es ist, sich Ihr Angebot leisten zu können. Heben Sie die einfache Zahlungsweise, die langfristige Ersparnis, den Preisnachlaß oder die Unvergänglichkeit Ihres Produktes hervor.

5. Sparen Sie nicht mit wertvollen Ratschlägen, die Ihrem Interessenten zugute kommen und gleichzeitig Ihre Sachkenntnis hervorheben.

6. Führen Sie Referenzen an – nicht ganze Briefe, aber einzelne Aussagen von zufriedenen Kunden. Je mehr Ihr Interessent sich mit den zitierten Personen identifizieren kann, desto besser für Sie.

7. Seien Sie so präzise wie möglich. Sparen Sie bei den Adjektiven und seien Sie großzügig bei Zahlen und Fakten.

8. Richten Sie Ihre Botschaft an eine intelligente Person. Eine solche wird es nämlich sein, die Ihre Botschaft hört. Nehmen Sie sie für voll, ohne sie zu überfordern.

9. Verwenden Sie kurze Absätze, Sätze und Wörter. Ihre ganze Botschaft muß nicht kurz sein, sehr wohl aber deren einzelne Elemente.

10. Lockern Sie den Text durch Bilder auf. Das kann in Form von Photos – welche überhaupt besser sind als Illustrationen –, Illustrationen (falls erforderlich), Diagrammen, Tabellen und Graphiken geschehen. Rechnen Sie mit einer hohen Leserzahl für die Überschriften.

Vergessen Sie bei alldem niemals, daß die Zeit Ihres Publikums knapp bemessen ist. Fassen Sie sich kurz. Jedes Wort ist kostbar.

Ein weitverbreiteter Fehler besteht darin, auf einen interessanten Beginn die pure Langeweile folgen zu lassen. Jedes einzelne Wort muß interessant sein, damit der Leser auch weiterliest.

Viele Leute, die sich mit Marketing beschäftigen, besonders aber jene, die dafür zahlen, glauben, daß es an jeden gerichtet sein und jeden interessieren muß. Das ist natürlich kaum möglich. In Wirklichkeit besteht die Aufgabe darin, die Botschaft an das richtige Publikum zu richten und den Markt einzugrenzen. Statt allen nichts zu sagen, ist es besser, wenigen Menschen viel zu sagen. Das ist ein lohnendes Ziel.

Weil Sie sich bereits eingehend mit diesem »Jemand« befaßt haben, wissen Sie, was ihn interessiert, und kennen die Argumente, die ihn ansprechen werden. Der rote Faden, der sich durch Ihr ganzes Marketing zieht, sollte die Aufmerksamkeit all dieser »Jemande« auf Ihrer Kunden- und Interessentenliste sein. Sie werden bald sehen, wie man *Aufmerksamkeit* in *Gewinn* verwandeln kann.

# Timing

## Goldene Guerilla-Marketing-Regel Nr. 17:

*Achten Sie auf Ihr Timing; das richtige Marketing kommt bei den richtigen Leuten nur dann an, wenn auch das Timing stimmt.*

Es kann vorkommen, daß ein Unternehmen großartige Produkte an das richtige Zielpublikum in genau den richtigen Medien vermarktet. Und trotzdem stellt sich die Aktion als Flop heraus, weil das Timing nicht stimmte.

Ein Reiseveranstalter für Schiurlaube macht in einem Jahr ohne Schnee Werbung. Eine Immobilienfirma legt während einer großen Immobilienkrise eine Hochglanzbroschüre auf. Gute Ideen. Schlechtes Timing. Verschwendete Ideen.

Es ist nicht jeder Zeitpunkt gleich gut. Um aus Ihrem Marketing das Maximum herauszuholen, müssen Sie eine feine Antenne für die richtigen und die falschen Zeiten haben. Bestimmte Termine sind für Ihr Vorhaben wesentlich günstiger als andere. Guerillas kennen den Unterschied, sonst wären sie keine Guerillas.

Um sich eine bessere Vorstellung zu machen, denken Sie einmal über die folgenden zehn Beispiele nach:

1. Sie haben eine perfekte Direktmailing-Sendung vorbereitet. Aber sie erreicht den Adressaten entweder zu früh am Wochenbeginn, wenn er noch mit der Planung der kommenden Woche beschäftigt ist oder zu spät, wenn er sich gedanklich bereits im Wochenende befindet, das vor ihm liegt. Die Moral von der Geschicht': Planen Sie in Abhängigkeit von der Art Ihres Angebotes, wann Ihr Mailing den Empfänger erreichen soll und sorgen Sie dafür, daß es wirklich genau an diesem Tag beim Empfänger ankommt.
2. Sie haben ein gutes Produkt, verfügen aber nur über ein beschränktes Budget. Gleichzeitig haben Sie eine Menge Konkurrenz. Was ist hier zu tun? Am besten warten Sie, bis Ihre Kon-

kurrenz eine Verschnaufpause einlegt. Zu diesem Zeitpunkt wird dann Ihr Marketing auch mit geringen Mitteln die größtmögliche Aufmerksamkeit erzielen. Schon möglich, daß das gerade während der toten Saison ist. Aber es ist jedenfalls der Zeitpunkt, zu dem Sie am schnellsten das Interesse auf sich ziehen können.

3. Alle Welt erhält im September und Oktober Weihnachtsangebote. Wenn Sie Ihre schon im Juni oder Juli versenden, werden Sie damit erreichen, daß die Leute zweimal an Ihre Firma denken: bei Erhalt der Sendung, und später, wenn die Weihnachtseinkäufe aktuell werden. Es klingt ein bißchen verrückt, aber wenn Sie den Leuten ehrlich erklären, warum Sie Ihre Sendung gerade jetzt verschicken, wird man Verständnis dafür haben. Diese Methode funktioniert natürlich auch in Ferienzeiten.

4. Halten Sie sich stets über aktuelle Ereignisse auf dem laufenden. Sehen Sie fern, lesen Sie die Zeitungen, blättern Sie die Nachrichtenmagazine durch und abonnieren Sie die Fachzeitschriften Ihrer Branche. Dann stellen Sie eine Verbindung her zwischen Ihren Angeboten und dem, was gerade so auf der Welt passiert. Eine Rezession ist eine deprimierende Sache – außer für Geschäftsleute, die erkennen, daß das für sie die ideale Gelegenheit ist, ihre Umsätze zu erhöhen. In jeder Rezession gibt es auch Unternehmen, die florieren oder sogar einen wahren Boom erleben.

5. Achten Sie immer darauf, Ihr Marketing nicht zu früh anlaufen zu lassen. Es ist ein weitverbreiteter Fehler, mit einer Aktion zu beginnen, noch bevor das ganze Material ausgearbeitet und das Verkaufspersonal geschult ist. Man muß auch organisatorisch in der Lage sein, die Flut von Bestellungen und Anfragen zu bewältigen. Geduld ist eine Tugend des Guerilla. Marketing zu betreiben, bevor ein Produkt auch wirklich verfügbar ist, ist nicht bloß selbstmörderisch, sondern ganz einfach dumm.

6. Zu den bedauerlichsten Vorkommnissen im Marketing gehören flotte Zeitungsberichte oder Fernsehdokumentationen über Produkte, die noch gar nicht zum Kauf angeboten werden. Der Unternehmer ist zumeist so hellauf begeistert bei der Aussicht auf solch eine Gratis-Publicity, daß die Neuigkeit die Runde macht, bevor

man das Produkt überhaupt kaufen kann. Die Leute werden kein zweites Mal zu Ihnen kommen, und die Medien werden Ihnen nicht nochmals eine Schlagzeile widmen. Selbst bei kostenloser redaktioneller Berichterstattung ist Zurückhaltung erforderlich. Lassen Sie sich nicht dazu verführen, dem Reporter ein Interview zu geben. Ist nämlich der Bericht erst einmal erschienen und strömen die Leute auf der Suche nach Ihrem Produkt in die Geschäfte und es ist nicht vorrätig, dann wird ein intelligenter Händler den Kunden zum Kauf eines anderen Produktes raten. Sie haben ihn oder sie für immer verloren. Mit Millionen unwiederbringlichen potentiellen Kunden werden Sie zum Scheitern verurteilt sein, bevor Sie noch richtig angefangen haben. Und Sie hätten diese geschäftliche Katastrophe ganz leicht verhindern können, indem Sie bloß den Reporter gebeten hätten, noch etwas zu warten. Gleichzeitig können Sie ihm das Versprechen geben, ihn zu einem späteren Zeitpunkt zu kontaktieren. Wie oft habe ich schon Firmen beobachtet, die sich durch vorschnelle Publicity ihr eigenes Grab geschaufelt haben. Und dabei läßt es sich mit ein bißchen Geduld leicht vermeiden.

7. Kluge Köpfe lassen etwa einen Monat verstreichen, bevor sie mit einer Sache groß rauskommen. Tun sie das nicht, kann es dazu kommen, daß die Kunden ins Geschäft strömen und dort auf schlecht geschultes Verkaufspersonal, schlecht sortierte Regale, lange Lieferzeiten, eine umständliche. Verkaufsabwicklung und ein chaotisches Umfeld treffen. Bringen Sie all diese Bereiche auf Hochglanz, bevor Sie mit der großen Show beginnen – oder sie wird weniger groß als erhofft ausfallen.

8. Kommt bei Anrufen während einer Telefonmarketing-Aktion keine Verbindung zustande oder stößt man auf einen Anrufbeantworter, dann kann man sich die Mühe sparen. Finden Sie zuerst heraus, wann Ihre Interessenten am besten erreichbar sind, und machen Sie dann Ihr Telefonmarketing. Das kann um 11 Uhr vormittags bei geschäftlichen Kontakten oder um 18.30 Uhr bei Privatpersonen sein. Das Hauptziel eines Telefonanrufes ist es, den Interessenten auch zu erreichen.

9. Bearbeiten Sie Kundenanfragen, Bestellungen und Reklamationen zügig. Die Leute achten heutzutage sehr auf ihre Zeit. Ach-

ten auch Sie darauf. Wenn Sie sie auch nur eine Stunde länger warten lassen als vorgesehen, können Sie unter Umständen jahrelange Planung mit Ihrer Bummelei zunichte machen. Es ist besser, Ihrem Kunden vorher zu sagen, daß er drei Wochen warten muß, und ihn dann wirklich in drei Wochen zu beliefern, als ihm zu sagen, daß er eine Woche warten muß, um ihn dann nach zwei Wochen zu beliefern. Es ist lange nicht so schlimm, einem Käufer eine Wartezeit beizubringen, als gegebene Zusagen nicht einzuhalten. Das wird als Irreführung betrachtet.

10. Nehmen Sie sich für die Vorbereitung Ihrer Marketing-Unterlagen viel Zeit. Während der Entwicklungsphase können Sie Ihr Augenmerk auf die Qualität, die Kosten oder die Geschwindigkeit richten – Sie können sich für zwei, nicht aber für alle drei Alternativen entscheiden. Der Guerilla wählt stets Qualität und Kostenbewußtsein.

Viele Unternehmen legen ein *Archiv von Marketing-Unterlagen* an. In den meisten Firmen werden diese Unterlagen erst entworfen, wenn sie bereits benötigt werden. Weitsichtige Unternehmen aber haben ständig eine Auswahl an Briefentwürfen für ein Direktmailing, Radiospots, Prospekten, Anzeigenentwürfen und anderen Guerilla-Marketing-Waffen in petto.

Diese Unterlagen warten im Stillen, bis ihre Zeit gekommen ist. Dann kommt der Moment, an dem die Zeitungen eine bevorstehende Hitzewelle verkünden. Das Guerilla-Unternehmen zaubert seine Schönwetter-Anzeige aus dem Hut. Das heimische Fußballteam gewinnt eine Meisterschaft. Das Guerilla-Unternehmen veröffentlicht seine Gratulations-Anzeige. In den Fernsehnachrichten ist die Rede von einer drohenden Inflation. Das Guerilla-Unternehmen sendet seine Inflations-Werbespots. Für jede Eventualität gewappnet, sind diese Firmen in der Lage, ihr Marketing genau den Neuigkeiten der Stunde anzupassen. Wenn sie erst bei Null beginnen müßten, würde der Spot erst zu einem Zeitpunkt erscheinen, da die Neuigkeit schon längst in Vergessenheit geraten wäre.

Das Geheimnis von gutem Timing ist es, im richtigen Augenblick genau die richtige Waffe griffbereit zu haben. Auf diese Art und Weise können Guerilla-Unternehmen häufig Gelegenheiten ergreifen, die andere verpassen. Sie planen voraus und sind in dem Augenblick, da die Nachricht bekannt wird, schon zum Handeln bereit. Perfektes Timing ist das Ergebnis perfekter Planung. Diese Goldene Regel lehrt Sie, die Dinge nie dem Schicksal zu überlassen.

# Schlauheit

## Goldene Guerilla-Marketing-Regel Nr. 18:

*Am meisten sticht den Leuten das pfiffige Element in Ihrem Marketing ins Auge; sorgen Sie dafür, daß es einen direkten Bezug zu Ihrem Produkt aufweist.*

Bisweilen lenkt ein Unternehmen von seinen Hauptattraktionen ab – sogar von seinem Namen – nur weil der Inhaber glaubt, sein Marketing müsse besonders schlau sein. Marketing muß viele Dinge sein, aber *schlau* zählt nicht dazu.

Es gibt kein Gesetz, das besagt, daß Überschriften sich reimen oder besonders witzig sein müssen. Auf den Schwingen der Schlauheit ist noch kein Unternehmen zu Ruhm und Ehre geschwebt. Ihr Produkt oder Ihre Dienstleistung selbst müssen für den nötigen Pfiff sorgen.

Der Versuch, besonders schlau zu sein, kann sich für Ihr Marketing sogar schädlich auswirken, wenn er nicht mit geradezu chirurgischem Geschick gehandhabt wird. Trotzdem neigen viele Marketing-Leute dazu, geistreich statt animierend zu sein. Entscheidend ist aber, ein Kaufbedürfnis zu wecken, und nicht, den Zusehern oder Lesern ein Schmunzeln zu entlocken.

Sicherlich hat auch Ihnen schon einmal jemand von dem »tollen Werbespot, den ich gestern abend gesehen habe« berichtet. »Von wem war die Werbung?« fragen Sie. »Weiß ich nicht mehr«, lautet die Antwort, »aber es war wirklich eine amüsante Werbung«.

Dulden Sie das bei Ihrem Marketing nicht. Ich glaube sagen zu können, daß mich von all den Produkten, die ich im Laufe meines Lebens gekauft habe, keines wegen seiner geistreichen Werbung für sich eingenommen hat. Und das, obwohl ich auf ein Gutteil davon durch das jeweilige Marketing aufmerksam wurde.

Gerade weil sich die Leute besonders an Ihre geistreichste Überschrift oder Illustration erinnern werden, sollte immer Ihr Angebot im Mittelpunkt stehen, sonst sind Sie verloren. In sein eigenes Marketing verliebt zu sein, ist überhaupt nicht besonders schlau. Manch eine Anzeigenkampagne wurde mit Preisen und Auszeichnungen überhäuft, während das beworbene Produkt Verluste einbrachte.

Wenn Sie die Leute unterhalten wollen, dann sollten Sie ins Showgeschäft gehen, aber nicht Marketing betreiben. Guerillas haben ein eingebautes Alarmsystem, das sie vor falscher Schlauheit schützt. In ihren Gehirnen leuchten rote Lampen auf und ein schrilles Läuten ertönt, wenn sie eine Reimüberschrift oder ein hübsches kleines Wortspiel sehen, das aber »ganz nebenbei« das wichtigste Verkaufsargument in den Schatten stellt.

Das soll jetzt nicht heißen, daß Pfiffigkeit keinen Platz im Marketing hätte. Aber so lange sie nicht ausschließlich dem Zweck dient, *den Verkauf zu fördern*, lassen Sie besser die Finger davon. Es könnte mehr schaden als nützen.

Ich bin immer wieder verblüfft, wieviele Millionen tagtäglich für witziges, herziges Marketing ausgegeben werden, das völlig an der Sache vorbeigeht. Wenn Marketing also nicht oberschlau sein soll, was dann?

1. Es sollte eine überraschende Botschaft haben.
2. Es sollte klar auf die Hauptvorzüge hinweisen.
3. Es sollte den Leser oder Zuseher einbeziehen.
4. Es sollte Neugier hervorrufen.
5. Es sollte zum Handeln auffordern.
6. Es sollte die Leser zum Nachdenken bringen.
7. Worte und Bilder sollten eine Einheit bilden.
8. Es sollte ohne jede Prahlerei auskommen.
9. Es sollte gut gemacht und glaubwürdig sein.
10. Es sollte ausreichende Motivation zum Kauf bieten.

Haben Sie bemerkt, daß in keinem dieser zehn Gebote für gutes Marketing davon die Rede ist, daß es geistreich oder schön sein muß? Die Genialität wirklich guten Marketings liegt darin, daß es die reine Wahrheit zur faszinierenden Tatsache macht. Die Art und Weise nämlich, wie Ihr Produkt oder Ihre Dienstleistung Ihrer Zielgruppe von Nutzen sein kann. Wenn Sie geistreich sein wollen, dann seien Sie es in diesem Punkt.

Wenn Sie sich darauf konzentrieren, Ihre Vorzüge besonders zu unterstreichen, werden Sie am Ende mit großer Wahrscheinlichkeit sogar ein ausgesprochen cleveres Marketing zustandegebracht haben. Der Weg dahin wird Sie entweder dazu bringen, Ihren ganzen Esprit in die Vorzüge Ihrer Produkte zu stecken, oder aber jeden Anflug von Schlauheit überhaupt zu eliminieren.

Ich gehe davon aus, daß Sie als Leser dieses Buches einen Haufen Geld zu verlieren haben – wieviel, hängt vom Erfolg oder Mißerfolg Ihres Marketing ab. Wenn das zutrifft, und es geht um Ihr eigenes Geld oder das Ihrer Teilhaber, dann werden Sie Schlauheit meiden wie die Pest.

Ein Guerilla setzt Geistesblitze nur dann ein, wenn es erforderlich ist, *eine Aussage zu veranschaulichen*. Ein gutes Beispiel für diese Art von Einfällen ist das Duracell-Häschen, das die langandauernde Kraft von Batterien verkörpert. Solche Ideen sind seltene Glücksfälle. In den meisten Fällen gilt dagegen die Regel: knapp daneben ist auch vorbei. Wenn es Ihnen nicht gelingt, den Vogel abzuschießen, haben Sie womöglich eine Marketing-Investition zum Fenster rausgeworfen.

Selbstverständlich darf gutes Marketing aufregend, verblüffend und faszinierend sein. Es ist aber das Produkt oder die Dienstleistung, die so aufregend, verblüffend und faszinierend sind. Das Fehlen von Schlauheit ist nicht gleichzusetzen mit mangelndem Interesse. Marketing kann in jeder Hinsicht brillant sein, ohne daß es deshalb clever sein muß.

Schlauheit ist wie ein herzloser Dieb, der Ihrer Werbebotschaft die Kraft raubt und Sie um die Früchte Ihrer Marketing-Investition bringt. Der Zweck Ihres Marketing muß immer darin bestehen, ein übermächtiges Bedürfnis nach den Dingen zu wecken, die Sie verkaufen. Es ist nicht dazu da, um zu unterhalten, zu amüsieren oder belanglose Auszeichnungen einzuheimsen.

Weil so viele Marketing-Fehlschläge auf Schlauheit zurückzuführen sind, halten sich offensichtlich zu wenig Leute an diese Goldene Regel.

# Bestechung

## Goldene Guerilla-Marketing-Regel Nr. 19:

*Wie auch immer Sie es nennen wollen, es ist eine Tatsache, daß jeder eine Schwäche für kleine Bestechungen hat.*

Hoffentlich haben Sie jetzt nicht gedacht, diese Goldene Regel würde Sie dazu auffordern, jemandem unterm Tisch einen Umschlag mit Geld zuzustecken, um im Gegenzug einen Auftrag zu erhalten. So etwas hat nichts mit seriösem Geschäftsgebaren zu tun. Guerilla-Marketing kommt ohne solche Dinge aus.

Wenn dagegen ein Guerilla von Bestechung spricht, meint er ein Geschenk an einen Interessenten oder Kunden, das zu einer Reaktion auf ein Marketing-Angebot ermutigen oder einen bestehenden Kontakt intensivieren soll. Der wohlerzogene Ausdruck für Bestechungen lautet *Werbegeschenke*. Im Gegensatz zu Rabatten oder Zugaben, die einen Kauf voraussetzen, werden Bestechungen gratis verteilt, ohne daß sie an Bedingungen geknüpft wären. Sie kommen bei allen Bevölkerungsschichten gut an, vom Bettler bis zum Millionär. Bestechungen werden eingesetzt, um sich einen Vorsprung zu sichern, seinen Bekanntheitsgrad zu steigern, sich Freunde zu machen, seine Dankbarkeit gegenüber den Kunden zum Ausdruck zu bringen, neue Produkte einzuführen oder um die Leute zum Handeln zu bewegen.

Zur Zeit sind die beliebtesten Bestechungen T-Shirts, Kappen, Schreibgeräte, Schreibtisch- und Büroaccessoires, Glasnippes und Keramikgegenstände. Jedes Jahr werden Milliarden Mark für solche Geschenke ausgegeben. Der Grund: Sie passen in fast jedes Marketing-Budget; sie können ergänzend zu anderen Marketing-Instrumenten eingesetzt werden; sie können einem ausgewählten Personenkreis vorbehalten werden; die Leute machen Purzelbäume, wenn es etwas gratis gibt. Der einzige wirkliche Nachteil, der sich finden ließe, ist der in der Regel knappe Raum zum Aufdruck von Botschaften an den Empfänger. Es gibt nicht viel Platz für lange Erklärungen.

Aber funktionieren solche Bestechungen denn auch? Immerhin, 40 Prozent der Leute, die kostenlose Werbegeschenke erhalten, erinnern sich noch nach 6 Monaten an den Namen des Spenders. Und 31 Prozent haben das Geschenk über ein Jahr nach dessen Erhalt noch in Gebrauch. Ganz zu schweigen von den ungewöhnlich hohen Rücklaufquoten der Aussendungen.

Das beliebteste Geschenk der alten Schule waren Kalender. Nachdem heutzutage der durchschnittliche Haushalt bereits über vier Kalender verfügt, sollten Sie ernsthaft überlegen, ob ein solches Geschenk noch angebracht ist.

Eine kürzlich veröffentlichte Studie besagt, daß Bestechungen nicht nur die Rücklaufquoten erhöhen, sondern auch den Umsatz pro Verkauf um erstaunliche 321 Prozent hochtreiben. Beschränken Sie Ihre Phantasie nicht bloß auf Werbegeschenke, die mit der Post versendet werden. Werbegeschenke sind für Guerillas auch auf Messeständen, bei Firmen-Parties, sonstigen Veranstaltungen und Produkteinführungs-Aktionen sehr wirkungsvoll. Sie rufen beim Empfänger eine positive Einstellung hervor. Er fühlt sich unbewußt verpflichtet, bei Ihnen zu kaufen.

Sobald Sie sich für eine Bestechung entschieden haben, stellen Sie sich die folgenden sechs Fragen:

1. Wieviele Leute möchte ich erreichen?
2. Wieviel Geld kann ich ausgeben?
3. Welche Botschaft möchte ich aufdrucken?
4. Welches Geschenk wird bei meinen Interessenten am besten ankommen?
5. Ist es etwas Besonderes?
6. Paßt das Geschenk zu meiner Zielgruppe?

Sodann kontaktieren Sie eine der unzähligen Erzeuger- und Vertriebsfirmen für Werbegeschenke und fordern Sie deren umfangreichen Hochglanzkatalog an. Wahrscheinlich werden Sie sowohl von der Auswahl als auch von den Preisen angenehm überrascht sein. Besprechen Sie Ihr Vorhaben mit einem ihrer Vertreter. Die Zeit, die Sie mit diesem Experten für Werbegeschenke verbringen, lohnt sich. Sie werden große Augen machen, wenn Sie erfahren, welche Möglichkeiten es gibt, mit einer tollen Bestechung eine Vielzahl von Zielgruppen anzusprechen.

Unternehmen, die Erfahrungen mit solchen Kaufanreizen haben, werden Ihnen bestätigen, daß während einer Bestechungsaktion das gesamte Marketing auf diese Werbekampagne konzentriert werden sollte, um Spitzenergebnisse zu erzielen. Der Erfolg wird nicht ausbleiben. Unternehmen, die mit Bestechungen arbeiten, werden mit der Zeit geradezu süchtig danach. Schuld daran sind die überwältigenden Ergebnisse.

Natürlich wird es immer Trittbrettfahrer geben, die aus reiner Neugierde, oder weil es etwas gratis gibt, auf Ihr Angebot reagieren. Aber die können Sie ruhig außer acht lassen, wenn Sie sich auf der anderen Seite das phantastische Potential vor Augen halten, das Werbegeschenke insgesamt für Ihr Geschäft darstellen. Einer meiner Klienten verschickt jetzt Postkarten mit Farbphotos des Werbegeschenkes und dem Text: »Ein kostenloses Geschenk für Sie!«. Die Rücklaufquoten sind unglaublich. Und dabei verliert er noch nicht einmal ein Wort über die sonstigen Wohltaten, die sein Unternehmen für den Interessenten bereithält.

Auf den ersten Blick scheint das zu nichts zu führen. Aber die hohen Rücklaufquoten und der Gewinn pro Antwort beweisen, daß es sich um ein äußerst wirkungsvolles Marketing-Instrument handelt. Vergessen Sie aber nicht, einige Zeit nach Ihrem Angebot mittels Telefonmarketing, Prospekten oder anderen Instrumenten nachzufassen. So führen Sie Ihren Kunden nochmals die Vorzüge einer geschäftlichen Verbindung mit Ihnen vor Augen.

Das oben erwähnte Unternehmen mit den »Kostenloses Geschenk für Sie!«-Postkarten hat die Macht der Bestechung genützt, um seine Interessenten zu veranlassen, weiteres Informationsmaterial anzufordern. Selbst ganz unscheinbares Marketing kann zum Hit werden, wenn dem Marketing-Mix Werbegeschenke beigemischt werden.

Wenn Sie Bestechungen anbieten wollen, müssen Sie aber sicherstellen, daß Ihr Geschenk nicht nur einen *scheinbaren Wert*, sondern auch eine gewisse *Qualität* hat. Schließlich erwartet man von Ihnen ein bestimmtes Niveau. Eine Gratistischuhr mit Quartzlaufwerk, die toll aussieht, aber in Wirklichkeit nur 3 Mark kostet, und nach einer Woche Benutzung durch Ihren Interessenten kaputtgeht, wird Ihnen keine Freundschaft und keine Umsätze bescheren. Ihre Absichten mögen ja durchaus ehrenhaft gewesen sein, aber Ihr Geschmack, was Werbegeschenke betrifft, läßt einiges zu wünschen übrig. Wenn Guerillas sich nach einer Goldenen Regel richten, dann befolgen sie sie voll und ganz, und nicht bloß halbherzig.

Zu den größten Vorzügen einer Bestechung zählt die Möglichkeit, das Zauberwort »gratis« ehrlich, ausgiebig und voller Stolz im Munde zu führen. Zeigen Sie mir jemanden, der kein kostenloses Geschenk möchte, und ich zeige Ihnen einen Marsmenschen. Sollte eines Tages unser Raumfahrtprogramm weit genug fortgeschritten sein, wird sich möglicherweise herausstellen, daß sogar die Bewohner anderer Galaxien bei dem Gedanken an ein wertvolles Geschenk ohne sonstige Verpflichtungen hocherfreut aufblitzen. Beim Marketing vom Start ins Ziel zu gelangen, erfordert Bewegung. Das Angebot eines Gratis-Geschenkes bringt die Dinge ins Rollen.

Was immer Sie vorhaben, geben Sie keine Bestechung aus der Hand, bevor Sie sich nicht darüber im klaren sind, was Sie damit eigentlich erreichen wollen. Wenn Sie kein klar umrissenes Ziel für Ihr Werbegeschenk haben, sollten Sie besser gar keines anbieten. Sie sollen Ihr Geld ja nicht zum Fenster rauswerfen – nicht einmal dann, wenn die Bestechung nur einen Pappenstiel kostet.

Welchem Zweck könnte also eine Bestechung dienen? Nachfolgend finden Sie eine Auswahl von zehn möglichen Zielen:

1. Eine Person dazu zu bringen, Ihren Prospekt anzufordern.
2. Eine Person dazu zu bringen, Ihren Anruf anzufordern.
3. Eine Person dafür zu belohnen, daß sie erstmals oder zum wiederholten Male bei Ihnen gekauft hat.
4. Als Anreiz für ein bestimmtes Verhalten.
5. Als Belohnung für Ihre tüchtigsten Verkäufer.
6. Die Leute zum Ausfüllen eines Fragebogens zu bewegen.
7. Die Leute zu einem Kauf anzuregen.
8. Die Leute dazu zu bringen, beim nächsten Mal mehr zu kaufen.
9. Die Moral, die Umsätze, die Sicherheit, die Aufmerksamkeit und vieles mehr zu verbessern.
10. Aus Ihrem Namen einen Markennamen zu machen.

Genauso wichtig wie die *Planung* einer Bestechungsaktion sind die *Analyse* und die *Bewertung* des Programmes. Guerillas setzen Bestechungen bei jeder sich bietenden Gelegenheit ein, um in den Genuß des reichen Segens dieser Goldenen Regel zu kommen.

# Sparsamkeit

## Goldene Guerilla-Marketing-Regel Nr. 20:

*Wirtschaftliches Marketing heißt nicht, Geld zu sparen, sondern jede Investition so zu planen, daß sie sich vielfach amortisiert.*

Die meisten Leute denken ans Geldausgeben, wenn von Marketing die Rede ist. Das ist grundsätzlich nicht falsch. Aber der Guerilla weiß, daß Marketing, wenn man es richtig angeht, eigentlich keine Ausgabe ist; es ist eine Investition.

Manche glauben, sie könnten Geld sparen, indem sie ihr Marketing einstellen. Das ist eine ganz miserable Idee, etwa so, als würde man glauben, daß eine stehengebliebene Uhr Zeit spart. So ist das Leben nun mal nicht.

Wenn Sie beides wollen – aggressives Marketing *plus* Sparsamkeit – schlage ich vor, daß Sie einige – oder am besten alle – der folgenden vierzehn Ideen ausprobieren:

1. Beherzigen Sie das Motto »klein aber fein«. Anstatt eine große Werbeagentur zu beschäftigen, können Sie es ruhig auch einmal mit einem Freiberufler versuchen. Denken Sie daran, daß viele kleine Anzeigen besser wirken als wenige große. Schalten Sie 15-Sekunden- statt 30 Sekunden-Werbespots. Viele Werbespots dauern mittlerweile schon weniger als 30 Sekunden.

2. Kümmern Sie sich selbst um die Plazierung Ihrer Anzeigen oder beauftragen Sie eine Media-Agentur. Mit der einen Methode sparen Sie Geld, nämlich etwa 15 Prozent des Anzeigenpreises; mit der anderen sparen Sie sowohl Geld als auch Zeit. Und Sie erhalten zusätzlich noch eine professionelle Betreuung.

3. Ihre Marktforschung können Sie durch Informationen aus Fachzeitschriften, Nachforschungen in Bibliotheken und die Erstellung Ihres eigenen Kundenfragebogens kostengünstig gestalten. Analysieren Sie die Antworten auf die Fragen genau, um so Hin-

weise auf das Innenleben Ihrer Kunden zu erhalten; befassen Sie sich mit der Handschrift auf den Fragebögen, um einen Fingerzeig zu bekommen, welcher Typ Ihr Kunde ist.

4. Sehen Sie sich die Regionalausgaben überregionaler Zeitungen oder Zeitschriften genau an. Oft kann man Anzeigenrestplatz kostengünstig kaufen. Sie werden erstaunt sein, wie erschwinglich es oft ist, in renommierten Zeitschriften zu inserieren.

5. Experimentieren Sie mit Ihrem Marketing und testen Sie es. So werden Sie nur garantierte Erfolge landen und vermeiden einen Schlag ins Wasser. Keine Tests zu machen, ist ein weitverbreiteter und teurer Fehler. Guerillas sind geduldige Menschen. Lieber unterziehen sie ihr Marketing mehreren Prüfungen, bevor sie damit groß rauskommen. Die einfachsten Tests überprüfen jeweils nur einen Aspekt: Preis, Überschrift, Angebot, Medien, Layout oder Zielgruppe. Diese Markttests können Sie in kleinen Publikationen, auf kleinen Zielmärkten und mit kleinen Versandlisten durchführen. Von diesen Testphasen können Sie im besten Fall Kostendeckung erwarten. Aber Sie machen einen Lernprozeß durch, der Millionen wert ist.

6. Bleiben Sie bei *einer* Marketing-Kampagne. Seien Sie nicht sprunghaft. Das wird nicht nur Ihre Produktionskosten in Grenzen halten, sondern auch die Effizienz Ihres Marketing erhöhen. Die Nichtbeachtung dieses Punktes ist schuld an der Verschwendung von ungeheuren Marketing-Budgets.

7. Entwerfen Sie zeitlose Anzeigen und Prospekte. Sagen Sie nicht Dinge wie »Unsere Firma besteht seit 5 Jahren«. Das müssen Sie im Jahr darauf wieder aktualisieren. Besser ist es zu sagen: »Unsere Firma wurde 1988 gegründet«. Und verwenden Sie im Marketing keine Photos von Ihren Mitarbeitern. Nächsten Monat könnte einer von ihnen wegen Drogenhandels auffliegen und durch die Medien geistern. Beurteilen Sie Ihre Prospekte mit den Augen eines Kunden aus heutiger und aus zukünftiger Sicht. Jedes Jahr einen neuen Prospekt zu drucken, ist eines Guerilla nicht würdig.

8. Setzen Sie Ihre Marketing-Unterlagen mehrfach ein. Vergrößern Sie einen Ausschnitt aus Ihrer Broschüre und verwenden ihn in Ihrer Anzeige. Vergrößern Sie ihn nochmals und machen Sie

einen Poster oder einen Aushang daraus. Machen Sie sich keine Gedanken darüber, wenn ein Photo schon einmal 1500 Mark kostet. Wenn Sie es dann zehn Jahre lang für zehn verschiedene Anwendungen einsetzen können, betragen die wirklichen Kosten nur mehr 15 Mark für ein Super-Photo. Eine minimale Investition, und eine kluge noch dazu.

9. Verschaffen Sie sich Zugang zu Werbekooperativen, da gibt es billige Marketing-Gelder für kleinere Firmen, die von großen Markenartiklern zur Verfügung gestellt werden. Wenn Sie mit einem großen Hersteller zusammenarbeiten, fragen Sie nach, ob in seiner Firma bereits ein Konzept für Gemeinschaftswerbung existiert. Ist dies nicht der Fall, regen Sie an, eine solche ins Leben zu rufen. Manchem Guerilla gelingt es, die Hälfte seines Marketing-Budgets so zu finanzieren. Solche Arrangements sehen vor, daß Sie den großen Namen des Markenartikels in Ihrer Werbung erwähnen, sein Logo zeigen und sein Grundthema einarbeiten. Dafür erhalten Sie einen Prozentsatz der Kosten der Anzeige oder der Werbezeiten ersetzt. So ist jedem gedient.

10. Erkundigen Sie sich nach den Möglichkeiten für Kinowerbung. Außer den überraschend niedrigen Kosten im Vergleich zur Fernsehwerbung bietet sie den Vorteil, daß Sie die Verbreitung Ihres Werbespots regional gezielt steuern können. Und weil Kinowerbung so preiswert ist, müssen Sie sich auch nicht unbedingt mit 30 oder 60 Sekunden zufriedengeben.

11. Wenn Sie etwas in Farbe zu drucken haben, reden Sie zuerst mit Ihrer Druckerei. Stehen Sie nicht unter Zeitdruck, ist es oft möglich, Ihren Auftrag mit einem Großauftrag der Druckerei zu kombinieren. Sie müssen zwar länger warten, aber Sie sparen eine Menge Geld. Die Farbe wird vielleicht eine kleine Nuance anders sein, und Sie können nicht mit sofortiger Lieferung rechnen, aber die Einsparung ist enorm.

12. Alle Zeitungsberichte über Sie oder Ihre Firma sollten Sie nachdrucken lassen, um sie anschließend in Ihren Aussendungen, als Schilder, in Prospekten, in Presseinformationen, als gerahmte Bilder an den Wänden und als Verkaufshilfe für Ihre Vertreter einzusetzen. Die Zeitung von gestern interessiert keinen mehr;

die PR-Story von gestern hingegen kann – und sollte – ewig leben.

13. Wenn Sie dabei sind, ein Direktmailing vorzubereiten, versuchen Sie es ruhig einmal mit einer Postkarte. Sie sparen damit Geld und erhöhen gleichzeitig Ihre Rücklaufquote. Machen Sie eine Farbpostkarte daraus, und Sie schlagen zwei Fliegen mit einer Klappe. Farbe erhöht die Bereitschaft zum Lesen um 41 Prozent und verstärkt den Kaufwunsch um 26 Prozent. Die Kosten? Niedriger als Sie vermuten. Erkundigen Sie sich bei Ihrer Druckerei, wie überraschend kostengünstig hohe Qualität sein kann.

14. Im Jahr 1990 kostete die Produktion eines Werbespots *im Durchschnitt* 250.000 Mark. Trotzdem wurden viele ausgezeichnete Spots für weniger als 1500 Mark gedreht. Viele davon kamen wesentlich besser an als die aufwendigen Produktionen. Effizienz beruht auf Ideen, nicht auf Produktionskosten.

Die zwei größten Fehler im Marketing sind, entweder zu wenig oder zu viel dafür auszugeben. Guerillas passiert keines von beidem.

Wenn Sie gezwungen sind, Geld zu sparen, dann sparen Sie, indem Sie Ihr Marketing auf Ihre bestehenden Kunden konzentrieren, anstatt neue anzuwerben. Guerillas wissen ja, daß es fünfmal so teuer kommt, an einen neuen Kunden zu verkaufen, als an einen bestehenden.

Sparen Sie noch mehr Geld, indem Sie aktiv Werbe-Gemeinschaften ins Leben rufen. Sie helfen dabei ein paar anderen Firmen beim Marketing, indem Sie deren Prospekte in Ihrem Geschäft auflegen oder ihre Schilder aufstellen, und diese Firmen im Gegenzug dasselbe für Sie tun. Das ist nicht nur wirtschaftlich, Sie können so auch einen größeren Kundenkreis ansprechen.

Überlegen Sie, ob standardisierte Anzeigen für Sie in Frage kommen; immer mehr Publikationen bieten so etwas an. Sagen Sie einen prägnanten Satz über Ihre Firma und fordern Sie die Leute auf, telefonisch oder schriftlich Ihren Gratisprospekt anzufordern. Die Kosten verringern sich, während gleichzeitig Ihre Interessentenliste länger wird.

Eine sehr praktische, einfache und vernünftige Sparmaßnahme wird nur von einer *Minderheit* von Geschäftsleuten praktiziert, aber von *allen* Guerillas angewandt: *mit einem Marketing-Plan und einem Marketing-Kalender zu arbeiten.* Die volle Ersparnis wird sich ab dem dritten Jahr einstellen, in dem Sie einen Marketing-Kalender verwenden. Im ersten Jahr lernen Sie, im zweiten Jahr verbessern Sie sich, im dritten Jahr sind Sie perfekt, und von da an profitieren Sie für alle Zeiten von dieser Goldenen Regel.

# Leichte und schwere Schritte

## Goldene Guerilla-Marketing-Regel Nr. 21:

*Es ist leichter, jemanden zum schweren Schritt eines Kaufes
zu bewegen, wenn er vorher den leichteren Schritt,
Informationsmaterial anzufordern, getan hat.*

Das Unternehmerdasein wäre ein Kinderspiel, und die Guerillas könnten ihre Talente in anderen Bereichen entfalten, wenn die Kunden einfach hereinmarschieren und ihr Geld abliefern würden.

Wie wir aber alle wissen, geht im Geschäftsleben gar nichts von selbst. Guerillas müssen ihre ganze Kraft in ihre Firma stecken, bevor sich der erste Kunde blicken läßt und auch nur einen Pfennig aus der Hand gibt.

Das klingt hart, und das ist es wohl auch. Aber bedenken Sie, wie schwierig erst eine Kaufentscheidung für den Kunden ist. Der hat es nämlich wirklich schwer. Er könnte ja sein Geld vergeuden, Zeit verschwenden, einen dummen Fehler begehen, sich vor seinen Freunden lächerlich machen oder sogar seinen Job verlieren, weil er so einen dummen Einkauf gemacht hat.

Es ist ein schwerer Schritt für ihn, Ihnen sein Geld zu übergeben – sei es in Form eines Schecks, einer Kreditkarte, in bar, durch seine Unterschrift auf einem Bestellformular oder durch Vereinbarung eines Gegengeschäftes. Er wird diesen Schritt bestimmt nicht leichtfertig tun. Und in vielen Fällen kommt es gar nicht dazu. Vergessen Sie nie, daß es Unternehmen gibt wie Sand am Meer, die alle nach dem Geld Ihres Kunden schielen. Einige davon sind Ihre direkten Konkurrenten. Andere sind indirekte Wettbewerber. Die Freizeitindustrie will einen davon überzeugen, daß man sein gutes Geld für eine Griechenland-Reise ausgeben soll, während die Elektronik-Industrie uns ganz andere Dinge nahelegt, etwa den Kauf eines Großbildfernsehers oder einer neuen Stereo-Anlage. Sie alle wollen Ihrem Kunden ans Geld.

Die wenigsten können es sich leisten, ihr Geld an alle zu verteilen, daher müssen sie äußerst wählerisch sein.

Ein Guerilla sitzt während dieses brisanten Auswahlvorganges nicht einfach herum und schaut in die Luft. *Er mischt sich ein.* Guerillas sorgen dafür, daß der schwere Schritt, von ihnen zu kaufen, möglichst leicht fällt. Das geht am besten, wenn sie zur Vorbereitung leichtere Schritte vorgeben, die den Weg für den schweren, großen Schritt bereiten. Sie helfen den Kunden, ihre Auswahl zu treffen.

Ein leichter Schritt stimmt den Kunden milde. Es wird nicht viel von ihm verlangt, es wird ihm leicht gemacht und es ist einfach, ja dazu zu sagen. Ein schwerer Schritt hingegen verlangt dem Kunden eine Menge ab. Aber das Jasagen fällt ihm leichter, wenn er durch die leichten Schritte vorher darauf eingestimmt wurde.

Informationen, Service und eine fürsorgliche Art sind die Wegbereiter. Jeder dieser leichten Schritte erleichtert ungemein den großen, schweren Schritt, der dann folgt. Der wird schließlich gar nicht mehr als so schwierig empfunden, weil der Interessent durch Ihr einfühlsames Marketing behutsam Schritt für Schritt zu diesem Punkt geleitet wurde.

In jedem Verkaufsprozeß gibt es einen schweren Schritt. Im Verlauf der meisten Verkäufe gehen diesem schweren einige leichte Schritte voran, zumindest aber einer. Es gibt keinen Beweis dafür, daß die Anzahl der leichten Schritte einen Einfluß auf die Gewinnentwicklung hat, aber vieles deutet darauf hin, daß die richtigen leichten Schritte Ihre Gewinne erhöhen können.

Jedem Guerilla ist klar, daß vor einem Verkauf die Dinge in Bewegung geraten müssen. Am besten geht das, wenn Sie den Kunden dazu bringen, »ja« zu sagen.

Möchten Sie unseren kostenlosen Videoprospekt? Ja.
Darf ich Ihnen ein Gratismuster mitgeben? Ja.
Brauchen Sie einen Klempner-Service, der rund um die Uhr erreichbar ist? (Diese Frage richtet man am besten an einen nassen Interessenten, der um 3 Uhr morgens verzweifelt das Branchentelefonbuch durchblättert.) Ja!

Obwohl es den Kunden große Mühe bereitet, beim schweren Schritt »ja« zu sagen, sagen sie es gern und häufig zu den leichten Schritten.

Das ist ja auch der Zweck der Sache. Was genau versteht man aber unter solchen leichten Schritten? Sie unterscheiden sich von den Bestechungen, denn sie gehen weit über ein kostenloses Werbegeschenk hinaus; sie führen den Kunden direkt an Ihre Produkte oder Dienstleistungen heran. Es sind Werkzeuge, mit deren Hilfe Sie jene Bewegung erzeugen, die dann schließlich zum schweren Schritt führt. Hier sind zehn leichte Schritte aufgezählt, um Ihnen ein paar Anhaltspunkte zu geben:

1. Das Angebot eines kostenlosen Videos.
2. Das Angebot einer kostenlosen Audio-Kassette.
3. Das Angebot eines Gratisprospektes.
4. Das Angebot eines Gratismusters.
5. Das Angebot einer kostenlosen Vorführung.
6. Das Angebot eines kostenlosen Beratungsgespräches.
7. Das Angebot einer kostenlosen Broschüre.
8. Das Angebot einer kostenlosen Schätzung.
9. Das Angebot zur kostenlosen Teilnahme an einem Seminar.
10. Das Angebot der kostenlosen Zusendung eines Rundschreibens.

Habe ich irgendwelche leichten Schritte ausgelassen? Und ob! Jedesmal, wenn Sie eine Anzeige schalten, ist das ein leichter Schritt, der den Kunden einstimmt und ihn diesem schweren Schritt ein kleines Stückchen näherbringt. Vielleicht stellen Sie in Ihrer Anzeige und Ihren Werbespots sogar Fragen, damit sich Ihre Kunden an die schöne Sitte, zu Ihren Angeboten »ja« zu sagen, gewöhnen können.

Um erfolgreiches Guerilla-Marketing zu betreiben, konzentrieren Sie Ihre Bemühungen am besten darauf, jenen Antrieb zu erzeugen, der zum Kauf führt. Denken Sie über die leichten Schritte nach, mit denen Sie dabei nachhelfen können. Machen Sie sich eine Liste davon. Anschließend veranstalten Sie mit Ihren Mitarbeitern ein Brainstorming, um auch deren Ideen und Gedanken zu verwerten. Es ist immer besser, zu viele leichte Schritte als zu wenige anzubieten.

Hinter jedem leichten Schritt muß die Absicht und die Fähigkeit stecken, direkt zum schweren Schritt überzuleiten. Obwohl Sie und ich wissen, daß es vieler Schritte bedarf, um dieses ehrgeizige Ziel zu erreichen, sollte doch jeder Schritt für sich allein schon geeignet sein, einen Verkaufsabschluß herbeizuführen. Jeder leichte Schritt sollte darauf abzielen, Ihren Interessenten hier und jetzt zum Abschluß zu bewegen.

Die besten leichten Schritte, die mir bekannt sind, verbinden gleichzeitig *Medienpräsenz* mit einem Angebot für eine *Gratisbroschüre* und für ein kostenloses *Beratungsgespräch*. Das sind insgesamt drei leichte Schritte, und die genügen in der Regel. Noch vor zehn Jahren mag zumeist ein Schritt, nämlich der schwere, ausgereicht haben. Aber wenn Sie mitten im Zeitalter der Informationsgesellschaft leben, müssen Sie sich darauf einstellen, den Leuten soviel Informationen anzubieten, wie sie richtigerweise erwarten dürfen. Und drei Schritte scheinen für die meisten Firmen das richtige Maß zu sein.

Nummer eins läßt die Barriere der Fremdheit überwinden. Nummer zwei versorgt Ihren Interessenten mit Informationen. Nummer drei hebt das ganze auf eine persönliche Ebene.

Sie können jetzt sehen, warum der schwere Schritt nach drei leichten Schritten relativ einfach wird. Die leichten Schritte haben Fragen beantwortet, Ängste zerstreut, eine Beziehung aufgebaut und die Brücke zu einem »Ja« gebaut.

Die besten Guerillas sind geduldige Menschen, die bereit und gewillt sind, die Goldene Regel der leichten Schritte bedingungslos zu befolgen.

# Mikro-Marketing

## Goldene Guerilla-Marketing-Regel Nr. 22:

*Kleine Anteile an großen Märkten können äußerst ergiebig und profitabel sein, wenn Sie Ihr Marketing auf einen überschaubaren Personenkreis ausrichten.*

Sie müssen nicht der Marktführer in Ihrer Branche sein, um als erfolgreicher Unternehmer zu gelten. Sie können auch einfach ein ganz unauffälliger Millionär sein. Worauf es ankommt, ist die Fähigkeit der Guerillas, ihre Hauptinteressenten voll ins Visier zu nehmen. Dazu müssen Sie die volle Bedeutung der kleinen Silbe »Haupt-« erfaßt haben.

In der Guerilla-Sprache ist der Begriff des »Hauptinteressenten« eine Kunstform. Für Guerilla-Unternehmer sind Hauptinteressenten jene Leute, die *höchstwahrscheinlich gerade dabei sind, eine Kaufentscheidung zu treffen.*

Wenn Sie die Liste Ihrer Interessenten nach Trägern des Beiwörtchens »Haupt-« durchkämmen, dann sind das Ihre Stars. Diese Leute müssen Sie aus einem einfachen Grund orten: Sie befinden sich nämlich gerade auf der Suche nach jemandem wie Ihnen, um das zu kaufen, was Sie anzubieten haben.

Diese Leute kann man leicht bedienen und umwerben. Ihr Angebot wird ihnen zu Bewußtsein bringen, daß sie eigentlich bereits zu einem Kauf entschlossen sind. Wenn Sie, zum Beispiel, eine Überschrift haben, die mit den Worten beginnt »Wenn Sie die Absicht haben, ein Bett zu kaufen ...«, so wird die Anzeige mit Sicherheit von Ihren Hauptinteressenten gelesen werden – falls Sie Betten in Ihrem Angebot haben.

Aber »*Haupt-*« bezieht sich ebenso auf eine andere Kategorie von Interessenten: Großunternehmen. Diese Interessenten können für Sie als potentielle Kunden so bedeutend sein, daß es die Zeit und Mühe lohnt, die es kostet, sie gesondert zu betreuen.

Wenn Sie diese Art der Spezialbetreuung anbieten, dann treten Sie nicht als Verkäufer in Erscheinung, sondern als Berater. Guerillas sprechen in diesem Zusammenhang von *beratendem Verkauf*. Sie nehmen dabei im selben Ausmaß die Rolle des Beraters und Betreuers ein wie die des Verkäufers. Sie verspüren ein ehrliches und von Herzen kommendes Bedürfnis, ihren Kunden dienlich zu sein. So bauen sie eine ganz besondere Beziehung zu ihnen auf, lange bevor von einem Verkauf überhaupt die Rede ist. Wenn Sie das gut beherrschen, ebnen Sie den Weg für beachtliche Verkaufsabschlüsse.

Guerillas, die sich mit beratendem Verkauf beschäftigen, haben keine Eile. Sie erwarten keine sofortigen Resultate. Ihre Interessenten, die sie in dieser Art und Weise betreuen, haben sie so gut ausgewählt, daß es sich fast immer auszahlt zu warten. Es kann durchaus vorkommen, daß eine kleine Firma ein Großunternehmen über zwei Jahre lang bearbeiten und dabei vielfältige Informationen und Serviceleistungen kostenlos erbringen muß. Entschließt sich das Großunternehmen aber erst einmal, von der kleinen Firma zu kaufen, dann ist das Auftragsvolumen unter Umständen so gewaltig, daß es allein einen ganzen Jahresgewinn einbringt. Selbst wenn unsere kleine Firma in diesem Jahr in den anderen Bereichen ihrer Tätigkeit gar keine Gewinne machen würde, reichte der Auftrag des Großunternehmens aus, um ein phantastisches Jahresergebnis zu erzielen. Beratender Verkauf und zweijährige Wartezeiten sind nicht für alle Unternehmen geeignet. Wenn Ihres aber zu denen gehört, für die so etwas in Betracht kommt, ziehen Sie es ernsthaft in Erwägung. Beratender Verkauf ist nämlich der Vorbote für eine ertragreiche Zukunft.

Wenn das Unternehmen aus unserem kleinen Beispiel aber diese Politik bei mehr als einem Großunternehmen verfolgt, werden sich seine Gewinne in kürzester Zeit vervielfachen. Und trotzdem bleibt die Kundenliste übersichtlich. Eine kleine Kundenliste bedeutet nicht notwendigerweise Ebbe auf dem Konto. Eine Firma, mit der ich zu tun hatte, hatte in ihrer Branche einen Marktanteil von weniger als einem Zehntel Prozent, man konnte also kaum von einer starken Marktposition sprechen. Trotzdem verdienten die meisten ihrer Verkäufer ein Vermögen.

An Ihrer Stelle würde ich mir jetzt die Frage stellen, wie ein Guerilla es anfangen soll, mit einem Großunternehmen ins Geschäft zu kommen. Die Antwort lautet: *durch Freundschaften auf den niedrigen Etagen.*

Sie sprechen nicht mit dem Generaldirektor oder dem Marketing-Manager. *Sie setzen bei den Leuten an, die mit Ihrem Produkt oder Ihrer Dienstleistung arbeiten sollen.* Das werden möglicherweise Abteilungsleiter sein oder auch Werkmeister. Jeans gehören häufig zur Arbeitskleidung von Guerillas. Ihre Zierde sind die guten Angebote, die sie unterbreiten.

Der Weg zum Erfolg im Mikro-Marketing ist, wie jeder Guerilla-Leser weiß, mit *Informationen* gepflastert. Beachten Sie, daß ich nicht »Geld« gesagt habe; ich sagte »Informationen«. Mikro-Marketing muß nicht viel kosten. Es erfordert eine Menge Denk- und viel Beinarbeit. Ihre Denkweise muß sich ständig am Dienst am Kunden orientieren. Technologie in Form von Computerkenntnissen und einer Software, die auf Ihren Zielmarkt zugeschnitten ist, sind dazu das richtige Werkzeug. Es gibt heute bereits Computerprogramme, die mit Hilfe von Datenbanken aus einer Liste von 50 000 Namen die 50 heißesten Interessenten herausfiltern. *Sie* füttern Ihren Computer mit den richtigen Daten; Ihr Computer erledigt den Rest.

Das Geheimnis eines richtigen Techno-Guerilla lautet: das Personal schulen und nochmals schulen. Erwarten Sie nicht, daß jeder sich gleich mit dem Computer anfreundet. Wenn Sie nicht in der Lage sind, Ihren Leuten eine wirklich erstklassige Ausbildung in diesem Bereich angedeihen zu lassen, ist es besser, Ihre Ausstattung auf einem niedrigen technischen Niveau zu halten. In diesem Fall ist Mikro-Marketing vielleicht nicht die richtige Strategie für Sie.

Sie benötigen nämlich so viel Information wie möglich, um die Elite Ihrer Interessenten gezielt ansprechen zu können. Um eine professionelle Beratung zu garantieren, sind Computer für das Mikro-Marketing fast unerläßlich. Wenn Sie nach dieser Goldenen Regel vorgehen wollen, müssen Sie Ihre Energie unbedingt auf genau den richtigen Personenkreis konzentrieren. Die fünf Schritte im Mikro-Marketing lauten daher:

1. *Bestimmen Sie Ihre Hauptinteressenten.* Diese Aufgabe erfordert eine erbarmungslose Selektion.
2. *Entwerfen Sie Ihre Marketing-Unterlagen so, daß sie für Ihre Interessenten wirklich wertvoll sind.* Alles soll die Form von nützlicher Information haben.
3. *Vereinbaren Sie einen Termin mit der richtigen Person aus dem richtigen Unternehmen.* Vorher stellen Sie genau fest, wer das ist und auf welche Weise er oder sie von Ihrem Angebot profitieren könnte.
4. *Bauen Sie eine persönliche Beziehung zu dieser Person auf,* eine Vertrauensbasis, die Ihnen Glaubwürdigkeit verleiht. Am besten können Sie das durch aktives Zuhören erreichen.
5. *Lassen Sie Ihrem Kunden beständige Aufmerksamkeit und Unterstützung zuteil werden.* So beugen Sie Desinteresse und verlorenen Kundenkontakten am besten vor. Gleichzeitig tragen Sie Ihren Teil zum Wachstum Ihres Kunden bei. Die Expansion seiner Kunden ist die sicherste Erwerbsquelle für einen Guerilla.

Die Strategie, die dem Mikro-Marketing zugrundeliegt, unterscheidet sich zum Teil erheblich von der herkömmlichen Marketingphilosophie. Worauf es dabei ankommt, ist:

- eine kleine, exquisite Kundenliste
- vertrauensvolle Beziehungen
- neue Informationen zur Unterstützung Ihres Interessenten
- Verkauf durch Service
- ein überraschend guter Dienst am Kunden

Es ist recht einfach, diese Goldene Regel zu beherzigen. Wenn Sie nicht habgierig sind, wird es Ihnen gelingen, konsequent jene Leute zu bearbeiten, die langfristig für Ihre Firma am vielversprechendsten sind.

# Die Gefahren der Originalität

## Goldene Guerilla-Marketing-Regel Nr. 23:

*Geben Sie kein Geld für Originalität aus; Ihre Investitionen sollten ausschließlich dem Zweck dienen, Gewinne zu erzielen.*

Originalität. Das ist es, worauf Sammler der schönen Künste aus sind. Das ist es, was Unternehmer beim Guerilla-Marketing vermeiden.

Halten Sie die Augen offen. Seien Sie auf der Hut vor Originalität. Begegnen Sie ihr mit Argwohn. Mißtrauen Sie allem, was auch nur von weitem danach riecht. Auf der sinnlosen Suche nach Originalität werden mehr Marketing-Budgets vergeudet, als zur Erzielung von Gewinnen eingesetzt werden.

Wenn es etwas gibt, was ein Guerilla *auf keinen Fall* sein sollte, so ist es originell.

Worauf es ankommt, ist die Entwicklung eines Marketing-Planes und die Gestaltung von Marketing-Unterlagen, die schließlich immer und immer wieder zum Einsatz gelangen. Arbeiten Sie so lange mit Ihren bestehenden Unterlagen, bis sie nachweislich ihre Wirkung verlieren. Viele ziehen ihr Marketing zurück, lange bevor es überhaupt eine Chance hatte, seine Wirkung zu entfalten. Sie können die »immer gleiche alte Masche« nicht mehr sehen (obwohl es für Kunden und Interessenten natürlich nie »die gleiche alte Masche« ist). Sie wollen etwas anderes, etwas Originelles.

*Alarmstufe drei!* Alle Sirenen heulen. »Bewährt und zuverlässig« klingt nicht so lustig wie »äußerst originell«. So aber lautet nun mal das Motto für einen Guerilla. Beziehen Sie Ihr Vergnügen daraus, Geld auf die Bank zu tragen, anstatt es in originelles Marketing zu stecken.

Kürzlich kam ein neuer Klient zu mir. Gemeinsam ließen wir sein Marketing im abgelaufenen Jahr Revue passieren. Er machte mich darauf aufmerksam, daß seine Kampagne im letzten März die *einzige wirklich erfolgreiche* Marketing-Aktion in der Geschichte seines 6

Jahre alten Unternehmens war. Das Marketing, das er in den restlichen 11 Monaten eingesetzt hatte, erwies sich als relativer Flop und kam nicht einmal annähernd an die Ergebnisse der März-Promotion heran.

»Warum haben Sie also die Werbekampagne vom März nicht wiederholt?« fragte ich ihn. »Oh, das ist eine wirklich hervorragende Idee!« sagte der Klient »Das ist mir noch gar nicht in den Sinn gekommen.«

Ein weiteres Gespräch fällt mir zu diesem Thema ein. Es fand mit einem hochintelligenten Klienten statt, der sich in einer verzwickten Lage befand. Sein Marketing brachte phantastische Ergebnisse. Dennoch nagte an ihm der Zweifel, ob er es nicht ändern sollte. Als ich ihm die Frage nach dem Warum stellte, konnte er mir keine Antwort geben. Er habe nur dieses vage Gefühl, daß Marketing gelegentlich verändert werden müsse, ja, daß sogar erfolgreiches Marketing durch originelles Marketing ersetzt werden sollte.

Das Gegenteil dieses ganzen Unfugs verkörperte jener Klient, der mit einer bestimmten Werbekampagne durchschlagenden Erfolg hatte. Er fragte bei mir an: »Gibt es irgendeinen Grund, warum ich sie nicht auch nächsten Monat wiederholen sollte?«. »Keinen«, lautete die weise Antwort, weil ich wußte, daß seine Sterne günstig standen. »Machen Sie weiter damit, und wiederholen Sie sie noch einmal, wenn sie auch beim zweiten Mal so gut ankommt.«

Zwei Monate später erhielt ich einen weiteren Anruf. Er teilte mir mit, daß die Umsätze sich weiterhin prächtig entwickelten und wollte wissen, ob er dieselbe Werbekampagne wenigstens noch einmal verlängern könne. »Warum nur noch einmal?« wollte ich wissen, »Bleiben Sie solange dabei, bis sie nicht mehr wirkt.«

Zu seiner großen Überraschung *hörte der Erfolg nie auf.* Bis zum Verkauf seines Geschäftes einige Jahre danach – übrigens mit einem sündhaft hohen Gewinn – ließ er die Werbekampagne sechs Mal pro Jahr laufen.

Mit wieder einer anderen Klientin sprach ich über eine Anzeige, die ihre Firma vor zehn Jahren geschaltet hatte. »Jedesmal wenn wir sie veröffentlicht haben«, sagte sie, »hat sich das mehr als ausgezahlt. Glauben Sie, daß wir dieselbe Anzeige heute auch noch verwenden könnten?« Das war eine einfache Frage. Es war kein besonderes Guerilla-Genie erforderlich, um ihr den Rat zu geben, unbedingt bei dieser Linie zu bleiben.

Ich mag neue Filme. Meine Frau entwirft originelle Collagen und Kunstwerke. Wir gehen gern zu Theaterpremieren. Aber ich würde nicht einmal davon träumen, mit Originalität zu experimentieren, wenn es um das Geld meiner Klienten beim Marketing geht. Obwohl Abwechslung in vielen Bereichen ein Segen ist, ist sie normalerweise Gift fürs Marketing.

Prospekte, Anzeigen, Fernseh- und Radiowerbespots und Direktmarketing-Materialien, die originell sind, könnten die Aufmerksamkeit vom eigentlichen Angebot ablenken. Das könnte die Interessenten verwirren. Statt eines Kaufwunsches würde in ihnen das Gefühl entstehen, Kunst zu erleben.

Originalität ist dieses Risiko nicht wert. Sie wissen schon zuviel über Marketing, um unnötigerweise neuen und gefährlichen Boden zu betreten. Es ist mir nicht unbekannt, daß es Marketing gibt, das sowohl originell als auch verkaufsfördernd ist. Genauso wie ich weiß, daß man auch auf einer kaputten Armbanduhr zweimal am Tag die richtige Zeit ablesen kann.

Wenn Sie erst einmal versuchen, originell zu sein, wird Ihnen irgend ein wichtiges Element abhanden kommen – der strategische Grundgedanke, der Hauptvorzug oder, noch wahrscheinlicher, Ihr Geld. Noch einmal, es lohnt das Risiko nicht. Warum das Rad neu erfinden, wenn es doch schon unzählige bewährte Methoden gibt, die Ihr Marketing garantiert in die richtige Richtung steuern?

Wenn Sie eine erfolgreiche Werbekampagne laufen haben, wiederholen Sie sie. Wenn Sie eine erfolgreiche Promotion-Aktion durchgeführt haben, wiederholen Sie sie. Wenn Sie bei einer Direktmarketing-Aktion eine hohe Rücklaufquote erzielen, wiederholen Sie sie gleich *noch einmal* – und *noch einmal*, und *noch einmal*. Kehren Sie einem solchen Segen nicht den Rücken.

Gutes Marketing ist schwer zu finden. Funktioniert es bei Ihnen erst einmal, dann bleiben Sie dabei. Wenn eine Methode bei jemand anderem, der sich in einer vergleichbaren Lage wie Sie befindet, gut geklappt hat, dann machen Sie es ihm nach. Guerillas interessieren sich nämlich weit mehr für ihre Gewinne als für ihre Originalität. Sie halten sich eisern an diese Goldene Regel.

# Judo für Unternehmer

## Goldene Guerilla-Marketing-Regel Nr. 24:

*Ihre Gewinne maximieren Sie durch innovatives Marketing und durch den Schutz vor anderen Guerillas.*

Das Leben wäre herrlich, wenn Sie der einzige Marketing-Guerilla in Ihrer Branche wären. Obwohl es nicht gerade von Guerillas wimmelt, lernen mehr und mehr vormalige Grünschnäbel, wie man gutes Marketing macht – und Ihnen Konkurrenz.

Noch vor zehn Jahren konnten Sie auf ein niedriges Marketing-Niveau bei Ihren Konkurrenten zählen. Damals reichte es noch, auch nur ein wenig Gespür für Marketing zu haben, und schon lag man klar vor der Mehrheit seiner Mitbewerber in Führung. Die ließen sich noch die Chance, durch Marketing gutes Geld zu verdienen, durchweg entgehen. Aber die Zeiten haben sich geändert. Das Marketing hat sich gemausert. Es gibt heute mehr und besseres Datenmaterial. Es genügt nicht mehr, ein Hecht im Karpfenteich zu sein, sie müssen sich auch gegen andere Guerillas schützen.

Wie so oft im Leben ist auch hier Angriff die beste Verteidigung. Um zu verhindern, daß Sie ein Opfer von unternehmerischem Judo werden, ist es am besten, Sie setzen es selbst gegen Ihre Konkurrenz ein. Unternehmerisches Judo bedeutet, dort Marktnischen zu besetzen, wo die Chancen auf Erfolg gut stehen. Dabei darf man sich aber keinesfalls vom Erfolg überfahren lassen, wenn er sich tatsächlich einstellt. Wenn Sie Ihren Biß verlieren, werden Sie ganz schnell zum Opfer anderer Guerillas.

Der Wirtschaftsphilosoph Peter Drucker weist auf die Stärke und Effizienz von unternehmerischem Judo hin, die es neuen Unternehmen ermöglicht, schlafenden Giganten die lange Nase zu zeigen.

Guerillas setzen dieses Marketing-Karate ein, wo immer sie können. Aber je mehr neue Firmen gegründet werden, desto mehr muß selbst der wachsamste Guerilla auf der Hut sein, *damit er nicht selbst zum Opfer anderer Judokämpfer wird.* Dazu müssen Sie Ihre Finger von ein paar schlechten Angewohnheiten lassen, die Sie zur leichten Beute für unternehmerisches Judo machen. Ist Ihre Firma anfällig für die nachfolgend aufgezählten fünf Unsitten?

1. *Arroganz und Überheblichkeit.* Was nicht von uns ist, kann nicht gut sein. Wenn eine Innovation oder Idee nicht aus der eigenen Firma kommt, wird sie automatisch abgelehnt. Einem Außenseiter mit einer brillanten Idee wird nicht die geringste Chance eingeräumt, einfach weil die Idee nicht aus dem eigenen Unternehmen stammt. So hat seinerzeit die Arroganz der amerikanischen Elektronikindustrie dazu geführt, daß die Vermarktung des Transistors ursprünglich abgelehnt wurde. Sie war »nicht von uns«. Das war pure unternehmerische Selbstgefälligkeit.

2. *Die Sahne abschöpfen.* Zahlreiche Unternehmen haben sich dafür entschieden, nur das gewinnträchtigste Markt-Segment zu bearbeiten: die wichtigen Kunden, die Großabnehmer, die Massenverbraucher, die wohlhabende Käuferschicht. Es ist nicht gerade so, daß sie die Kleinen völlig ignorieren, aber *sie bewerben sie nicht aggressiv.* Und trotzdem kommt es vor, daß gelegentlich einer der kleineren Fische anbeißt. Weil er aber im allgemeinen schlecht bedient wird, wandert er rasch zur Konkurrenz ab. Firmen, die bestimmte Märkte auf diese Art vernachlässigen, sind leicht verwundbare Ziele für Judo-Anhänger. Das sind dann Guerillas, die mit innovativem Service, kürzeren Lieferzeiten und einer hohen Flexibilität aufwarten. Denken Sie immer daran, daß auch 98 Prozent der Firmen kleinere Unternehmen sind. *Eine Menge Sahne* unter dem Zuckerguß.

3. *Falsch verstandener Qualitätsbegriff.* Viele Erzeugerfirmen verstehen unter Qualität, daß die Herstellung des Produktes schwierig war und eine Menge Geld gekostet hat. Aus dieser Einstellung spricht aber mehr Mangel an Kompetenz als Sinn für Qualität. Guerilla-Produzenten wissen, daß Qualität einzig und allein das ist, *was der Kunde in die Hand bekommt* und wofür er bezahlt, nicht das, was der Erzeuger hineingesteckt hat. In unserem Jahrhundert war eines der berühmtesten Beispiele für dieses Phänomen die amerikanische Automobilindustrie, die mit der Größe und Kraft ihrer

Autos prahlte, während die Kunden längst auf der Suche nach kleineren Autos mit niedrigem Benzinverbrauch waren.

4. *Hohe Preise.* Glauben Sie mir, Ihre Konkurrenz wird sich die Hände reiben, wenn Sie Tür und Tor für deren Judo öffnen, indem Sie eine Hochpreispolitik verfolgen. Seit über zweihundert Jahren zeigt sich immer wieder, daß höhere Gewinnspannen in erster Linie durch *Kostensenkung* erzielt werden können. Was auf den ersten Blick wie höhere Gewinne aussehen mag, ist in Wirklichkeit eine Einladung für einen aufsteigenden Newcomer, Ihren Leichtsinn auszunutzen, um Ihren Marktanteil an sich zu reißen.

5. *Maximieren statt optimieren.* Wenn Sie ein Produkt mit einem beschränkten Markt haben, stehen Ihnen zwei Möglichkeiten offen: Sie können entweder die *Qualität des Produktes maximieren* oder *seine Verwendungsmöglichkeiten optimieren*, indem Sie auf einen größeren Markt abzielen. Xerox ist ein Beispiel für ein Unternehmen, das mit den saubersten und schnellsten Kopierern seine Produktqualität maximiert hat. Dann kamen japanische Hersteller mit ihrem unternehmerischen Judo, um Xerox mit *einfacheren, billigeren* Geräten zu verdrängen. Sobald sie sich am Photokopierermarkt etabliert hatten, wagten sie sich auch auf anspruchsvollere Märkte vor. Sony begann im unteren Marktsegment mit der Produktion von billigen tragbaren Radios mit geringer Reichweite. Der Rest ist Geschichte, wie Sie an Ihrem Walkman sehen können.

Unternehmerisches Judo eignet sich hervorragend für Guerillas, weil der erste Schritt immer darauf abzielt, *eine gute Ausgangsposition zu erobern.* Daß ihnen das gelingt, ist ein Zeichen dafür, daß die ursprünglichen Inhaber ihre Stellung nicht verteidigen. Später wagen sich die Guerillas weiter vor, wobei sie sich jedesmal überlegen, mit welchem Produkt oder welcher Dienstleistung sie das neue Marktsegment optimal bearbeiten können, wobei sie von einem einzigen Brückenkopf ausgehen.

Wenn Sie die Absicht haben, unternehmerisches Judo anzuwenden, beginnen Sie am besten mit einer eingehenden Analyse Ihrer eigenen Branche. Machen Sie die wichtigsten Erzeuger und Lieferanten ausfindig. Achten Sie auf deren Firmenpolitik und etwaige Besonderheiten, *besonders auf ihre Schwächen.*

Damit unternehmerisches Judo funktionieren kann, wird Ihnen einiges an ernsthafter Innovation abverlangt. Normalerweise *genügt es nicht, einfach dasselbe Produkt oder dieselbe Dienstleistung zu einem niedrigeren Preis anzubieten.* Sie müssen danach trachten, sich zumindest in einem Bereich deutlich vom bestehenden Angebot abzuheben. Newcomer müssen Guerilla-Marketing anwenden, um sich vom Bestehenden zu unterscheiden. Das Bewährte und Zuverlässige führt in diesem Fall in die Sackgasse. Ich spreche hier nicht über Geld; ich spreche über Innovation.

Unternehmerisches Judo ist einfacher anzuwenden, wenn Sie klein und wenig bekannt sind. Solange das der Fall ist, werden Sie möglicherweise auch eine größere Neigung zum Risiko an den Tag legen, und weniger zu verlieren haben.

Der Trick bei diesem Judo ist, daß jeder Schritt darauf abzielt, die höchstmöglichen Gewinne zu erzielen. Das bedeutet aber, daß Ihnen der Luxus, Innovation aus bloßer Neugierde zu betreiben, versagt bleibt. Alles muß klar auf Gewinne ausgerichtet sein.

Einem kleinen Unternehmen, einem Brennholzhändler, ist es mittels unternehmerischem Judo gelungen, erstaunliche Gewinne zu erzielen. Dieser Guerilla konzentrierte sein Marketing auf einen Bereich, in dem er absolut konkurrenzlos war. Er überlegte sich, daß Tankstellen ein guter Standort für den Verkauf seines Produktes wären. Dort stellte er sein Brennholz aus und bot es zum Verkauf an; die Tankstellen erhielten eine Gewinnbeteiligung. Innerhalb kürzester Zeit verlangten Hunderte von Tankstellen und deren Kunden nach seinem Brennholz.

Das war sicher eine hervorragende Idee für den Winter, aber was war mit dem Sommer? Der Guerilla benutzte wiederum seine Judokenntnisse und begann mit dem Verkauf von Holzkohle-Briketts für Gartengriller an den Tankstellen. Gibt es Plätze, wo *Sie* noch ohne Konkurrenz tätig werden können? Aber sicher. Finden Sie sie heraus und unternehmen Sie die ersten Schritte in Richtung auf Ihre künftigen Gewinne. Und schon können Sie als unternehmerischer Judo-Kämpfer den Nutzen aus dieser Goldenen Regel ziehen.

# Guerilla-Marketing für Dienstleistungen

## Goldene Guerilla-Marketing-Regel Nr. 25:

*Dienstleistungen lassen sich am erfolgreichsten verkaufen, wenn man sich auf die zahlreichen einzigartigen Marktnischen konzentriert.*

Alle Grundlagen des Guerilla-Marketing – oder zumindest einige davon – treffen auf das Marketing für Dienstleistungen genauso zu wie auf das Marketing von Produkten. Beide haben ihre besonderen Marketing-Vorteile. Trotzdem finden gerade Guerillas besonderen Geschmack am Dienstleistungssektor, da ihre lebhafte Phantasie hier besonders geschätzt wird.

Dienstleistungen eröffnen Möglichkeiten der Vermarktung, die auf Produkte so nicht anwendbar sind. Kostenloser Probeservice etwa kann eine wirksame und billige Waffe sein. Referenzen von Langzeitbenutzern sind preiswert und kaum mit Gold aufzuwiegen. Flip-Charts bieten die Möglichkeit, die Vorzüge einer Dienstleistung kundengerecht zu präsentieren.

Guerillas auf der ganzen Welt bieten ihre Dienstleistung zuerst für eine begrenzte Zeitspanne kostenlos an, um anschließend zu versuchen, sie zu verkaufen. Das entspricht in etwa der Bereitstellung von Mustern bei Produkten. Aber ein Muster kann einen Kunden nicht so wirkungsvoll an etwas gewöhnen wie eine länger andauernde Demonstration. Wie lange soll dieser Probezeitraum andauern? *Bis zu drei Monaten.*

Dienstleistungen weisen eine höhere *Flexibilität* auf als Produkte. Es ist hier viel einfacher, die richtige Positionierung zum richtigen Zeitpunkt am richtigen Markt zu finden. Wenn er sich eine Marktnische sucht, die noch unbelegt ist, dann kann ein Guerilla einen relativ kleinen, aber außerordentlich profitablen Marktanteil erreichen.

Ich kaufe seit über 20 Jahren beim selben Lebensmittelhändler ein, einfach weil er mir am Monatsende eine Rechnung schickt und mir so den umständlichen Umgang mit Schecks, Kreditkarten und Bargeld erspart, wenn ich etwas aus dem Geschäft brauche. Ein kleiner Vorzug? Mir ist er wichtig. Ein privates Notruf-Krankenhaus in Sacramento garantiert seinen Patienten, daß sie innerhalb von 20 Minuten nach ihrer Einlieferung von einem Arzt untersucht werden, andernfalls sie von der Einschreibegebühr befreit werden. Die Patienten wissen, daß ihre Zeit respektiert wird. Diesen guten Ruf können Sie für alles Geld der Welt nicht kaufen.

*Fragebögen* entfalten in den Händen eines Guerilla, der eine Dienstleistung verkauft, eine beachtliche Wirkung. Der Guerilla erfährt von den Kunden genau, was sie an der angebotenen Dienstleistung mögen und was nicht. Er erfährt darüber hinaus, *wie diese Dienstleistung idealerweise aussehen sollte.* Aus den Antworten ergibt sich eine Idee nach der anderen für mögliche Marktnischen. Hat sich der Guerilla schließlich dazu entschlossen, die Marktnische, die ihm seine Kunden gezeigt haben, zu besetzen, so ist er schon auf dem besten Weg, seine Dienstleistung profitabel zu verkaufen. Ein Beispiel für einen Guerilla-Fragebogen finden Sie in der Goldenen Regel Nr. 8 weiter vorne in diesem Band.

Wenn Sie Dienstleistungen verkaufen, sollten Sie wissen, was man als Guerilla über Dienstleistungsmarketing wissen muß. Ein ganz besonderes Augenmerk sollten Sie dabei auf das Direktmailing richten, da es ein so wichtiges Rädchen in Ihrer Marketing-Maschine sein kann. Am besten beginnen Sie mit der Umsetzung der folgenden Vorschläge, wie Sie Ihr Dienstleistungsmarketing auf Hochglanz bringen können.

- Das durchschnittliche Dienstleistungs- oder Beratungsunternehmen verliert jährlich 10 bis 20 Prozent seines Kundenstammes durch natürliche Abnutzungserscheinungen. Wohin wandern alle diese Kunden ab? In Marktnischen.
- Ein beträchtlicher Geschäftsanteil für Dienstleistungsunternehmen kommt von Vereinen und Interessensverbänden. Werden Sie Mitglied und achten Sie darauf, daß man Sie auf die entsprechenden Listen setzt, die auf Anfrage zur Verteilung gelangen.

- Media-Agenturen übernehmen es in Ihrem Auftrag, Anzeigen in in- und ausländischen Publikationen zu beobachten. Es ist immer lehrreich, sich anzusehen, wie Konkurrenten in anderen Ländern ihre Werbung gestalten. Wird eine Werbekampagne für über ein Jahr beibehalten, muß etwas Gutes dransein, oder?

- Vermarkten Sie Ihre Dienstleistung mit klug positioniertem Marketing, das sich an ein kleines, ausgewähltes Publikum wendet. Es gibt vier Typen von Marriot Hotels. Nach Einführung dieser neuen Nischen-Verkaufspolitik kam es innerhalb von zwei Jahren zu einer Umsatzsteigerung von mehr als 50 Prozent. Es ist keine Sünde, sich selber Konkurrenz zu machen. Das ist gesundes Marketing.

- Trainieren Sie Ihre *nonverbale Kommunikation*. Experten sagen, daß es 600 000 nonverbale Gesten und nur etwa 200 000 im üblichen Sprachgebrauch befindliche Wörter gibt. Weil Dienstleistungsunternehmen in besonderer Weise vom persönlichen Eindruck, den die Kontaktperson hinterläßt, abhängig sind, müssen Sie Ihrer Gestik und Mimik den letzten Schliff verpassen.

- Eine Untersuchung ergab, daß 1991 ein Verkaufsabschluß über Telefonmarketing im Durchschnitt Kosten in Höhe von etwa 500 Mark verursachte. Auf Messen kostete dasselbe etwa 200 Mark. Nehmen Sie an örtlichen Messeveranstaltungen teil, um einen Vorsprung für Ihre Dienstleistung herauszuholen.

- Legen Sie Ihren Direktmailing-Sendungen Material über Neuheiten bei. Achten Sie darauf, daß sie genau zu Ihrer Marktnische passen. Statt eines einzelnen Angebotes schicken Sie eine ganze Kollektion, ein Stück pro Woche oder eines pro Monat. Das gibt den Kunden ein Gefühl von Kontinuität, und das ist ein großes Plus für ein Dienstleistungsunternehmen.

- Denken Sie daran, daß im Direktmailing der Brief 70 Prozent der Bestellungen einbringt, der Prospekt 20 Prozent und das Bestellformular 10 Prozent. Aber keines der drei kommt zum Einsatz, wenn der Umschlag überhaupt nicht geöffnet wird.

- Um als Erfolg gewertet zu werden, muß ein Direktmailing zumindest 2,2 mal soviel einbringen, wie es gekostet hat, alle Kosten eingerechnet. Sie tun sich selbst nichts Gutes, wenn Sie Mailing-Kampagnen fortführen, die diesen Standard nicht erreichen. Sie müssen jeden Pfennig der Kosten Ihres Mailings kennen.

- Was geschieht mit Massensendungen? 50 Prozent werden sofort gelesen; 25 Prozent werden überflogen; 10 Prozent werden zur späteren Lektüre zur Seite gelegt; 12 Prozent landen sofort im Papierkorb. Die Leser antworten am liebsten solchen Unternehmen, die ihnen bereits ein Begriff sind. Die beste Kombination für ein Dienstleistungsunternehmen ist eine gezielte Anzeigenkampagne in Verbindung mit Direktmarketing per Post oder übers Telefon. Wenn Sie Ihre Sendung verschicken, *hat man bereits von Ihnen gehört*.

- Ihr Zielpublikum vergißt 90 Prozent des Gelesenen innerhalb von zwei Wochen; das ist der Grund, warum wiederholte Mailings die besten Resultate erzielen.

- Denken Sie sich Gründe aus, um Erinnerungssendungen für Ihre Dienstleistung zu verschicken. Nehmen Sie sich ein Beispiel an dem Zahnarzt, der seine Patienten daran erinnert, alle 6 Monate zur Zahnkontrolle zu kommen. Erinnerungsschreiben sind einer der größten Marketing-Vorteile, die Dienstleistungen Produkten voraus haben. Ich bin immer wieder verblüfft, daß nicht mehr Leute davon Gebrauch machen. Ich habe von meinem Klavierstimmer seit Jahren nichts gehört. Ich freue mich keineswegs auf meine Besuche beim Zahnarzt, aber ich absolviere sie trotzdem gewissenhaft, weil mein Zahnarzt mich regelmäßig daran erinnert – und sogar per Telefon nachhakt. Zu meinem Glück – ein Guerilla-Marketing-Zahnarzt.

Dienstleistungen können noch besser als Produkte von Public Relations, Aktivitäten auf Gemeindeebene, Rundschreiben und Veranstaltungen profitieren. Anders als bei Produkten ist entscheidend, daß Ihre Mitarbeiter einen positiven Eindruck vermitteln. Im Mittelpunkt muß aber das Festhalten an der Goldenen Regel stehen, eine Marktnische zu entdecken, die Ihnen ganz allein gehört.

# Wie man mit Fernsehwerbung den Vertrieb sichert

## Goldene Guerilla-Marketing-Regel Nr. 26:

*Sie können Ihr Produkt in fast jedem Händlernetz Ihrer Wahl unterbringen, wenn Sie als Hebel dazu Fernsehwerbung einsetzen.*

Diese Regel gilt nur für solche Guerillas und Möchtegern-Guerillas, die ein Produkt erzeugen oder vertreiben. Wenn Sie ein Dienstleistungsunternehmen haben, werden Sie aus diesem Kapitel höchstens ein paar akademische Einsichten gewinnen. Ich habe also Verständnis dafür, wenn Sie zur nächsten Regel weiterblättern, die wieder von besonderem Interesse für den Dienstleistungssektor ist.

Wenn Sie aber etwas erzeugen und es in der *größtmöglichen Zahl von Absatzmärkten*, die von Ihren Interessenten frequentiert werden, anbieten wollen, dann können Sie dieses anspruchsvolle Ziel am besten durch eine Kombination von drei Guerilla-Taktiken erreichen.

Diese drei Taktiken sind wegen der hohen Ablehnungsrate von Herstellern durch den Handel notwendig. Auch wenn Händler sich grundsätzlich einverstanden erklären, Ihr Produkt in ihren Geschäften zu verkaufen, verlangen sie möglicherweise einen derart hohen Prozentsatz vom Endpreis für sich, daß es für Sie uninteressant wird, Ihr eigenes Produkt zu verkaufen! Ihren Vertrieb selbst in die Hand zu nehmen, ist keine leichte Aufgabe. Es gibt so viele andere Unternehmen, die um denselben Platz im Regal oder im Schaufenster konkurrieren. Zahlreiche Handelsketten verkaufen den Erzeugern ihren Regalplatz gar schon meterweise. Es gibt unterschiedliche Vertriebskanäle, aber alle haben ihre Eintrittsbarrieren. Die Zugangsbeschränkungen im Handel sind geradezu furchterregend. Guerillas gelingt es mit Hilfe dreier einfacher Taktiken dennoch, sich ihren Vertrieb zu sichern.

Es beginnt mit der Entdeckung, daß Fernsehwerbung gar nicht so teuer ist, wie man glaubt. Und die Preise werden wegen der raschen Verbreitung von Kabel- und Satelliten-TV weiter fallen. Sie wissen jetzt, daß TV recht preisgünstig sein kann, aber zahlreiche Händler wissen das noch nicht.

Die erste Guerilla-Taktik besteht also darin, *einen 30-Sekunden-Fernsehspot für Ihr Produkt zu drehen.* Er sollte wirklich gut gemacht sein, mit Musik, einem Sprecher mit vertrauenswürdiger Stimme und eindrucksvollen Bildern. Von allergrößter Wichtigkeit dabei ist folgendes: Sie produzieren einen 25-Sekunden-Werbespot und nutzen die letzten 5 Sekunden, um die Namen der guten Fachgeschäfte einzublenden, in denen man Ihr Produkt kaufen kann.

Sie müssen für die Produktion Ihres Fernsehspots kein Vermögen ausgeben. 1990 kostete der durchschnittliche Werbespot 250 000 Mark, es ist aber ohne weiteres möglich, großartige Fernsehspots für weniger als 10 000 Mark herzustellen. Trotzdem darf dem Film nicht der geringste Hauch von Laienhaftigkeit anhängen. Schließlich wollen Sie doch ein Bedürfnis nach Ihrem Produkt erzeugen und gleichzeitig den Einzelhandel beeindrucken, der über Ihre künftigen Verkaufsstellen verfügt.

Guerilla Taktik Nummer zwei: *Überspielen Sie Ihren fertigen Werbespot auf Acht-Millimeter-Format,* so daß Sie und Ihre Vertreter ihn auf einfachen tragbaren Videogeräten bei den Händlerorganisationen vorführen können.

Sagen Sie dem Händler, daß Sie diesen Werbespot in Kürze im Fernsehen senden werden, daß er genau an sein Zielpublikum gerichtet ist und daß Sie sogar bereit sind, am Ende des Spots seinen Namen und seine Adresse zu senden. Aufgrund seiner Qualität wird Ihr Werbespot das Interesse der Zuschauer an Ihrem Produkt wecken, und der Name des Händlers wird danach genau die Information sein, die sie interessiert.

Alles, was Sie im Gegenzug vom Händler verlangen, ist eine Bestellung Ihres Produktes. Es sollte gleich eine größere Bestellung sein, immerhin machen Sie ihm ja ein äußerst großzügiges Angebot. Die große Mehrheit der Einzelhändler oder Handelsketten wird ganz aus dem Häuschen sein bei dem Gedanken, daß ihr Name *im Fernsehen* gesendet wird. Mehr noch wird sie die Nachricht verblüffen, daß kein

Pfennig an Kostenbeteiligung von ihnen verlangt wird. Und sie werden schnurstracks ihre Unterschrift auf den vorbereiteten Vertrag setzen, damit aus ihrem Unternehmen ein Fernsehstar wird.

Schließlich weiß man ja, daß Fernsehwerbung eine Trillion Mark in der Produktion und eine weitere Trillion Mark für die Sendezeiten kostet. Das sind keine Guerillas, so wie Sie. Tief in ihrem Herzen haben sie sich immer gewünscht, ins Fernsehen zu kommen, aber sie waren sich gleichzeitig bewußt, daß sie sich das nie würden leisten können.

Vielleicht haben sie sogar schon einmal einen Versuch in dieser Richtung unternommen, damals, als ein 30-Sekunden-Werbespot noch kaum 1 000 Mark kostete. Eine Investition, die weitgehend ins Leere lief, weil zu 90 Prozent Leute außerhalb ihres Einzugsgebietes angesprochen wurden.

Das sind erschreckende Zahlen. Kein Wunder, daß kleinere Händler und Handelsketten eine Scheu vor Fernsehwerbung haben. Kein Wunder, daß sie begeistert sein werden bei der Vorstellung, ins Fernsehen zu kommen, ohne daß es sie etwas kostet. Natürlich werden sie gerne eine große Bestellung für Ihr Produkt unterschreiben. Das Produkt ist erstklassig, ebenso wie der Fernsehspot, der ihnen gerade vorgeführt wurde.

Solche Vereinbarungen können Sie mit sovielen Partnern treffen, wie Sie wollen. Mehr als fünf Namen sollten Sie aber am Ende des Werbespots nicht zeigen. Wenn Sie fünfzig Händler auflisten (was mit der Fernsehtechnik durchaus möglich wäre), müßten Sie zehn Fünf-Sekunden-Tafeln mit jeweils fünf Namen darauf senden. Darunter leidet die Übersichtlichkeit. Schalten Sie die Adressen hintereinander, so daß der Name jedes Händlers gleich lange gesendet wird.

Sie können es auch so angehen, daß Sie einem Händler die Exklusivität für drei oder zwölf Monate anbieten, wenn er im Gegenzug einen entsprechend großen Auftrag erteilt. Dafür bieten sich große Handelsketten und Franchising-Organisationen an, wo man auf einen Blick den Wert und die Fairneß Ihres Angebotes erkennen wird. Dort hat man natürlich im allgemeinen die Wunderwelt des Fernsehens längst selbst für sich entdeckt.

Die dritte Guerilla-Taktik besteht darin, in den einzelnen Geschäften Hinweistafeln anzubringen, die die Kunden augenblicklich an das interessante Produkt erinnern, das sie erst kürzlich im Fernsehen gesehen haben.

Diese Taktik, den Handel zu seinem Glück zu zwingen, kann auch auf Printmedien angewandt werden, obwohl hier natürlich der Glanz des Fernsehens fehlt – zumindest in den Köpfen vieler Händler. Trotzdem haben schon viele Erzeuger ihren Erfolg dadurch begründet, daß sie Händlernetze auf ihre Seite ziehen konnten, indem sie ihnen versprachen, ihre Namen im Rahmen großer Anzeigenkampagnen zu erwähnen.

Diese Taktik wird auch weiterhin erfolgversprechend sein. Der Erfolg von Zeitungsinseraten läßt sich aber noch steigern, wenn Ihr Name auf einer ganzseitigen Anzeige in einer landesweiten Publikation erscheint. Entwerfen Sie so eine Anzeige. Sie vermittelt eine erstaunliche Glaubwürdigkeit. Am unteren Rand nennen Sie die Handelsorganisationen, über die Sie Ihr Produkt vertreiben wollen.

Anschließend zeigen Sie dem Händler die Anzeige und legen ihm nahe, eine große Bestellung zu unterschreiben. Möglicherweise klappt es deshalb, weil der Händler oder auch die Handelskette nur ungern die Namen der Konkurrenz auf einer so hochwertigen Anzeige sehen würde, noch dazu in einer derart angesehenen Zeitschrift. Und dazu kostet es ihn nicht einmal etwas.

Es gibt spezialisierte Media-Agenturen, die diesen Anzeigenplatz zu einem Bruchteil seines Listenpreises anbieten. Das geht deshalb, weil sie im voraus große Anzeigenblöcke bei angesehenen Zeitschriften einkaufen und einen Teil der beträchtlichen Rabatte an ihre Kundschaft weitergeben.

Den Vertrieb zu sichern, ist allerdings nur der erste Teil der Schlacht. Ist Ihr Produkt einmal glücklich auf den Regalen gelandet, müssen Sie weiter Werbung machen, um dafür zu sorgen, daß die Leute das auch erfahren. Werbung dient der Bekanntheit Ihres Produktes und des Namens Ihrer Vertriebspartner. Durch wirkungsvolle Dekoration in den Geschäften müssen Sie nochmals auf die Vorzüge aus Ihren Anzeigen hinweisen. Diese Goldene Regel handelt von einem Dreisprung, der Ihren Erfolg und den Ihres Händlers garantiert.

# Der designierte Guerilla

## Goldene Guerilla-Marketing-Regel Nr. 27:

*Marketing wird nur dann zum Erfolg führen, wenn Sie oder eine von Ihnen bestimmte Person regelmäßig Zeit und Energie darauf verwenden.*

Wenn Sie alles über Guerilla-Marketing wissen, aber keine Zeit haben, sich darum zu kümmern, ist das ganze schöne Wissen für die Katz'.

Einige der Kunden, die ich beraten habe, waren bereit, ihre Ärmel aufzukrempeln und sich an die Arbeit zu machen. Andere wiederum sagten mir, sie bezahlten mich, damit ich ihnen das ganze Marketing vom Hals halte. Sie waren zu beschäftigt mit dem Tagesgeschäft oder dem Rechnungswesen oder der Produktion oder der Technik oder der Administration, um sich auch noch mit Marketing zu befassen. Seine Bedeutung war ihnen wohl bewußt, sie hatten aber schlicht und einfach keine Zeit, um sich damit zu beschäftigen. Beide Arten von Klienten hatten das, worauf es im Marketing ankommt – die Einsicht, daß jemand sich darum kümmern muß, und zwar permanent.

Wir alle wissen, daß Marketing ein bißchen wie Zähneputzen ist. Es ist nicht gerade so, daß es Spaß macht. Aber wenn man es nicht tut, kann man sich auf eine Menge Scherereien gefaßt machen. So ist es auch mit dem Marketing. Wenn Sie es nicht täglich tun, wird der Ärger in Form von geringer oder nichtvorhandener Aufmerksamkeit seitens Ihrer Interessenten nicht lange auf sich warten lassen. So kann man kein Unternehmen führen. Die Firmen, die in ernsthafte Schwierigkeiten geraten, kümmern sich in der Regel nicht ums Marketing und wollen auch niemanden dafür bezahlen, daß er ihre Schäfchen ins Trockene bringt.

Wenn Sie selbst weder Zeit noch Lust haben, um sich mit Schwung, Phantasie und Klugheit Ihrem Verkauf zu widmen, dann sorgen Sie für einen Guerilla-Stellvertreter. Das kann einer Ihrer Angestellten sein oder ein Außenstehender. Es muß nur jemand sein, der Ihr Marketing zu seinem Lebensinhalt macht.

Diese Person sollte über die 100 Guerilla-Marketing-Waffen Bescheid wissen und in der Lage sein, mindestens 70 davon in Ihrem Sinne anzuwenden. Es ist jemand, der sich die Zeit nimmt, um einen leicht verständlichen Marketing-Plan auszuarbeiten. Er muß ein Gespür für Ihre Entwicklung während der nächsten zehn Jahre besitzen, und sich auch mit Leuten ohne jegliche Marketing-Erfahrung verständigen können.

Noch mehr Zeit widmet ein Guerilla-Stellvertreter der Ausarbeitung eines Jahres-Marketing-Kalenders. Ein solcher Kalender funktioniert wie eine Kristallkugel, die Ihnen Aufschlüsse über Ihren künftigen Personalbedarf, Ihre Geschäftsausstattung, Ihre Finanzen und Ihr Marketing erlaubt.

Idealerweise wird Ihr Guerilla-Stellvertreter an Marketing mit Begeisterung, Zuversicht, großer Energie, Freude an der Sache und einem gewissen Killerinstinkt herangehen, wie es sich für einen guten Guerilla gehört. Wenn nicht, suchen Sie sich lieber einen anderen Guerilla.

Vielleicht finden Sie Ihren Guerilla-Stellvertreter in Ihrem Marketing-Direktor. Möglicherweise wird es Ihr Verkaufsleiter sein. Es könnte sich um einen freiberuflichen Marketingberater handeln. Auch Ihr Kundenbetreuer bei einer Werbeagentur könnte diese Funktion übernehmen. Und Sie selbst kommen als designierter Guerilla natürlich auch in Frage. Es ist von untergeordneter Bedeutung, um wen es sich nun tatsächlich handelt; worauf es ankommt, ist, daß er seine Sache gut macht. Wenn nicht, werden Sie viele Gelegenheiten versäumen. Sie werden sich dauernd in der Defensive befinden, statt selbst zum Angriff überzugehen. Und Ihr Unternehmen wird nicht so zur Geltung kommen, wie es ihm gebührt.

Unter den zahlreichen Gründen für Firmenpleiten rangiert die Unfähigkeit zu aggressivem Marketing ganz oben. Wenn so etwas passiert, trägt in jedem Fall der Geschäftsführer dafür die Verantwortung. Der aber war womöglich zu beschäftigt mit anderen Geschäftsbereichen, um dem Marketing seine ungeteilte Aufmerksamkeit zu schenken. Gleichzeitig war er aber auch zu egoistisch, um die Aufgabe an jemand anderen zu delegieren. Oder er hatte einfach die Bedeutung von Marketing nicht voll verstanden und sich wenig Gedanken darüber gemacht.

Wenn hier das Problem liegt, heißt die Lösung: Designieren Sie einen Guerilla. Wie findet man so jemanden? Zuerst versuchen Sie es mit sich selbst. Wenn das keine Lösung ist, sehen Sie sich zuerst unter den Mitarbeitern Ihres Unternehmens um, und zwar unter allen Mitarbeitern. Vielleicht findet sich jemand darunter, dem Sie den richtigen Instinkt und die richtige Persönlichkeit zutrauen.

Fragen Sie die Leute, die in Frage kommen, ob sie sich gerne mit der Planung, Umsetzung und Weiterführung von Marketing-Aktionen beschäftigen würden. Sagen Sie ihnen, worum es dabei geht. Sind sie willens, sich über Marketing weiterzubilden? Die Wissenschaft, die Kunst und das Geschäft des Marketing kann man lernen; niemand wird als Guerilla geboren.

Es gibt Bücher, Seminare, Rundschreiben und Kurse, die einer aufgeschlossenen Person mehr seriöses und relevantes Wissen über Marketing vermitteln können als vier Jahre Studium an einer Universität, wo Taktiken aus grauer Vorzeit für Unternehmen mit Marketing-Budgets in Millionenhöhe unterrichtet werden. Sobald jemand sich nicht mehr vom bloßen Gedanken an Marketing einschüchtern läßt – für viele Leute ist es einfach ein zu nebulöser Begriff – könnte der Gedanke, ein Fünf-Sterne-Guerilla-Stellvertreter zu werden, durchaus attraktiv für ihn sein.

Der Job eines designierten Guerillas ist weder ein Ganztags- noch ein Halbtagsjob. Der Zeitaufwand läßt sich nicht mit herkömmlichen Begriffen definieren. Zeitweise ist es eine Daueraufgabe, manchmal fällt es kaum ins Gewicht.

So oder so ist es ein sehr wichtiger Job, und er erfordert Zeit. Wieviel Zeit? Um das herauszufinden, müssen Sie sich damit beschäftigen. Zu Beginn werden Sie viel zu tun haben, weil die ganze Planung zu bewältigen ist. Während einer laufenden Kampagne wird weniger zu tun sein, wenn die Waffen einmal im Einsatz sind. Und noch weniger Zeit – die aber konstant – muß während der Weiterführung eines Angriffes aufgewendet werden. Diese Zeit wird dann vor allem drei Zielen gewidmet sein:

1. Die Marketing-Aktivitäten unterstützen.
2. Die Marketing-Aktivitäten überwachen.
3. Die Marketing-Aktivitäten verbessern.

Dazu braucht man nicht jeden Tag acht Stunden. Der designierte Guerilla wird einiges an Zeit auf diese Dinge verwenden müssen, er kann aber durchaus gleichzeitig auch eine andere Funktion bekleiden. Wenn er aus den eigenen Reihen kommt, kann es sich ohne weiteres auch um einen Verkäufer, eine Sekretärin oder einen Abteilungsleiter handeln. Diese Person kann ihrer normalen Arbeit nachgehen und gleichzeitig Ihr Marketing ankurbeln und vorantreiben. Sie muß dafür Sorge tragen, daß überhaupt etwas geschieht, und daß alles klappt.

Der Marketing-Guerilla bekleidet eine der wichtigsten Positionen in Ihrem Unternehmen. Wenn Sie selber keiner sind und keinen in Ihrer Firma ausfindig machen können, suchen Sie sich einen Außenstehenden. Um dieser Goldenen Regel gerecht zu werden, müssen Sie darauf achten, daß es sich um eine Person oder eine Agentur handelt, die Ihre Vorstellungen teilt und das Zeug zu einem potentiellen Guerilla hat.

# Strategische Allianzen

## Goldene Guerilla-Marketing-Regel Nr. 28:

*Um Ihren Marketing-Erfolg auch für die Zukunft zu sichern, sollten Sie Ihr Verhalten mehr auf Zusammenarbeit als auf Wettbewerb ausrichten.*

Als Eigentümer eines Unternehmens, das Marketing betreibt, sind Sie im rauhen Wettbewerb da draußen ganz auf sich allein gestellt. Es ist ziemlich kostspielig, so zu arbeiten. Und Ihre Möglichkeiten als Einzelkämpfer sind äußerst begrenzt. Dasselbe gilt für den Service, den Sie anbieten. Das ist keine gute Ausgangsbasis in einer Zeit, in der die Kunden größere Ansprüche stellen als je zuvor. Sie wollen verwöhnt und auf Händen getragen werden.

*Strategische Allianz* lautet Ihre Lösung für die 90er Jahre und danach. Blühende Unternehmen werden nicht mehr die kleinen, unabhängigen Firmen sein, wie sie früher typisch waren. Vielmehr werden es Unternehmen sein, die in gegenseitiger Abhängigkeit vernetzt sind, die einander brauchen und nur gemeinsam florieren können. Das gilt für kleinere ebenso wie für Großunternehmen.

Diese Firmen werden hinsichtlich ihres Know-how, ihres Kapitals, ihrer Mitarbeiter, des angebotenen Dienstes am Kunden und der Art und Weise, wie sie nach außen in Erscheinung treten, voneinander abhängig sein. Diese Abhängigkeit wird die Form von Strategischen Allianzen annehmen. Ziel einer solchen Strategie ist es, *die Gewinne zum wechselseitigen Vorteil zu steigern.*

Im Gegensatz zu anderen Formen der Zusammenarbeit und zu Joint Ventures sind Strategische Allianzen sowohl auf die kurzfristige als auch auf die langfristige Perspektive ausgerichtet. Der tragende Gedanke dabei sind allseitige Gewinne; es geht nicht um »Heirat«.

Wer kommt für Strategischen Allianzen in Frage?

- Lieferanten
- Konkurrenten aus Ihrer eigenen Region

- Konkurrenten aus anderen Regionen
- Unternehmen mit demselben Kundenkreis
- Unternehmen in Ihrer Gemeinde
- Unternehmen in Ihrer Straße
- Heimische Großunternehmen
- Private Investoren
- Ihr Personal
- Ihre Bank
- Ihr Vermieter
- Ihr Rechtsanwalt oder Steuerberater

Der Schlüssel zur Begründung und Aufrechterhaltung Strategischer Allianzen ist eher *Zusammenarbeit* als *Wettbewerb*. Das Ziel des Guerilla ist es dabei, sich ein Netzwerk von Kontaktpersonen, Kollegen und Mitstreitern anzulegen, deren Gewinne sich gemeinsam mit den Ihren steigern lassen.

*Beständiger Erfolg und Wachstum wird in Zukunft durch Teams und nicht durch Einzelkämpfer erreicht.* Die Teams werden eine Stärke und Ausdauer haben, von der die einsamen Wölfe unter den Unternehmern nur träumen können.

Strategische Allianzen verbinden die grundlegenden Bestandteile erfolgreicher Geschäftstätigkeit: Planung, Marketing, Technologie, Geschäftsausstattung, Humankapital und Finanzkapital. Das sind eine Menge Zutaten, es sind daher verschiedene Verbündete vonnöten, um eine schlagkräftige Strategische Allianz zu bilden.

Von Ihren Alliierten werden neue Impulse für Ihr Unternehmen ausgehen. Diese Impulse werden Ihre Kapitalkraft stärken. Wenn Sie also der Ansicht sind, daß eine Strategische Allianz eine Methode ist, um Kapital für Ihr Unternehmen aufzutreiben, liegen Sie richtig. Jeder, der Ihnen diese Mittel zur Verfügung stellt – Banken, private Investoren, Risikokapitalgeber – wird damit schon zu Ihrem Bundesgenossen.

Worauf es dabei immer ankommt, ist *der Erfolg der Allianz.* Wenn sie erfolgreich ist, werden auch die einzelnen eingebundenen kleineren Unternehmen florieren. Mit den richtigen Alliierten können die Erfolgszahlen kleinerer Unternehmen ungeahnte Höhen erreichen.

Marketing-Bündnisse gehören zu den wirkungsvollsten Guerilla-Marketing-Waffen, verkörpern sie doch den Geist einer Strategischen

Allianz in geradezu klassischer Weise. Indem sie mit vereinten Kräften ans Werk gehen, sind die einzelnen Unternehmen in der Lage, ihre Marketing-Präsenz zu steigern und gleichzeitig ihre Kosten zu senken. Kein Wunder, daß Marketing-Bündnisse in Japan so beliebt sind. Nehmen Sie etwa die folgenden Beispiele:

- In Nagoya, Japan, gibt es eine Kooperative, bestehend aus einer Buchhandlung, einem Supermarkt, einem Herrenmodengeschäft, einem Gebrauchtwagenhandel und einem Handel für gebrauchte Motorräder. Welch ein Beispiel für eine Allianz!
- In Osaka zeigt der Zusammenschluß einer Billardhalle, einer Buchhandlung, einer Bowlingbahn, eines Videoladens, eines Photolabors und eines Nudelrestaurants, daß Allianzen nicht immer auf den ersten Blick logisch sein müssen.
- In Hiratsuka gibt es eine Strategische Allianz zwischen einem Autohändler, einem Familienrestaurant, einer Eisdiele und einem Tante-Emma-Laden. Gehen Sie rein, fahren Sie raus – gut gefüttert und bestens versorgt.
- In Tokio haben sich Alliierte zum kombinierten Betrieb eines Fitneßcenters, eines Kosmetiksalons, eines Friseursalons und eines Zahnarztes zusammengefunden. Schauen Sie sich um, und Sie werden die Tankstelle entdecken, die einem Videoshop ihren Regalplatz zur Verfügung stellt, ein Kaffeehaus beherbergt, das wiederum seine Wände einer Kunstgalerie zur Verfügung stellt, und den Platz im Freien an einen Gebrauchtwagenhändler vermietet.
- In den Vereinigten Staaten haben sich die Disney Productions und die Lucasfilm mit großen Fast-Food-Ketten und Soft-Drinks-Herstellern für zahlreiche Werbekampagnen zusammengetan. Solche Allianzen kommen nicht nur für große, bekannte Firmen in Frage. Kooperationen schießen allerorts aus dem Boden wie die Pilze. Nicht wenige von ihnen bestehen aus kleineren Unternehmen.

Diese Beispiele aus Japan gründen sich auf geographische Nähe und den Vorteil geteilter Mietkosten. Das ist aber nicht notwendigerweise der ausschlaggebende Beweggrund, sondern oftmals nur ein Nebeneffekt des Grundsatzes »Zusammenarbeit statt Wettbewerb«. Dieses

Phänomen möchte ich »Partnerismus« nennen und als »die Kombination aller nötigen Voraussetzungen für den Erfolg eines Unternehmens« definieren. Dazu ist es erst einmal erforderlich, *daß Sie jedermann, mit dem Sie geschäftlich zu tun haben, als möglichen Partner in Betracht ziehen – als einen potentiellen Verbündeten für eine Strategische Allianz.* Wenn Sie in der Vergangenheit schlechte Erfahrungen mit Partnerschaften gemacht haben, verbannen Sie diese Erlebnisse aus Ihren Gedanken. Sie haben nichts mit der Zukunft gemeinsam. Partnerschaften kündigen sich allerorts an, und dieser Trend wird bestimmt weiter anhalten. Machen Sie mit.

Sie werden auf Partnerschaften stoßen, die sich als Strategische Allianz, Marketing-Bündnis, Zusammenschluß oder Marketing-Kooperation bezeichnen. Sie werden bemerken, daß selbst Giganten wie Disney und McDonald's, Timex und Kodak, Apple und IBM, Ford und Mazda darauf setzen. Bei den beiden letztgenannten handelt es sich sogar um direkte Konkurrenten! Strategische Allianzen sind als Idee gar nicht so neu. Als Thomas Edison eine Strategische Allianz mit Corning Glass einging, kam der Ball ins Rollen. Oder sollte ich besser sagen, die Glühbirne?

Um mögliche Allianzen für Ihr Unternehmen ausfindig zu machen, müssen Sie auf die acht Hauptkomponenten achten, auf die es dabei ankommt: Marketing, Logistik, Verpackung, Preisniveau, Produktdesign, Verkauf, Service und geographische Nähe. Das sind die Speichen, die alle von einer zentralen Radnabe ausgehen – und gemeinsam eine Strategischen Allianz begründen.

Die Komplexität solch einer Zusammenarbeit gehört zu ihren größten Stärken. *Es ist schwer, sie zu kopieren oder ihr Konkurrenz zu machen* – das ergibt einen automatischen Wettbewerbsvorteil.

Entwickeln Sie ein Gefühl dafür, wie man Partner für vernünftige und potentiell lukrative Strategische Allianzen findet. Mit der Zeit werden sie Ihnen geradezu ins Auge springen, und Sie werden sehen, daß die vielversprechendsten nicht immer die naheliegenden Allianzen sind. Der Phantasie des Guerilla sind in diesem Bereich keine Grenzen gesetzt.

Jeder Guerilla weiß, daß die Zeit reif ist, um sich auf die Suche nach Allianzen zu begeben. Diese Goldene Regel für künftigen Erfolg wird ihm dabei eine Hilfe sein.

**Dritter Teil**
# Goldene Regeln für Ihre Marketing-Unterlagen

# Wettbewerbsvorteile

## Goldene Guerilla-Marketing-Regel Nr. 29:

*Suchen Sie sich Wettbewerbsvorteile, um anschließend Ihr Marketing darauf zu konzentrieren.*

Viele Produkte und Dienstleistungen gleichen einander wie ein Ei dem anderen, sodaß sie sich nur mehr durch ihr Marketing unterscheiden. Sie sind darauf angewiesen, durch flotte Sprüche, Spezialeffekte und verrückte Werbespots neue Kunden zu gewinnen.

Diese Marketing-Kunstgriffe sind ein Armutszeugnis und nur etwas für Leute mit bescheidener Phantasie. Es ist zwar keine Frage, daß diese Hilfsmittel recht nützlich sein können, ein ernstzunehmender Guerilla weiß aber, daß es weit wirkungsvollere Marketing-Waffen gibt.

Zu den wichtigsten dieser Waffen zählen *Wettbewerbsvorteile*. Wenn Ihr Star-Angebot die Gewinne eines Unternehmens verdoppeln kann, auf Glatzköpfen Haare sprießen läßt oder hilft, den idealen Lebenspartner zu finden, haben Sie keine Spezialeffekte nötig. Flotte Sprüche würden hier nur die klare Linie stören. Die einfache Wahrheit genügt, punktum. Warum wild um sich feuern, wenn doch ein gutgezielter Schuß genügt.

Wer weiß, vielleicht haben Sie ja Wettbewerbsvorteile in Hülle und Fülle vorzuweisen. Unmittelbar in Gewinne umwandeln können Sie allerdings nur jene, die sich vermarkten lassen. Sie wirken wie eine Art natürlicher Treibstoff für Ihr Marketing. Ein neuer Werkstoff wird, wenn es sich nicht um einen dramatischen Fortschritt handelt, Ihren Interessenten nur ein gelangweiltes Gähnen entlocken. Aber eine Zahnpasta, die gegen Zahnbelag, Karies und schlechten Atem ankommt, während sie gleichzeitig für weiße Zähne sorgt, kann mit großer Wahrscheinlichkeit erfolgreich vermarktet werden.

Der Grundgedanke dabei ist, Ihre marktfähigen Wettbewerbsvorteile *herauszufinden* und sie dann in Ihrem ganzen Marketing immer wieder *hervorzuheben*. Wenn Sie beim besten Willen keine marktfähigen Wettbewerbsvorteile bei sich entdecken können, müssen Sie sich welche einfallen lassen, indem Sie Ihr Produkt oder Ihre Dienstleistung oder beides entsprechend verbessern.

Der Bereich, in dem man am leichtesten neue Wettbewerbsvorteile schaffen kann, ist der *Dienstleistungssektor*. In meinem Wohnort gibt es eine Unzahl von Gärtnern. Alle verlangen etwa denselben Preis. Warum habe ich dann aber zu Gonzales Silent Gardening gewechselt? Weil die sich darauf spezialisiert haben, die Gartenarbeit leise und ohne Zuhilfenahme lärmender Geräte zu erledigen. Das ist ein bedeutender Vorzug für meine Frau und mich. Kein Lärm stört mich beim Schreiben, während Gonzales hart arbeitet. Meine Frau kann länger schlafen, selbst wenn der Gärtner gerade direkt unter dem Schlafzimmerfenster werkt. Dieser Wettbewerbsvorteil hat unseren Gefallen gefunden, und so haben sie uns als Kunden gewonnen.

Gonzales hat die örtliche Konkurrenz genau analysiert, sich anschließend seinen Wettbewerbsvorteil ausgedacht und damit geworben. Genau diese Vorgehensweise empfehle ich Ihnen auch.

- Wenn Sie eine chemische Reinigung betreiben, bieten Sie Abholung und Zustellung an.
- Wenn Sie einen Babysitter-Service haben, bieten Sie biologische Nahrung statt der üblichen Mahlzeiten an.
- Wenn Sie Geschenkkörbe verkaufen, lassen Sie die Leute ihren Korb selbst zusammenstellen und sie dabei aus einer großen Palette von Geschenkartikeln auswählen.
- Wenn Sie Computer-Hardware verkaufen, bieten Sie eine Ein-Jahres-Garantie mit regelmäßigen Überprüfungen als Teil des Gesamtpakets an.
- Wenn Sie als freiberuflicher Steuerberater arbeiten, bieten Sie die Steuererklärung um 500 Mark an, wobei sie für Ihre ganzjährigen Kunden gratis ist.

Sie sehen also, daß Wettbewerbsvorteile Ihnen ein Extra als i-Tüpfelchen abverlangen. Das kann durch eine Wertsteigerung des Angebotes, durch einen besonderen Aufwand oder durch eine kostenlose Leistung erfolgen. Investitionen in Wettbewerbsvorteile zählen in der

Regel zu den klügsten Investitionen, die ein Unternehmen überhaupt tätigen kann.

Schauen Sie sich an, was Ihre Konkurrenten anbieten. Machen Sie einen Probekauf bei ihnen, wenn das möglich ist. Halten Sie die Augen offen nach Mitteln und Wegen, um sie zu überflügeln, besonders im Servicebereich. Vielleicht können Sie kürzere Lieferzeiten, Service an Ort und Stelle, Geschenkverpackungen, intensivere Betreuung, Wartung, Installation, eine längere Garantie, einen Extra-Service, Training, Versand oder kostenlose Handbücher anbieten. Der Phantasie sind keine Grenzen gesetzt. Jede Idee kann Ihnen ein Vermögen einbringen.

Vielleicht haben Sie ja auch bereits einen Wettbewerbsvorteil, den Sie nur noch nicht als solchen erkannt haben. So wie eine große Zigarettenfabrik in den 30er Jahren. Ein Werbetexter besichtigte das Fabrikgelände von Lucky Strike. Als er einen großen, heißen Raum voller Tabak betrat, fragte er seinen Führer, was in diesem Raum geschehe.

»Nichts von Bedeutung, das ist unser ›toasting room‹« lautete die Antwort. »Haben alle Zigarettenerzeuger solche Röst-Hallen?« fragte der gerissene Werbetexter weiter. »Aber sicher, alle.« lautete die Antwort.

Aber keine andere Firma vermarktete diese Tatsache. Der Texter schlug vor, daß auf allen Lucky-Strike-Packungen und -Anzeigen der Spruch »It's toasted!« stehen solle. Der Marketing-Direktor gab seine Zustimmung. Bald darauf wurde die Zigarettenmarke zur Nummer eins in Amerika – unter Verwendung eines Wettbewerbsvorteils, der von der Konkurrenz nicht als solcher erkannt worden war – ja bislang nicht einmal von ihnen selbst.

Solche Geschichten sind Legion. Wichtig ist, daß Sie Ihren Wettbewerbsvorteil herausfinden, oder sich einen einfallen lassen, um dann auf dieser Welle zum Sieg zu reiten.

Beispiele für Firmen, die nicht auf ihre Wettbewerbsvorteile vertrauen, gibt es viele. Sie haben das schnellste, leiseste oder energiesparendste Produkt, und trotzdem reden sie in ihrem Marketing ständig nur vom Preis oder vom Design. Über Preis und Stil kann ja wirklich *jeder* reden. Aber nur einer kann der schnellste, der leiseste oder der energiesparendste sein.

Wegen des enormen Wirrwarrs, das Marketing-Botschaften in der Regel auszeichnet, bin ich versucht, Ihnen anzuraten, sich ausschließlich auf Ihre Wettbewerbsvorteile zu konzentrieren, und auf sonst nichts. Andererseits gibt es daneben noch ein paar weitere Punkte, die Erwähnung im Marketing verdienen.

Wenn Sie einmal den überzeugendsten Ihrer Wettbewerbsvorteile herausgefunden haben, überlegen Sie sich, wie Sie dieses Verkaufsargument in Ihren Anzeigen, Prospekten, Mailings, Werbespots, Videos, Verkaufsvorführungen und in Ihrem Telefonmarketing gut ins Bild rücken können. Das Auswahlverfahren sollte Ihre Wettbewerbsvorteile nach fünf Maßstäben beurteilen: Klarheit, Einzigartigkeit, Bedarf, Glaubwürdigkeit und Motivation. Die fünf Fragen, die Sie sich stellen müssen, lauten:

1. Wird mein Zielmarkt das als Vorzug empfinden?
2. Unterscheide ich mich vom Angebot meiner Konkurrenz?
3. Haben die Leute einen echten Vorteil davon?
4. Wird man meiner Darstellung dieses Vorteils Glauben schenken?
5. Führt dieser Vorteil dazu, es jetzt oder in Kürze zu kaufen?

Wenn Sie nicht auf alle fünf Fragen mit einem volltönenden »Ja« antworten können, suchen Sie sich lieber einen anderen Wettbewerbsvorteil, auf den Sie Ihr Marketing aufbauen können.

Weil Sie Ihr ganzes Gewicht auf diesen Wettbewerbsvorteil legen, müssen Sie absolut sicher sein, daß er wirklich zugkräftig ist. Kleine Guerilla-Unternehmen haben den Großunternehmen in diesem Bereich einiges voraus, weil ihre Flexibilität es ihnen ermöglicht, sich rasch Servicevorteile einfallen zu lassen. So kann man sich profitable Marktnischen einrichten. Große Guerilla-Unternehmen wiederum haben durch ihre finanzielle Muskelkraft einen Trumpf, weil sie so immer wieder Produktvorteile entwickeln können. Sie wissen ja, daß eine Investition in einen marktfähigen Produktvorteil Teil des Marketingbudgets ist, und daß das eine kluge Geldanlage ist.

Obwohl viele Produkte und Dienstleistungen sich auf den ersten Blick stark ähneln, entdeckt ein Guerilla doch immer wieder Verschiedenheiten. Er entscheidet sich, welche dieser Unterschiede echte Wettbewerbsvorteile darstellen. Im unwahrscheinlichen Fall, daß die Angebote tatsächlich beinahe identisch sind, läßt sich der Guerilla Unterschiede einfallen, die zu klaren Wettbewerbsvorteilen führen. Und schließlich wendet der Guerilla diese Goldene Regel auf sein gesamtes Marketing an.

# Die Macht der Überschrift

## Goldene Guerilla-Marketing-Regel Nr. 30:

*Wenn Sie zehn Stunden Zeit haben, um eine Anzeige zu entwerfen, verwenden Sie neun davon auf die Überschrift.*

Die Entscheidung, ob jemand sich die Mühe macht, Ihre Anzeige in einer Zeitung oder Zeitschrift zu lesen, oder ob er sie überblättert, fällt in erster Linie aufgrund der Überschrift. Der Rest Ihrer Anzeige kann hervorragend sein, aber wenn die Überschrift schwach ist, dann haben Sie einen groben Marketing-Schnitzer gemacht.

Guerillas sind ihren Konkurrenten immer eine Nasenlänge voraus, weil sie sich der aktuellsten Informationen und der neuesten Technologie bedienen. Dennoch vergessen sie nie das kleine Einmaleins des Marketing. Für Anzeigen, Prospekte, Aufkleber, Direktmailings und eine Reihe von anderen Marketing-Waffen gilt, daß die Überschrift ausschlaggebend ist für den Eindruck, den Sie hinterlassen – und dafür, ob Sie auf Aufmerksamkeit oder auf Desinteresse stoßen. Die Überschrift ist Ihre wichtigste Mitteilung an die Interessenten.

Auf die Überschriften kommt es bei der Gestaltung von Inseraten in Zeitungen, Zeitschriften und Prospekten an. Ein Einleitungssatz kann unter Umständen ebenso wichtig sein wie eine Überschrift – allerdings in anderen Medien: in der Radiowerbung, bei Fernsehspots, in Werbebriefen, beim Telefonmarketing und so weiter. Für beide gilt jedoch dieselbe Grundregel: Sie haben nur drei Sekunden Zeit, um die Aufmerksamkeit Ihres Zuschauers oder Zuhörers auf sich zu lenken. Entweder es gelingt Ihnen in dieser Zeit oder gar nicht.

Im Marketing gibt es immer zahlreiche Ausnahmen, wie Sie auch an den folgenden Regeln bemerken werden. Sie können aber gar nichts falsch machen, wenn Sie sich auf Ihre vier Buchstaben setzen und lernen, wie man zugkräftige Überschriften gestaltet.

Wenn man als Guerilla die Geschichte des modernen Marketing bis zu seinen Ursprüngen zurückverfolgt, stößt man auf einige uralte

Rezepte, wie man Überschriften formuliert. Sie haben auch heute noch Gültigkeit. Nachfolgend finden Sie 20 Tips und Tricks für Ihre künftigen Überschriften, die auf diesen Rezepten beruhen:

1.  Halten Sie sich vor Augen, daß Ihre Überschrift entweder *eine Idee vermitteln oder den Leser soweit fesseln muß, daß er weiterlesen möchte.*
2.  Sprechen Sie den Leser *direkt* an, jeden Leser als Einzelperson, selbst wenn 20 Millionen Menschen Ihre Überschrift lesen werden.
3.  Gestalten Sie Ihre Überschrift im Stil von Zeitungs-Schlagzeilen.
4.  Verwenden Sie Worte, die nach einer Ankündigung klingen.
5.  Probieren Sie einmal Überschriften aus, die mit »Wir geben bekannt:« beginnen.
6.  Probieren Sie Überschriften aus, die mit dem Wort »Neu« beginnen.
7.  Verwenden Sie in Ihrer Überschrift Zeitangaben.
8.  Führen Sie den Preis – sofern er ein Verkaufsargument ist – in Ihrer Überschrift an. Es muß nicht notwendigerweise ein besonders niedriger Preis sein, um die Anzeige zum Erfolg werden zu lassen.
9.  Stellen Sie Ratenzahlungen in den Vordergrund.
10. Kündigen Sie ein Gratis-Angebot an.
11. Kündigen Sie eine interessante Information an.
12. Erzählen Sie den Anfang einer Geschichte.
13. Beginnen Sie Ihre Überschrift mit den Worten: »Wie Sie …«
14. Beginnen Sie Ihre Überschrift mit Worten wie »Warum«, »Wie«, »Welcher«, »Sie« oder »Das«.
15. Beginnen Sie Ihre Überschrift mit »Tip:«.
16. Bauen Sie die Referenzaussage eines zufriedenen Kunden in die Überschrift ein.
17. Bieten Sie dem Leser einen Test an.
18. Verwenden Sie eine Überschrift, die aus einem einzigen Wort besteht.
19. Warnen Sie den Leser, nicht zu lange mit dem Kauf zu warten.
20. Richten Sie Ihre Überschrift an eine bestimmte Person. (Erinnern Sie sich an die Geschichte, als ich meinen ersten Geschäftsanzug brauchte? Jeden Tag gibt es eine Reihe von Leuten, die sich gerade heute vorgenommen haben, das zu kaufen, was Sie anbieten.)

Fest steht, daß Ihr Leser weiterblättern wird, wenn es Ihnen nicht gelingt, ihn mit Ihrer Überschrift festzuhalten. Was für eine Verschwendung! Sie hatten die richtige Einstellung, weil Sie bereit waren, in Ihr Marketing zu investieren. Aber Sie haben Ihr Geld schlecht angelegt, weil Sie nicht in der Lage waren, eine grundlegende Komponente Ihres Marketing richtig einzuschätzen.

Viele Unternehmen verfügen zwar über bemerkenswert aufwendige Computer-Systeme, auf der anderen Seite werfen sie mit erbärmlich ungeschickten Überschriften ihr Marketing-Geld zum Fenster raus. Überschriften und Einleitungssätze sind *Ihr erstes Band zu Ihren Interessenten*. Dabei müssen Sie einer der folgenden zwei Aufgaben gerecht werden: (1) Ein Angebot unterbreiten, das direkt zum Kauf führt, oder (2) das Interesse des Lesers soweit zu wecken, daß er mehr darüber erfahren möchte. Genauso wichtig wie das, *was* Sie sagen, ist dabei die Art und Weise, *wie* Sie es zum Ausdruck bringen.

Langweilige und verklausulierte Überschriften sabotieren immer wieder interessante Inhalte und ansprechende Bilder. Phantastische Angebote werden vom Publikum nicht wahrgenommen, weil die Überschrift nicht gut war. Es gibt in jeder Ausgabe jeder Zeitung weit mehr schlechte als gute Überschriften.

Unter solchen Bedingungen gedeihen Guerillas ganz prächtig. Sie überlegen sich Überschriften, die die Aufmerksamkeit auf keinen Fall vom eigentlichen Zweck der Anzeige ablenken. Ihre Überschriften werden beachtet, beeindrucken die Leserschaft, lösen Reaktionen aus, und werfen so schließlich Gewinne ab.

Obwohl ein Unternehmen wohl nie durch gute Überschriften allein zu Ansehen und Größe gelangt, wird sein Wachstum ohne diese Hilfe deutlich langsamer ausfallen. Somit zählt die Beschäftigung mit Ihren Überschriften zu Ihren wichtigsten Aktivitäten.

Um sich einen besseren Eindruck von der Wirkung ihrer Überschriften zu machen, kleben Guerillas Entwürfe ihrer Anzeigen, komplett mit Überschrift (aber nicht notwendigerweise den ganzen Text) in ihre Tageszeitung ein. So können sie ihr Inserat unmittelbar vor dem Hintergrund der anderen Schlagzeilen in der Zeitung vergleichen und seine Stärken und Schwächen besser beurteilen.

Der zusätzliche Zeitaufwand und die zusätzlichen Mittel, die das erfordert – und es bedarf von beidem keineswegs besonders viel – sind eine sinnvolle Investition. Sie wird Ihnen helfen, sich an diese Goldene Regel von der ehrfurchtgebietenden Macht der Überschrift zu halten.

# Magische und tragische Worte

## Goldene Guerilla-Marketing-Regel Nr. 31:

*Die richtigen Worte können einer guten Idee zum Erfolg verhelfen;
die falschen Worte können eine gute Idee zum Scheitern bringen.*

Jedermann weiß, daß eine gute Idee auch in die richtigen Worte geklei-
det werden muß. Aber nicht jeder kennt diese Zauberworte. Guerillas
erweitern Jahr für Jahr ihren Sprachschatz. Wenn Sie Ihr Marketing-
Vokabular um die richtigen magischen Worte bereichern, könnte es
sein, daß Ihre Bilanz bald magische Zahlen aufweist.

Guerilla-Marketing dreht sich nicht nur um die Inhalte, die Sie
mit Ihrem Marketing zum Ausdruck bringen wollen. Ganz entscheidend ist auch, *wie* Sie das tun. Wenn Sie die richtigen Dinge mit den
falschen Worten ausdrücken, so ist das Zeit- und Geldverschwendung. Ganz zu schweigen von Ihrem eigenen Verdruß, denn es handelt sich um einen leicht vermeidbaren Fehler.

Einer der faszinierendsten Aspekte dieser Zauberworte ist ihre *Beständigkeit.* Marketing-Leute mit einer guten Nase bedienen sich dieser Worte schon seit der Jahrhundertwende. Die meisten wurden seit
dem Tag, an dem das Marketing erfunden wurde, im täglichen Gebrauch erprobt und haben sich immer wieder bewährt. Dennoch
haben sie bis zum heutigen Tag nichts von ihrem Zauber verloren.
»Ich liebe dich« wird niemals abgedroschen klingen.

Bestimmte Wörter haben die Macht, Interessenten anzusprechen
und ihre Gedanken in die richtige Richtung zu lenken. Andere Worte
wiederum können Interessenten abschrecken und Assoziationen in
Gang setzen, die schlecht sind fürs Geschäft.

Als Guerilla wissen Sie, daß es nicht darauf ankommt, ob Sie
diese Worte tatsächlich verwenden oder nicht. Wichtig ist allein,
daß Sie ein *eingebautes Alarmsystem* für die magischen und die tragischen Worte haben. Dieses System muß jedesmal einen schrillen
Alarm in Ihrem Kopf auslösen, sobald Sie in Ihrem Marketing auf

eines der tragischen Worte stoßen. Es muß auch auf das gänzliche Fehlen der magischen Worte reagieren. Es ist schon möglich, starke Marketing-Texte auch ohne Verwendung solcher Zauberworte zu schreiben. Aber ist es nicht auch möglich, auf den Knien von Berlin nach München zu rutschen? Warum sich die Mühe machen, wenn es einfachere Wege gibt, um dahin zu kommen, wo Sie hinwollen?

In meinem ersten Band »Guerilla Marketing« habe ich bereits einige dieser Zauberworte angeführt. Die Liste ist in der Zwischenzeit angewachsen, weil andere Guerillas ihre Erkenntnisse beigesteuert haben. Zur Zeit lauten die magischen Worte in der Reihenfolge ihrer Bedeutung folgendermaßen:

| | | |
|---|---|---|
| GRATIS | LIEBE | ZUVERLÄSSIG |
| NEU | VORZÜGE | RECHT |
| SIE | ALTERNATIVE | SICHERHEIT |
| AUSVERKAUF | JETZT | GEWINN |
| NEUEINFÜHRUNG | GEWINNEN SIE | SPASS |
| SPAREN SIE | VORTEIL | WERT |
| GELD | GLÜCKLICH | RAT |
| ENTDECKEN SIE | VERTRAUENSWÜRDIG | GESUCHT |
| ERGEBNISSE | GUTAUSSEHEND | WIR GEBEN BEKANNT |
| LEICHT | BEQUEM | IHR |
| NACHWEISLICH | STOLZ | LEUTE |
| GARANTIERT | GESUND | WARUM |

Diese Begriffe vermitteln weit mehr als die bloße Bedeutung der einzelnen Worte. *Setzen Sie sie ein.* Verwenden Sie sie in Ihren Anzeigen, in Ihren Prospekten, auf Ihren Aufklebern, in Ihren Briefen, bei Ihrem Telefonmarketing, wo immer Sie können. Sie sagen das, was die Leute gerne hören. Sie bringen die Leute dazu, weiterzulesen. Sie bieten Dinge an, die die Leute suchen.

Wo es magische Worte gibt, die Ihnen den Weg zum Ziel verkürzen, gibt es auch tragische Worte, die Ihnen einen Rückschlag versetzen. Vermeiden Sie die Verwendung dieser Kundenschreck-Worte. Natürlich werden diese Begriffe tagtäglich von Unternehmen verwendet. Nicht-Guerillas können ein Lied davon singen, was ein Mißerfolg im Marketing bedeutet. Nur wenige von ihnen wissen aber, daß oft ein kleines Wörtchen den Ausschlag gibt.

Um sich also nicht des Wortmißbrauches schuldig zu machen, seien Sie auf der Hut vor den folgenden tragischen Worten:

| | | |
|---|---|---|
| KAUFEN | KOMPLIZIERT | TOD |
| VERPFLICHTUNG | FALSCH | BESTELLUNG |
| FEHLER | ENTSCHEIDUNG | VERSAGEN |
| SCHLECHT | GESCHÄFT | KOSTEN |
| VERKAUFEN | HAFTUNG | SORGE |
| VERLUST | SCHWIERIG | VERTRAG |

Auch diese Worte sind im Sprachgebrauch wirkungsvoller als die meisten anderen. Sie sorgen dafür, daß die Leser ihr Interesse verlieren und zu lesen aufhören. Sie können Ihre ganzen Marketing-Bemühungen zunichte machen.

Bei den magischen Worten handelt es sich nicht notwendigerweise um ausgesprochene Marketing-Begriffe. Sie sollten aber eingesetzt werden, wo immer es geht. Gemeinsam mit anderen Worten, die eine Vorstellung über Ihre Firma vermitteln, geben die Zauberworte Ihrem Marketing neuen Schwung.

In der Praxis und in der Marktforschung hat sich herausgestellt, daß dies die suggestivsten Wörter der deutschen Sprache sind. Eine Untersuchung von 100 bekannten, erfolgreichen Überschriften ist voll von diesen Wörtern. Ich wage vorauszusagen, daß auch »rasch« sehr bald auf dieser Liste zu finden sein wird.

Es gibt auch magische Redewendungen, die die Kraft haben, bei den Leuten ein Kaufbedürfnis hervorzurufen. Dazu gehören etwa »zeitlich begrenztes Angebot«, »50% Preisnachlaß«, »Haareschneiden & Shampoo DM 10,–«, »maßgefertigt«, »nur diesen Monat«, »begrenzter Vorrat«, und viele andere, die Ihnen bestimmt ein Begriff sind. Und denken Sie immer daran, daß das angenehmste Wort in jeder Sprache der eigene Name des Lesers ist. Ihn hört man am allerliebsten, mit ihm erzielt man die höchste Aufmerksamkeit. Es ist kaum vorstellbar, daß solch ein Wort sich jemals abnutzen könnte.

Beim Marketing geht es nicht darum, aus Gründen der Originalität die magischen Worte zu meiden. Vielmehr sollte man sie wegen ihrer Zugkraft und ihrer erwiesenen Tauglichkeit zur Gewinnmaximierung so oft wie irgend möglich einsetzen. Das Schlüsselwort in diesem letzten Satz lautet »erwiesen«, denn darauf kommt es an.

Zweifellos gibt es in unserer Sprache noch weitaus schönere Wörter. Schönheit im Sinne von Marketing bezieht sich aber ausschließlich auf das Erscheinungsbild Ihrer Bilanz.

Ein Guerilla, der geschäftlich erfolgreich bleiben möchte, sollte stets die Augen nach neuen Zauberworten offenhalten. Sie werden ihnen nicht sofort ins Auge springen, aber mit der Zeit werden Sie den Blick dafür entwickeln – vorausgesetzt, Sie fangen gleich heute mit dem Training an. Führen Sie eine Liste mit all jenen Worten, die Sie besonders ansprechend oder verführerisch finden.

Im Marketing gibt es nicht viele Dinge, die wirklich Erfolg garantieren. Es kommt vor, daß eine Sache eine Zeitlang gut funktioniert hat, aber keine bleibende Kraft entwickelt. Im Marketing wimmelt es nur so von Wörtern, die längst den Geist aufgegeben haben. Das passiert etwa mit Modewörtern, die sehr vergänglich sind. Trends und Moden haben die lästige Eigenart einer kurzen Lebensdauer. Gemeinsam mit ihnen muß in vielen Fällen teures Marketing zu Grabe getragen werden.

Wann immer Sie die Möglichkeit haben, mit Methoden zu arbeiten, die sich *nachweislich über lange Zeiträume im Marketing bewährt haben* – und, glauben Sie mir, davon gibt es nicht allzu viele – packen Sie die Gelegenheit beim Schopf. Magie ist eine seltene Eigenschaft im Marketing. Sie sollten davon Gebrauch machen, soft Sie nur können. Anstatt »Vertrag« kann man etwa genausogut »Vereinbarung« sagen. Und es gibt diese Goldene Regel, die Ihnen das sehr ans Herz legt.

# Menschlichkeit im Marketing

## Goldene Guerilla-Marketing-Regel Nr. 32:

*Halten Sie sich stets vor Augen, daß jede Ihrer Zielpersonen in erster Linie ein Mensch ist, und erst dann ein Kunde.*

Als Guerilla muß man wissen, daß es von entscheidender Bedeutung ist, zuerst eine persönliche Beziehung aufzubauen, bevor eine dauerhafte geschäftliche Verbindung entstehen kann. Es gibt eine ganze Reihe von Guerilla-Marketing-Waffen, die geeignet sind, jene unpersönliche Atmosphäre zu vermeiden, die als unerfreulicher Nebeneffekt des Computerzeitalters im Geschäftsleben um sich greift. So können Sie mehr Menschlichkeit in Ihr Marketing und mehr Gewinne in Ihre Kasse bringen.

Im direkten Kundenkontakt können Sie das am besten durch ein charmantes Lächeln und direkten Augenkontakt erreichen. Überlegen Sie sich Mittel und Wege, um die betreffende Person so oft als möglich mit ihrem Namen anzusprechen. Das wirkt persönlich. Das wirkt anheimelnd. Die Person fühlt sich wohl. Und Wohlbehagen läßt sich in hohe Gewinne umsetzen.

Es versteht sich von selbst, daß Sie dieses Verhalten auch auf Messen beibehalten sollten, egal ob Sie daran als Aussteller oder als Besucher teilnehmen. Messeempfänge für wichtige Kunden und Interessenten bieten eine hervorragende Gelegenheit, um den persönlichen Kontakt aufzufrischen.

Wie sich Ihr Unternehmen am Telefon präsentiert, kann Ihre Kunden und Interessenten anziehen oder abstoßen. Wenn es sich gar nicht vermeiden läßt, einen Anruf auf Warteleitung zu legen, dann spielen Sie Ihrem Anrufer wenigstens gute Musik und interessante Neuigkeiten über Ihre Firma vor, vorzugsweise Sonderangebote oder Neuheiten aus Ihrem Programm. Solche Bandtexte können bis zu zwei Minuten lang sein. Sind die Informationen interessant, werden die Anrufer nicht auflegen. Und vergessen Sie nicht, sich für deren Geduld zu bedanken.

Müssen Sie Ihre Anrufer länger als zwei Minuten warten lassen – wenn es soweit kommt, verdienen Sie die Bezeichnung »Guerilla« eigentlich nicht mehr – installieren Sie ein Telefonsystem, das Ihre Anrufe schnell und freundlich umleitet. Lassen Sie niemanden ohne Erklärung warten, mit dem lähmenden Gefühl, nicht beachtet zu werden.

Ihr Kundenkontakt muß darauf ausgerichtet sein, den Bedürfnissen des Kunden gerecht zu werden und seine kostbare Zeit zu achten. Eine gute Möglichkeit, die persönliche Bindung zu stärken, besteht darin, die Kaufformalitäten so einfach wie möglich zu gestalten. Es muß ganz leicht sein, bei Ihnen zu kaufen.

Akzeptieren Sie alle Kreditkarten. Bieten Sie Teilzahlungspläne an. Garantieren Sie Lieferung innerhalb eines Tages. Richten Sie ein telefonisches Bestellsystem ein. Schulen Sie kontinuierlich Ihre Verkaufsmitarbeiter. Wenn Ihnen an Ihrem Marketing etwas liegt, sollten solche Trainingsmaßnahmen regelmäßig jede Woche stattfinden. Nur so stellen Sie sicher, daß Ihr Verkaufs- und Servicepersonal sich klar ausdrückt, ein sympathisches Auftreten an den Tag legt und die Identität Ihres Unternehmens überzeugend zum Ausdruck bringt.

Ihre Interessenten kaufen in erster Linie die Personen, mit denen sie zu tun haben, und erst in zweiter Linie Ihr Produkt oder Ihre Dienstleistung. Eine freundliche Verbindlichkeit bringt etwas Wärme in nüchterne Geschäftstransaktionen. Und es ermuntert Kunden, zu Stammkunden zu werden und eifrig Mundpropaganda für Ihr Unternehmen zu machen.

Mehr Menschlichkeit erreicht man auch durch Fragenstellen, aufmerksames Zuhören bei den Antworten, die richtige innere Einstellung, kostenlose Information in Form von Prospekten, Rundschreiben, Videokassetten, dem ganzen Arsenal der Guerilla-Marketing-Waffen eben.

Auch in Ihren schriftlichen Marketing-Plan sollten Wärme und Menschlichkeit Eingang finden. Dieser Plan enthält eine Beschreibung Ihrer Identität, nicht eines künstlichen Images, sondern Ihres wahren Selbstverständnisses. Ihre Mitarbeiter sollten diesen Marketing-Plan ebenfalls lesen – kein Problem bei einem Guerilla-Plan, der aus nur sieben Sätzen besteht –, so daß sie sich mit Ihrem Ziel einer menschlichen Betreuung identifizieren können. Gehen Sie Ihrerseits mit den Mitarbeitern so um, wie Sie sich wünschen, daß diese Ihre Kunden behandeln. Ein gutes Betriebsklima wirkt anstekkend auf alle Bereiche Ihres Unternehmens.

Solch eine Geisteshaltung kostet Sie keinen Pfennig und ist trotzdem eine Marketing-Waffe. Dasselbe gilt für die Begeisterung, die von Ihren Mitarbeitern zur Schau getragen wird, eine weitere kostenlose und äußerst wirkungsvolle Waffe. Lassen Sie alle Ihre Mitarbeiter an der Erkenntnis teilhaben, daß Public Relations einfach menschliche Beziehungen in ihrer höchsten Form sind.

Bedenken Sie, daß wir gerade im Begriff sind, die alte, kalte Welt der Massenkommunikation zu verlassen, um in die neue, warme Sphäre der Direktwerbung einzutreten. Sie sollten sich darauf konzentrieren, nicht *jedem alles* zu sagen, sondern lieber *jemandem etwas* zu sagen. Je mehr Sie Marketing als Vorgang zwischen einzelnen Personen betrachten und nicht als Massenverkauf, desto mehr Menschlichkeit wird in Ihrem Marketing zum Ausdruck kommen. Und immer höhere Gewinne werden sich auf Ihrem Bankkonto ansammeln.

Um mehr Menschlichkeit in Ihr Marketing zu bringen, müssen Sie zum Experten werden. Experte wofür? Experte für Ihre Kunden, deren Bedürfnisse, Probleme, Wünsche, Ziele, ja sogar deren persönliche Vorlieben und Abneigungen. Glauben Sie mir, Ihre Kunden werden es Ihnen danken, wenn Sie sie wie menschliche Wesen statt wie Angehörige einer demographischen Kategorie behandeln.

Ihr Interesse sollte im selben Maße den Wünschen Ihrer Kunden wie Ihren eigenen gelten. Es ist also Ihre Aufgabe, dauerhafte Beziehungen aufzubauen und das Vertrauen Ihrer Interessenten zu gewinnen. Je individueller Sie Ihr Marketing gestalten und je weniger Sie es standardisieren, desto besser wird es dieser Aufgabe gerecht werden. Richten Sie Ihr Marketing sogar stärker nach den Bedürfnissen Ihrer Kunden und Interessenten als nach Ihren eigenen aus. Das ist wahre Menschlichkeit.

Werden Ihre Kunden und Interessenten von einer solchen Haltung Notiz nehmen? Würde es Ihnen nicht auffallen, wenn irgendein Unternehmen beginnen würde, Sie mehr als Menschen denn als

Profitquelle zu behandeln? Weil es nur wenige gibt, die das zuwege bringen, wird Ihr Unternehmen die Konkurrenz weit hinter sich lassen, wenn Ihr Marketing mit Menschlichkeit veredelt ist.

Menschlichkeit hat nichts mit Schmeichelei, leeren Komplimenten oder Süßholzraspeln zu tun. Sie entspringt dem Wunsch, zu helfen und für Ihre Kunden das zu wollen, was diese selbst sich wünschen. Dabei tritt ein erstaunlicher Nebeneffekt auf. Je mehr Sie Ihre Kunden dazu bringen, über sich selbst zu reden, desto mehr werden sie erzählen und desto mehr werden Sie über ihre wahren Bedürfnisse herausfinden.

Ihr Ziel als Guerilla muß es sein, daß man Sie mag, Ihnen vertraut, Ihnen glaubt und sich auf Sie verläßt. Fraglos wird ein weiteres Ziel sein, mit Ihrem Unternehmen solide Gewinne zu erzielen. In den kommenden Jahrzehnten können Sie dieses Ziel am besten dann erreichen, wenn Ihr Unternehmen ein Gewinn für die Kunden ist. So können Sie mit Ihren Kunden mitwachsen. Das ist die gesündeste Art von Wachstum im Geschäftsleben.

Ihre Verkaufsmitarbeiter sollten Sie verstärkt nach der Fähigkeit auswählen, menschliche Kontakte zu knüpfen, und weniger danach, wieviele Verkaufsabschlüsse sie tätigen. Das Talent, sich Freunde zu schaffen, ist wichtiger als jenes, perfekte Präsentationen halten zu können. Natürlich müssen auch die üblichen Verkaufstechniken beherrscht werden, aber ihre Menschenkenntnis wird der wahre Schlüssel zum Erfolg sein. Der ehrliche Wunsch, die Kunden *auf persönlicher Ebene* besser kennenzulernen, wird ihnen zu höheren Umsätzen verhelfen als das schönste Diagramm oder die beste Verkaufsförderung. Je näher das dritte Jahrtausend rückt, desto mehr und mehr wird die Menschlichkeit ihren Siegeszug im Marketing antreten. Die Guerillas, die ihr Marketing bereits jetzt nach dieser Goldenen Regel gestalten, werden den Trend anführen und nicht erst auf einen fahrenden Zug aufspringen müssen.

# Humor im Marketing

## Goldene Guerilla-Marketing-Regel Nr. 33:

*Vermeiden Sie Humor, sofern er sich nicht unmittelbar auf Ihr Angebot bezieht; er darf auf keinen Fall von Ihren Inhalten ablenken.*

Wenn Sie Werbung für ein Kabarett, für ein humorvolles Buch, einen Komiker oder ein Witzblatt machen, könnte Humor genau das Richtige für Ihr Marketing sein – die Leute werden sich an den Witz Ihres Marketings erinnern. Das wollen Sie in diesen besonderen Fällen ja auch erreichen.

Wenn Sie hingegen andere Dinge verkaufen, dann kann sich Humor – solange es sich nicht um niedrigpreisige Artikel wie etwa Kaugummi, Bonbons, Spielzeug, einen lustigen Film oder einen kleinen Snack handelt – als kontraproduktiv erweisen. Er wird Interesse und Aufmerksamkeit von Ihrem Produkt oder Ihrer Dienstleistung ablenken. So sind die Menschen nun mal: Sie lassen sich unterhalten und vergessen darüber den Inhalt, um den es eigentlich geht. Die Wahrscheinlichkeit, daß auch Ihr Produkt oder Ihre Dienstleistung noch in Erinnerung bleiben, ist äußerst gering.

Allzu viele kreative Leute im Marketing befinden sich in dem Irrglauben, daß Werbung lustig sein und die Leute zum Lachen bringen soll. Eine ganze Reihe von Marketing-Direktoren beten am Altar der Schlagfertigkeit. Ihr Verstand setzt dabei aus.

Das Ergebnis sind viele der heutigen Werbespots in Radio und Fernsehen, ein Gutteil der Zeitungsanzeigen und sogar der Prospekte, die eher witzig als wirkungsvoll sind. Es stimmt schon, daß den Leuten so etwas gefällt. Dieses Wohlbehagen wird aber nicht notwendigerweise mit Ihrer Firma in Verbindung gebracht. Das Unternehmen verschwindet hinter dem Witz seiner Werbebotschaft.

Noch schwerer wiegt die Tatsache, daß der beste Witz nicht besonders lustig ist, wenn man ihn ständig wiederholt. Wie oft macht es Ihnen Spaß, ein und denselben Witz zu hören? Und trotzdem geben durchaus kultivierte Firmen kleine Vermögen für Fernseh- und Radio-Werbe-Kampagnen aus, die beim ersten Mal lustig sind, beim zweiten Mal immer noch amüsant, beim dritten Mal bereits ein großes Gähnen ernten, und einem jedes weitere Mal gewaltig auf die Nerven gehen.

Wiederholung ist unentbehrlich, um die Wirkung von Marketing zu gewährleisten. Humor jedoch verliert durch Wiederholungen seinen Effekt. Er ist in vielen Lebenslagen ein großes Glück, im Marketing aber eine Katastrophe.

Zum selben Zeitpunkt, als ein bekanntes Mittel gegen Gastritis in Amerika für seine zwerchfellerschütternden Werbespots über »scharfe Fleischklößchen« mit Preisen überschüttet wurde – mit Sprüchen wie »Kaum zu glauben, ich hab' das ganze Ding verdrückt« – stürzten die Verkaufszahlen für das Produkt ins Bodenlose. Es sieht so aus, als ob die Leute keine Lust auf Gelächter haben, wenn es darum geht, etwas gegen ihre Schmerzen zu kaufen.

Nachdem ich Sie jetzt umfassend vor seinen Gefahren gewarnt habe, darf ich Ihnen nunmehr die offizielle Erlaubnis zum Einsatz von Humor in Ihrem Marketing erteilen. Jedoch mit der klaren Auflage, daß er intelligent sein muß und ausschließlich in direktem Zusammenhang mit Ihrem Produkt zum Einsatz kommen darf.

Volkswagen hat in der Vergangenheit Humor oftmals glänzend in seiner Werbung eingesetzt. Die Werbung für Camel-Zigaretten und das früher erwähnte Duracell-Häschen lassen auch nichts zu wünschen übrig. Aber die Liste läßt sich nicht besonders lange fortsetzen. Und einige dieser Firmen haben aus gutem Grund bald wieder auf Humor als Eckpfeiler ihres Marketing verzichtet.

Manchmal wird Humor im Marketing – direkt oder indirekt – gezielt dazu verwendet, die Aufmerksamkeit auf ein bestimmtes Thema zu lenken. Humor eignet sich hervorragend dazu, Interesse zu erwekken. Anschließend wechselt das Marketing zu einem ernsteren Tonfall. Der Leser reagiert mit Enttäuschung. Ich nenne das immer die »Wo-wir-gerade-über-Insekten-sprechen-Wie-geht-es-Deiner-Tante?«-Schule des Marketing. Vergessen Sie es.

Humor ist im besten Falle eine gefährliche Waffe in Marketing-Kriegen. Er wird häufig mißbraucht, selten verlangt und schnell zum Ärgernis. Dennoch kann er dazu beitragen, Widerstände zu überwinden – besonders beim Telefonmarketing. Er schafft eine angenehme, gelöste Atmosphäre. Er trägt dazu bei, sich von der Meute abzuheben, wenn es wie zumeist eine Meute von Langweilern ist. Humor ist nicht zwangsläufig schlecht fürs Marketing. Es kommt darauf an, wie er angewandt wird. Allerdings ist es außerordentlich schwierig, ihn richtig einzusetzen.

Nehmen Sie nie Zuflucht zu Humor als billigem Ersatz für die Beschreibung der wahren Vorzüge Ihres Produktes oder Ihrer Dienstleistung. Es stimmt, daß die Leute gerne lustige Sachen lesen. Aber noch lieber lesen und sehen sie Dinge, mit denen sie sich identifizieren können.

Marketing-Leute, die nicht in der Lage sind, etwas Interessantes über den Leser oder Zuschauer zum Ausdruck zu bringen, unfähig, einen wesentlichen Vorzug ihres Angebotes in den Mittelpunkt zu stellen, außerstande, die Hauptgründe zu nennen, warum die Leute etwas kaufen sollten, ungeeignet, einen starken Kaufwunsch hervorzurufen – das sind diejenigen, die beim Humor Zuflucht suchen müssen. Nicht etwa, weil das der richtige Weg wäre, etwas zu vermarkten, sondern weil ihnen außer Humor nichts einfällt.

Wenn Ihre ganze Firma von Ihrem Marketing abhängt, ist es waghalsig, die Zukunft dieses Unternehmens einem Witz anzuvertrauen. Witze führen in dieselbe Sackgasse wie jedes phantasielose Marketing.

Einer der zwingendsten Gründe, diese Goldene Regel zu beherzigen, ist der, daß Humor *keine Wiederholungen erlaubt*. Nur mit Wiederholung aber schafft man sich seinen Platz im Bewußtsein der Kunden. Wenn Interessenten sich abwenden, weil sie Ihr witziges Marketing einfach nicht mehr hören können, ist Ihnen das Kunststück gelungen, daß die Kraft der Wiederholung *gegen* Sie arbeitet. Das ist, als ob man eine Patriot-Rakete hat und damit auf seinen eigenen Bauchnabel zielt.

Vergessen Sie nicht, daß Marketing dazu da ist, einen Kaufwunsch auszulösen. Humor löst nur den Wunsch zu kichern aus. Und zwischen Geldausgeben und Kichern klafft ein gewaltiger Abgrund.

Eine feine Trennlinie verläuft zwischen Fröhlichkeit und Humor. Das Marketing für Levi's 501 Jeans war immer fröhlich, es hat aber niemals irgendjemandem ein größeres Gelächter entlockt. Es werden liebenswerte und vergnügte Typen gezeigt, aber sie sind nicht umwerfend komisch. Sie sind hinter Ihrem Geld her, nicht hinter Ihrem Gelächter.

Um diese Regel zu verstehen, genügt es, wenn Sie Ihre persönliche Erfahrung zu Rate ziehen. Wenn Sie Marketing sehen, das Sie zum Lachen bringt, denken Sie darüber nach, ob es auch den Wunsch in Ihnen weckt, das betreffende Produkt oder die Dienstleistung zu kaufen. Prüfen Sie, ob Sie sich ohne Mühe an die Firma erinnern. Probieren Sie aus, wie oft Sie sich dieses Marketing ansehen können, bevor es Ihnen auf die Nerven geht. Untersuchen Sie einfach den Humor aus der Perspektive eines gewinnorientierten Menschen.

Es ist in Ordnung, den Leuten ein Lächeln zu entlocken, sie zum Lachen zu bringen, ihnen ein gutes Gefühl zu geben. Aber es ist nicht empfehlenswert, dies auf Kosten Ihrer Marketing-Botschaft zu tun. Denn diese Botschaft hat wenig mit Lacherfolgen und Grinsen gemein. Die Banken nehmen so etwas nicht in Zahlung, und Ihrem Bankkonto können Sie es auch nicht gutschreiben lassen.

Die Leute sollen nicht zu Ihnen kommen, um Ihnen zu versichern, wie lustig doch Ihr Marketing sei. Was Sie hören wollen, ist, wie dringend man das, wofür Sie Werbung machen, kaufen möchte. Überlassen Sie die Lacherfolge ruhig den Fernsehshows, Kinofilmen und Kabaretts. Dazu sind die schließlich da. Im Marketing hat so etwas nichts verloren. Deshalb ist es eine Goldene Regel, dem Humor aus dem Weg zu gehen.

# Der Wert von Fakten

## Goldene Guerilla-Marketing-Regel Nr. 34:

*Die Glaubwürdigkeit und Überzeugungskraft Ihres Marketing steigt im direkten Verhältnis zur Genauigkeit Ihrer Angaben.*

Wenn Sie die höchste Qualität, den besten Service und die niedrigsten Preise bieten, so hat das gar nichts zu bedeuten, solange man Ihnen keinen Glauben schenkt. Wenn Sie Ihre Marketing-Instrumente ausarbeiten – jedes einzelne der 100 Instrumente – dann müssen Sie jedesmal gegen eine eingebaute Glaubwürdigkeitsschranke ankämpfen. Die Mission des Guerilla lautet: Überwinden Sie diese Barriere. Um das zu erreichen, müssen Sie mit genauen Angaben arbeiten, die Ihnen helfen, Ihre Überzeugungskraft zu verbessern.

Es besteht wohl kein Zweifel daran, daß *Information* – in Form von genauen Angaben – eine Guerilla-Marketing-Waffe ist, vorausgesetzt, *Sie machen davon Gebrauch*. Verfügen Sie über die Informationen, setzen sie aber nicht ein, dann ist das Verschwendung eines kostbaren Instrumentes. Dieser Informations-Waffe könnte man auch die Bezeichnung »Nachforschung« geben, weil das nämlich die Quelle der meisten seriösen Daten ist.

Fakten eignen sich besser als alles andere dazu, die Leute davon zu *überzeugen*, daß das, was Sie sagen, der Wahrheit entspricht. Fakten *beweisen*, was Ihre Worte sagen. Wenn Sie sagen, daß Sie ein Spitzenprodukt oder eine außergewöhnliche Dienstleistung anzubieten haben, dann wirkt das noch lange nicht so zwingend wie die Angabe von Namen und Zahlen, die Ihren Interessenten den Vergleich ermöglichen.

Je mehr Namen, desto besser. Je mehr Zahlen, desto besser. Führen Sie aber nicht irgendwelche Namen und Zahlen an, sondern nur diejenigen, die für Ihre Interessenten Aussagekraft besitzen. Aber sammeln Sie alles, was Ihnen in die Hände kommt, um immer eine große Reserve an Faktenmaterial zu haben.

Fakten stellen für Ihr Unternehmen auch unmittelbar einen enormen Wert dar, etwa für die *Formulierung Ihrer Unternehmensziele.* Ich bin immer wieder verblüfft, wenn ich auf Unternehmen stoße, die ihre Ziele nicht in Zahlen ausdrücken. Sie formulieren ihre Ziele ganz allgemein und vermeiden klare Festlegungen. Anstatt die Parole auszugeben, daß Sie Ihren Umsatz erhöhen wollen, sagen Sie lieber, daß sie ihn um 2 Prozent pro Monat erhöhen wollen, oder wieviel Sie sich eben vorgenommen haben. Drücken Sie diese Zahl in Mark aus und *schreiben Sie sie nieder.* Die Kraft dieser einen Ziffer kann den Unterschied zwischen Erfolg und Mißerfolg ausmachen.

Wenn es sich bei Ihren Interessenten um andere Unternehmen handelt, *rechnen Sie ihnen genau ihre künftigen Gewinne vor.* Dazu arbeiten Sie am besten mit möglichst exaktem Zahlenmaterial, selbst wenn es sich nur um hypothetische Ziffern handeln sollte. Um den Namen »Guerilla« zu verdienen, müssen Sie sich von leeren Worten abwenden und sich an Fakten halten. Fakten sind präzise.

Wenn Sie Behauptungen über Ihr Produkt oder Ihre Dienstleistung aufstellen, treten Sie Schritt für Schritt den Beweis für seine Leistungsfähigkeit an. Zeigen Sie, was daran gut ist. Verwenden Sie so viele *Fallbeispiele* wie möglich. Erfolgreiches Anschauungsmaterial wird mehr Überzeugungskraft haben als der farbenprächtigste Prospekt und der spannendste Werbespot. Wenn Ihre Software dazu beigetragen hat, daß eine Buchhandlung in Ulm ihren Gewinn verdreifachen konnte, können Sie sicher sein, daß sich die Buchhandlungen in Kiel auch dafür interessieren werden. Welche Buchhandlung würde so etwas nicht interessant finden?

Ein Fallbeispiel von einem Unternehmen, das Ihrem Interessenten in Größe, Struktur oder nach seiner Branchenzugehörigkeit vergleichbar ist, ist besonders wirkungsvoll. Es sollte in Ihrem Marketing bei diesem Interessenten eine dominierende Rolle spielen. Ich kenne ein Unternehmen, dessen wichtigste Marketing-Waffe eine Mappe mit einer Sammlung loser Blätter voller Fallbeispiele ist. Das nenne ich echtes Guerilla-Marketing. Es kostet fast nichts, hat aber eine größere Überzeugungskraft als die teuerste Werbekampagne. Zeigen Sie Photos von Arbeiten, die Sie ausgeführt haben. Besonders wirkungsvoll sind »Vorher-Nachher« Vergleiche. Anschaulicher geht es nicht mehr.

Denselben Stellenwert wie Fallbeispiele haben Geschichten, die aus dem Leben gegriffen sind. Vielleicht reicht die Zeit nicht, um die ganze Geschichte von Anfang bis Ende zu erzählen, aber Sie können Beispiele von Unternehmen oder Familien aufzeigen, die mit dem, was Sie anbieten, sehr zufrieden sind. Bauen Sie auf diesen Geschichten auf. Jede für sich ist ein konkreter, unwiderlegbarer Beweis für das, was Sie sagen. Jede für sich hilft Ihnen bei der Überwindung der Glaubwürdigkeitsschranke – vielleicht gelingt es Ihnen sogar, sie ganz abzubauen.

Sie können auch »Was-wäre-wenn?«-Fragestellungen dazu verwenden, um Ihre Behauptung über künftige Unternehmensgewinne zu untermauern. Ebenso können Sie hypothetische Beispiele einsetzen, um Ihre Angaben zu veranschaulichen. Am besten sind echte Beispiele, aber wenn Ihnen solche nicht einfallen, können Sie sich ruhig auch welche ausdenken. So etwas nennt man Szenario. Es beginnt meist mit Worten wie »Stellen Sie sich vor, ein Unternehmen müßte das, was wir anbieten, zur Gänze selbst machen. Stellen Sie sich vor, wieviel dieses Unternehmen investieren müßte, um ...«. Sie wissen, was ich meine.

In dieselbe Kategorie wie Fallbeispiele, Geschichten aus dem Leben und Szenarios gehören auch *Referenzen*. Sie sind ebenso wirkungsvoll und genauso kostengünstig. Ist das etwas Konkretes? Na, und ob.

Und wieder sind es die Guerillas, die Empfehlungsschreiben sammeln und sie in eine hübsche Ringmappe aus Leder stecken. Jeder Vertreter bekommt so eine Mappe voller Empfehlungsschreiben – und jeder einzelne ist verpflichtet, im Laufe eines Jahres sechs weitere zusammenzutragen. Man kann solche Mappen auch gezielt für bestimmte Märkte zusammenstellen: Eltern, Computeranwender, kleinere Unternehmen, was immer Ihr Guerilla-Herz sich wünscht. Für viele Unternehmen werden diese Mappen innerhalb kürzester Zeit zur wichtigsten einzelnen Marketing-Waffe. Und ihre Gewinne müssen enorm sein, weil die Marketing-Kosten so lächerlich niedrig sind.

Fakten haben aber auch in anderen Bereichen der Kundenbeziehung ihren Platz. Bei der Einladung »Gehen wir irgendwann einmal zum Essen« werden womöglich zwei Leute hungrig bleiben. »Gehen wir doch am Freitag, den zwanzigsten, zu Mittag im Löwenhof essen« – so werden die beiden satt.

Auch Listen und Aufstellungen beinhalten Fakten: die Namen von Klienten und Kunden, für die Sie schon tätig gewesen sind; wieviele Jahre Ihr Geschäft schon besteht; die genauen Leistungen, die Sie anbieten; Ihre Preise; was Sie von Ihren Konkurrenten unterscheidet; Ihre Wettbewerbsvorteile; gewonnene Preise; Zeitungsartikel, in denen Ihre Firma erwähnt wird; und – nicht zu vergessen – was ein Interessent davon hat, wenn er sich jetzt gleich für einen Kauf entscheidet.

Ich sage »jetzt gleich«, weil Sie sich ein Datum vornehmen sollten, bis zu dem Ihr Kunde bei Ihnen kaufen wird. Und »jetzt gleich« klingt in diesem Zusammenhang einfach am besten. Wenn es heißen muß »nächsten Montag, den dreiundzwanzigsten« ist das auch in Ordnung. Aber es ist nicht ganz so gut wie »jetzt gleich«.

Fakten über Ihre Interessenten sind ebenfalls wertvolles Datenmaterial. Wenn Sie Ihren Interessenten Gelegenheit geben, über sich selbst zu sprechen, so kann das enorm viel zu einem Verkaufsabschluß beitragen. Aussprüche wie »Grün ist meine Lieblingsfarbe« oder »am Mittwoch, den fünfundzwanzigsten, paßt mir die Lieferung am besten« sind Musik in den Ohren eines Guerilla. Halten Sie sich an diese Goldene Regel und Sie werden jede Menge Musik zu hören bekommen.

# Marketing-Kombinationen

## Goldene Guerilla-Marketing-Regel Nr. 35:

*Viele Marketing-Waffen entfalten ihre größte Wirkung erst in Kombination mit anderen.*

Einer meiner Klienten, der viel mit Telefonmarketing arbeitet, zeigte sich recht zufrieden mit den Resultaten. Trotzdem überlegte er, ob es möglich wäre, noch mehr Leute in noch kürzerer Zeit zu erreichen. Sein Unternehmen ist ein Videoverleih ohne Ladenbetrieb. Die Kunden erhalten ein Verzeichnis der lieferbaren Filme, und an ihren Häusern wird eine verschließbare Box angebracht. Wenn sie einen Film ausleihen wollen, genügt ein Anruf und die Kassette wird ihnen zugestellt. Nachdem sie ihn gesehen haben, stecken sie die Kassette wieder in die verschließbare Box. So sparen die Kunden die Zeit für den Weg vom und zum Videoladen.

Wegen der preisgünstigen Werbezeiten im Kabelfernsehen entschlossen wir uns, einen Versuchsballon mit Fernsehwerbung zu starten, und zwar mit einem 15-Sekunden-Spot statt der üblichen 30 Sekunden. Der Werbefilm wurde geschrieben, produziert und gesendet. Jeder, der den Film vorher sah, war von seinem Erfolg überzeugt. Komplexe Abläufe wurden darin klar und einfach vermittelt. Sowohl visuell als auch verbal war er hervorragend gestaltet. Es wurde ein besonderes Geschenk für Zuschauer, die ihre Bestellung sofort per Telefon durchgaben, in Aussicht gestellt. Und schließlich, ebenso wichtig: Der Spot wurde zu Spitzensendezeiten ausgestrahlt, während Fernsehshows, die vom gewünschten Zielpublikum gesehen werden.

Aber trotz der sorgfältigen Planung und trotz der Geschenke riefen nur ganz wenige Leute an, um eine Bestellung aufzugeben. Zuerst war mein Klient ein Unglückshäufchen, zumal dies sein erster Vorstoß in die Massenmedien war.

Wenig später jedoch rief er ganz aufgeregt bei mir an. Hatten etwa die Fernsehspots plötzlich doch zu den gewünschten Bestellungen geführt? Keineswegs, aber die Resultate seines Telefonmarketing hatten sich mehr als verdreifacht. Viele der Leute, die von seinen Mitarbeitern angerufen wurden, erwähnten in Beantwortung einer entsprechenden Frage, daß sie die Fernsehwerbung zwar gesehen, aber einfach nicht zum Telefon gegriffen hätten.

Die Werbespots hatten ihre Wirkung also doch in einer Weise entfaltet, wie es für das Fernsehen typisch ist: Durch Änderung der Einstellungen gegenüber einer Dienstleistung wurde der Grundstein für einen späteren Verkauf gelegt. Das hat in diesem Fall keine sofortigen Umsatzsteigerungen bewirkt, wie das etwa bei den Methoden des Direktmarketing der Fall ist. Aber die Fernseh-Investition hat sich durch die dadurch bewirkten Umsatzrekorde mehr als amortisiert.

Mein Klient, nun zum überzeugten Guerilla geworden und kein bißchen mehr eingeschüchtert von Massenmedien, hat daraufhin seinen Werbespot abgeändert. Statt zum Direktkauf aufzufordern, werden die Leute nunmehr gezielt auf die nachfolgenden Telefonmarketing-Kampagnen vorbereitet. Das Fernsehen wurde zur treibenden Kraft seines Erfolges und seiner Gewinne, obwohl es als Einzelmaßnahme wenig eingebracht hätte.

Unter uns gesagt, ich glaube bei den meisten Produkten und Dienstleistungen überhaupt nicht, daß das Fernsehen allein viel bewirken kann. Aber als Medium für Massen-Marketing, zur Produkteinführung oder um das Terrain für den eigentlichen Verkauf vorzubereiten, ist es unschlagbar. Telefonmarketing, das bereits zuvor recht erfolgreich war, hat sich nunmehr für dieses Guerilla-Unternehmen zum Kassenschlager gemausert. Und das Geheimnis des Erfolges beider Marketing-Instrumente – des Telefonmarketing und des Massen-Marketing via Fernsehen – heißt *Kombination*.

Es ist eine bekannte Tatsache, daß die Rücklaufquoten von Direktmailing-Sendungen von 6 auf 22 Prozent steigen, sobald sie mit Telefonmarketing kombiniert werden. Und es hat sich schon oft gezeigt, daß die Antwortquoten verdoppelt, verdreifacht, ja sogar vervierfacht werden können, wenn sie mit Zeitungsanzeigen kombiniert werden. Heutzutage stellt die gekonnte Kombination von Marketing-Waffen eine Notwendigkeit dar, um sich auf hart umkämpften Märkten behaupten zu können. Das scheint am besten zu funktionieren, wenn man nicht Massenmedien wie Radio- und Fernsehwerbung untereinander kombiniert, sondern stattdessen eines oder mehrere Massenmedien mit einem Direktmarketing-Medium wie etwa Telefonmarketing, Direktmailing oder persönlichen Verkaufstelefonaten verbindet. Guerillas nennen diese Vorgehensweise die Doppelschritt-Taktik. Der erste Schritt hat die Aufgabe, das Terrain vorzubereiten. Es wird sehr wenig verlangt; häufig wird sogar etwas gratis angeboten, etwa ein Prospekt oder ein Beratungsgespräch. Schritt Nummer zwei zielt direkt auf eine Bestellung ab, was dadurch erleichtert wird, daß der Interessent bereits vorbereitet wurde. Kann man ein menschliches Wesen wirklich darauf vorbereiten, einen Kauf zu tätigen? Aber natürlich kann man das. Genau darum geht es bei den Marketing-Kombinationen.

Wenn Sie sich bislang ausschließlich auf den ersten Schritt oder nur auf den zweiten Schritt verlassen haben, dann lassen Sie sich jetzt von einem alten Guerilla raten, *mit beiden gleichzeitig zu arbeiten*. Die Kombination ist es, die Ihnen das Geschäft bringen wird. Also müssen Sie jene Kombinationen herausfinden, die in Ihrer Branche am wirkungsvollsten sind. Welche das sind, können Sie in Fachzeitschriften, von Media-Agenturen und durch Experimentieren in Erfahrung bringen. Mit der Zeit werden Sie verschiedene Kombinationen herausfinden, die Ihre Gewinne in luftige Höhen treiben. Haben Sie etwas herausgefunden, dann schweigen Sie wie ein Grab über Ihr Wissen. Sie wollen doch nicht, daß Ihre Konkurrenten dahinterkommen, daß ihr Direktmailing keine Chance auf Erfolg hat, solange sie nicht gleichzeitig an einer bestimmten Messe teilnehmen und regelmäßig in einer gewissen Fachzeitschrift inserieren?

Bleiben wir realistisch: Eine einzelne Plakatwand wird normalerweise kein Unternehmen in die Gewinnzone bringen. Trotzdem kenne ich ein Einzelhandelsgeschäft, das seinen Sommerschlußverkauf jedes Jahr einen Monat lang durch ein bestimmtes Plakat in der Innenstadt gezielt bewirbt. Dieser Sommermonat ist immer der umsatzstärkste des ganzen Jahres. Als der Händler in einem Jahr auf diese einzelne Werbemaßnahme verzichtete, war der Unterschied sofort an den schwachen Verkäufen spürbar.

Das Plakat erinnerte die Leute, die in der Nähe wohnten, einfach daran, daß in diesem Geschäft gerade Sommerschlußverkauf war. Es verstärkte so die unbewußte Erinnerung an die Anzeigen, Fernsehspots und Direktmailings vom selben Monat. Für sich allein genommen, wäre dieses Plakat wahrscheinlich Geldverschwendung gewesen. In Kombination mit anderen Waffen wurde es zur Geldmaschine. Warum also, werden Sie sich nun fragen, macht er das nicht das ganze Jahr hindurch? Weil die Plakatwand in der restlichen Zeit schon für andere Unternehmen reserviert ist, die höchstwahrscheinlich auch schon die Kraft einer guten Marketing-Kombination für sich entdeckt haben.

Ich habe viele erfolgreiche Marketing-Kombinationen gesehen: eine Computer-Firma, die in verschiedenen Zeitungsannoncen für kostenlose Seminare warb, bei denen zahlreiche neue Kunden gewonnen werden konnten; eine Marketing-Beratungsagentur, die einen Prospekt zusammen mit einem Fragebogen für einen Persönlichkeitstest verschickte und die Interessenten aufforderte, den ausgefüllten Fragebogen per Fax zurückzusenden, um wenig später auf einem Antwort-Fax die Testergebnisse mit einer kompletten Persönlichkeitsbeschreibung zu erhalten; und eine Buchhandlung, die immer wieder kostenlose Autorenlesungen mit intensiver Plakatwerbung und Promotion-Aktionen für alle Bücher dieses Autors verbindet. Manchmal nehmen mehr als 100 Personen an solch einer kostenlosen Autorenlesung teil. Diese drei Marketing-Kombinationen beweisen, daß eins plus eins viel mehr als zwei ergibt.

Wenn Sie verschiedene Medien kombinieren, müssen Sie zwei Aufgaben gleichzeitig bewältigen. Zum einen müssen Sie jedes Marketing-Instrument *für sich allein wirksam gestalten,* da es ja möglich ist, daß der Leser oder Zuschauer Ihr anderes Marketing nicht wahrgenommen hat. Er soll ja trotzdem Ihre ganze Aussage mitbekommen. Gleichzeitig muß jedes Marketing-Instrument aber mit allen anderen *harmonieren* – für jene Leser und Zuseher, die Ihr anderes Marketing schon kennen.

Diesen Interessenten müssen Sie *Kontinuität* signalisieren. Halten Sie sich an einen roten Marketing-Leitfaden, indem Sie die wichtigsten Punkte wiederholen und denselben Stil beibehalten. Wenn es Ihnen gelingt, daß die Leute sich daran erinnern, Ihre Botschaft schon einmal gehört zu haben, dann können Sie zufrieden sein.

Marketing-Kombinationen sind wie Boxhiebe, die, in kurzer Folge ausgeteilt, viel wirkungsvoller sind als einzelne Schläge.

Nur wenige Waffen können allein die ganze, schwere Aufgabe des Marketing bewältigen. Um die stärkste Feuerkraft, den optimalen Einsatz der vorhandenen Mittel und die schönsten Gewinne zu erzielen, richten Sie sich nach dieser Goldenen Regel und kombinieren Sie Ihre Artillerie.

# Guerilla-Tricks

## Goldene Guerilla-Marketing-Regel Nr. 36:

*Obwohl ein Guerilla immer treu zu seinem Marketing-Plan stehen sollte, muß er gelegentlich auch einen Joker im Ärmel haben.*

Der Geist von Guerilla-Marketing zeichnet sich durch die konsequente Verfolgung einer einmal beschlossenen Marketing-Strategie aus. Das schließt aber durchaus auch das Element der Verblüffung mit ein – Marketing so zu gestalten, daß die Leute aus ihrem gewohnten Trott wachgerüttelt werden.

Sie müssen etwas tun, was niemand sonst tut und womit niemand rechnet, um so die ungeteilte Aufmerksamkeit Ihrer Hauptinteressenten zu erregen. Wenn für Sie Guerilla-Marketing das ist, was einem der gesunde Menschenverstand diktiert, dann sollten Sie jetzt diese Lebensanschauung um die Erkenntnis erweitern, daß manchmal besondere Situationen entstehen. Situationen, in denen ungewöhnliche Guerilla-Taktiken gefragt sind, die niemandem wehtun (außer der Konkurrenz) und ein schönes Sümmchen einbringen können.

Wie Sie sich vielleicht schon gedacht haben, sind Guerilla-Kniffe nicht teuer, aber dafür umso wirkungsvoller. Sie sind herzlich eingeladen, sich selbst ein paar solcher Tricks einfallen zu lassen. Um Ihrer Kreativität auf die Sprünge zu helfen, können Sie sich mit ein paar erfolgreichen Taktiken einstimmen:

- Ein Unternehmen versandte ein ausgesprochen persönlich gestaltetes Mailing mit einem Blatt Papier als Beilage, das wie eine ganzseitige Zeitungsannonce aussah und mit einer Heftnotiz versehen war. Die handgeschriebene Nachricht lautete: »Herr Meier, versuchen Sie das einmal. Es funktioniert garantiert! – N.«
- Eine amerikanische Softwarefirma versandte ihr Mailing von England aus, frankiert mit zwei britischen Briefmarken. Die erste Zeile des Briefes lautete: »Anläßlich meiner Geschäftsreise nach England ...«

- Ein Computer-Händler hält Vorführungen in Schulen und kleineren Unternehmen ab. Während des ganzen Vortrages schaut sein Kopf dabei durch eine riesige Diskette. Dieses Marketing bringt ihm Kunden und obendrein eine großartige Publicity in den Medien.
- Eine Heizungsfirma versandte ein Mailing. Es begann mit der Information: »25. Februar 1993, 9:31 Uhr, Außentemperatur 12 Grad unter Null«.
- Eine Kneipe besorgte sich 25 Krebse und veranstaltete ein Krebsrennen. Die Krebse rannten auf einem Tisch in der Kneipe um die Wette. Beinahe 400 Personen kamen. Der Gewinner wurde in aller Form geehrt. Und der zweite Gewinner war natürlich der Kneipenwirt.
- Ein Bäcker liefert sein Brot mit einem Lieferwagen aus, der von einem Kunststudenten so bemalt wurde, daß er wie ein riesiger Brotlaib aussieht. Ein italienisches Restaurant hat einen Transporter, der genau wie ein überdimensionales Sandwich aussieht.
- Ein Händler kaufte mehrere billige Gebrauchtwagen, wusch sie und parkte sie auf seinem Parkplatz. Leere Parkplätze wirken nämlich abschreckend, aber ein Parkplatz mit vielen Kundenautos darauf läßt ein Geschäft anziehend wirken.
- Ein Juwelier stellte einen Diamantring aus, der aus einer vollen Keksschachtel herausschaute. Ein anderer brachte seine Juwelen auf Stoffpuppen zur Geltung. Wieder ein anderer stellte Vollgold-Tiere zusammen mit Hundekuchen aus.
- Ein Geschäftsinhaber verschafft seinen Auslagen dadurch beständige Aufmerksamkeit, daß er in seinem Schaufenster jede Woche »den magischen Anfangsbuchstaben« bekanntgibt. Ein Kunde, dessen Nachname mit diesem Buchstaben beginnt, erhält beträchtliche Preisnachlässe.
- Einige Händler haben aus ihren umsatzschwachen Tagen einfach »Seniorentage« gemacht. Es reicht, die entsprechende Ankündigung in den Altersheimen der Umgebung auszuhängen.
- Vierblättrige Kleeblätter werten ein Mailing auf und sind gleichzeitig ein hübsches Geschenk. Die Kosten liegen bei etwa 50 Pfennig pro Stück, inklusive Cellophan-Verpackung.

- Ein Restaurantbesitzer erhielt von guten Hotels ohne eigenes Restaurant die Erlaubnis, in jedem Zimmer eine 10 × 15 Zentimeter große Hinweiskarte auszulegen. Auf dieser Karte wurden die Hotelgäste bei Vorweisung ihres Zimmerschlüssels zu einem Gratiscocktail eingeladen.

- Stempel sind längst nicht mehr so verbreitet, wie sie einmal waren. Dennoch könnten Sie Ihren Kunden ein Stempelbuch ausstellen und bei jedem Kauf ein Feld abstempeln. Ist das Buch voll, bekommt man ein großzügiges Geschenk. Oder, noch besser, führen Sie selbst die Einkaufskarte für Ihre Kunden. Und bieten Sie ihnen beispielsweise jedes zehnte Paar Schuhe zum halben Preis.

- Ein Unternehmen versandte seine Weihnachtskarten im Mai, kurz vor einer angekündigten Erhöhung der Postgebühren. Auf jeder Karte war Benjamin Franklin abgebildet, der erste Postmeister der Vereinigten Staaten, zusammen mit seinem Ausspruch: »Ein Pfennig gespart ist ein Pfennig verdient«. Ergebnis: ein landesweites Presseecho und eine hohe Rücklaufquote.

- Ein neueröffnetes Geschäft spendete der örtlichen Theatergruppe 1000 Mark, unter der Bedingung, daß die jungen Leute ihre Proben während des Berufsverkehrs oder an Einkaufssamstagen vor dem Laden abhielten. Wieder stellte sich der Erfolg in Form von zahlreichen positiven Reaktionen und kostenloser PR ein.

- Wenn Sie ein Preisausschreiben veranstalten, bei dem die Leute die Teilnahmescheine in Ihrem Geschäft abgeben müssen, stellen Sie die Einwurf-Box am hinteren Ende Ihres Ladens auf, so daß die Eintretenden Ihr ganzes Lokal durchqueren müssen und möglichst viel von Ihren Angeboten mitbekommen.

- Veranstalten Sie Ihre eigenen olympischen Spiele, indem Sie sportliche Wettkämpfe für behinderte Kinder sponsern. Stiften Sie Pokale und informieren Sie die Presse. Stellen Sie bei lokalen Sportereignissen bedruckte T-Shirts zur Verfügung, die auf Ihr Geschäft aufmerksam machen. Animieren Sie Ihre Mitarbeiter zur Teilnahme an solchen lokalen Volkssportveranstaltungen. Keine Frage, daß sie dabei Ihre T-Shirts tragen.

- Eine Baufirma engagierte einen Photographenlehrling, um Photos von 500 Eigenheimen in der Umgebung zu machen. Anschließend versandte sie die Photos, auf eine Postkarte geklebt, an die jeweiligen Hausbesitzer. Die Reaktionen waren hervorragend, und das bei Gesamtkosten von nicht mehr als 350 Mark.

- Ein Berater versandte als Beilage zu seiner Werbesendung einen knisternden, neuen Ein-Dollar-Schein als Muster dafür, was sein Service für den Interessenten bringen würde. Der Ertrag von nur einem neu gewonnenen Kunden deckte die Kosten des Mailings zur Gänze ab.

- Ein Unternehmen wandte sich an einen hochbezahlten PR-Spezialisten, um seinen Geschäftsführer als Teilnehmer in einer bestimmten Talk-Show unterzubringen. Der PR-Mann berechnete 15 000 Mark für seine Dienste. Das Unternehmen bekam Zusatzaufträge für mehr als 3 Millionen Mark als direkte Folge eines 50-Sekunden-Interviews in dieser Show.

- Eine zunehmend schwächer besuchte Diskothek stellte ihr ganzes Marketing auf ältere Menschen um. Es war das erste Mal, daß dieses Lokal ein solches Zielpublikum ansprach. Für die Senioren war es ebenfalls das erste Mal, daß man mit einem solchen Ansinnen an sie herantrat. Und wie ihnen der Disco-Sound gefiel!

- Ein sanftmütiger Geschäftsmann, der von Natur aus introvertiert ist, verkörperte in seinen Fernsehspots einen Superhelden. Die Werbung zog eine Menge Aufmerksamkeit auf sich. Der Marketing-Trick funktionierte, weil die Figur des Superhelden klar und eindeutig mit seinen Produktvorzügen in Verbindung gebracht werden konnte. Solche Tricks können auch nach hinten losgehen, also Vorsicht. Verblüffung hervorzurufen ist ein riskantes Geschäft.

- Benötigt Ihre Gemeinde irgendwelche Schilder? Wenn ja, bieten Sie an, sie anfertigen zu lassen. Den Namen und die Adresse Ihrer Firma können Sie dezent auf der Rückseite aufdrucken.

Es ist gar nicht notwendig, diese Sorte von Taktiken ständig anzuwenden. Gelegentlich bringt so etwas aber Pepp in Ihr Marketing und verhilft Ihrem Unternehmen zu gesteigerter Aufmerksamkeit. Solche Kniffe, definiert als »geniale oder neuartige Erfindung … zur Verkaufsförderung«, können problemlos in Ihren Marketing-Plan und Ihren Kalender integriert werden. Sie können auch jeweils einzeln beurteilt und auf ihre Effizienz überprüft werden.

Oft erweist sich solch ein Trick als die einträglichste Marketing-Aktion des ganzen Jahres. Verlassen Sie sich nicht ausschließlich auf Kniffe, aber beherzigen Sie diese Goldene Regel, um mit Ihrem Marketing Ihr Publikum zu verblüffen und mit seinen Ergebnissen Ihren Steuerberater zu beeindrucken.

# Nichts zum Selbermachen

## Goldene Guerilla-Marketing-Regel Nr. 37:

*Lassen Sie Ihre Marketing-Unterlagen von Profis erstellen, denn schon der geringste Hauch von Dilettantismus kann Ihre Umsätze gefährden.*

Es gibt kaum etwas Frustrierenderes, als wenn Sie Ihren selbstentworfenen Prospekt gedruckt haben, ihn einem Interessenten in die Hand drücken und keine oder eine negative Reaktion erhalten. Trotzdem passiert dieser Fehler immer und immer wieder.

Es gibt andererseits kaum etwas Befriedigenderes, als gutes Geld in die Herstellung professioneller Marketing-Unterlagen zu investieren, und sich als Ergebnis über eine Gewinnsteigerung freuen zu können, die weit über der Investitionssumme liegt, von der Vielzahl neuer Namen auf Ihrer Kundenliste ganz zu schweigen. Auch dies kommt recht häufig vor – besonders bei Guerillas.

Je besser Sie Marketing durchschauen, desto klarer wird Ihnen werden, wie sinnvoll es sein kann, viele Aufgaben einer professionellen Agentur zu übertragen: die Entwicklung einer Marketing-Strategie, der Ziele, eines Verkaufskonzeptes, von Texten, Illustrationen; die Organisation der richtigen Fotomodelle; die Beleuchtung, die Dekoration, das Fotografieren, der Sound, die Musik, die Sprecher; Spezialeffekte; die Schlußredaktion; und diese Aufzählung gilt bloß für den Bereich des Fernsehens. Marketing über Printmedien verlangt wiederum Kenntnisse und Erfahrung in mindestens genausovielen Bereichen. Die Produktion von gutem Marketing ist mit weit mehr Details beladen, als in einer einzigen Regel abgehandelt werden könnte, selbst wenn es sich um eine Goldene Regel handelt. Es ist einfach nichts zum Selbermachen.

Wenn Sie über genügend Guerilla-Geist verfügen, dann haben Sie auch den Schneid und die Intelligenz, *die Produktion Ihres Marketing den Profis zu überlassen*. Ich bin einer der überzeugtesten Anhänger der Lehre, daß man niemals etwas selber tun sollte, wenn man es delegieren kann. Das rührt daher, daß ich schon zu viele Beispiele von Marketing-Kampagnen mitangesehen habe, die ins Leere gegangen sind, weil der Inhaber darauf bestand, die Produktion seines Marketing selber in die Hand zu nehmen.

Der Besitzer eines Computer-Software-Unternehmens hatte am Gymnasium lauter Einsen in Deutsch. Seine Freundin war eine begabte Künstlerin, deren Bilder ausgestellt wurden und sich gut verkauften. Warum sollten diese beiden also nicht in der Lage sein, ihre eigenen Prospekte und Anzeigen zu entwerfen? Ihre eigenen Briefe zu formulieren? Ihre eigene Telefonmarketing-Kampagne zu planen? Die Antwort zeigte sich, als sie das Unternehmen verkaufen mußten. Sie hatten kaum Geld in die Produktion ihrer Unterlagen gesteckt. Sie schrieben und entwarfen alles selbst in der Überzeugung, so Geld zu sparen. Aber seine ganzen hervorragenden Deutsch-Kenntnisse und all ihr Talent zum Malen von prächtigen Ölbildern brachte ihre Software nicht in die Gewinnzone.

Die Faustregel lautet, daß Sie 10 Prozent Ihres Marketing-Budgets in die Produktion der Unterlagen investieren sollten. Das kann auch so aussehen, daß dieser Anteil im ersten Jahr 15 Prozent und dafür im zweiten Jahr nur 5 Prozent ausmacht. Egal, wie hoch die Investition tatsächlich ausfällt, es sollte jemand darüber wachen, der über Fachwissen in acht kritischen Bereichen verfügt:

1. Vor allem anderen kommt die Einsicht, daß über allem eine klare, zielgerichtete *Strategie* stehen muß. Ohne sie bewegen Sie sich in einem Vakuum. Alles Talent für die Disziplinen des Marketing – Marketing in elektronischen Medien, in Printmedien und durch Direktmailing – ist viel zu kostbar, um an die falschen Ziele vergeudet zu werden.

2. Als zweites kommt das *Hauptangebot* und der *Hauptvorzug*, den Sie durch Ihr Marketing vermitteln wollen. Wenn Sie mit einer Guerilla-Marketing-Strategie ausgerüstet sind, wird das Ziel stimmen. Sie wissen ja mittlerweile, daß das richtige Angebot und der richtige Vorzug über Erfolg oder Mißerfolg Ihres Marketing entscheiden. Aber verfügen Sie wirklich über ein ausreichendes Wissen, um das richtige Angebotspaket zu entwik-

keln und den richtigen Vorzug zu erkennen? Die Profis haben ein Auge dafür.

3. An dritter Stelle kommt die Fertigkeit, jede Zeile Ihres Marketing *vollendet zu formulieren* – in Drehbüchern, Anzeigen, Prospekten, Briefen, der ganzen Palette eben. Ihre guten Noten in Deutsch befähigen Sie nicht unbedingt auch dazu, die Leute zu veranlassen, sich von ihrem Geld zu trennen. Marketing-Unterlagen zu formulieren, hat sehr wenig mit dem Abfassen von Gedichten, Aufsätzen, Artikeln oder Büchern zu tun. Eine Person mit einem Gedicht zum Weinen zu bringen ist etwas ganz anderes, als dieselbe Person mit einem Direktmailing-Brief dazu zu bewegen, ihre Visa-Karte zu zücken.

4. *Illustrationen* nehmen in dieser Aufstellung nicht wirklich den vierten Platz ein, in Wahrheit sind sie integraler Bestandteil des dritten Punktes. Bei guten Marketing-Leuten handelt es sich nicht so sehr um Schriftsteller oder Art-Direktoren, als um *Produzenten von Marketing-Unterlagen*. Sie denken nicht in Worten oder Bildern, sondern in Konzepten, denen mit Worten und Bildern zum Ausdruck verholfen wird. Je mehr Sie den Text von den Illustrationen trennen, desto schwächer werden Ihre Marketing-Unterlagen sein. Trotzdem muß Ihr Experte natürlich auch über Design, visuelle Wahrnehmung, Schrifttypen, Farben, Skalen und Perspektiven Bescheid wissen.

5. Die Kunst, elektronischen Sound zu erzeugen, erfordert Wissen darüber, wie man Ihr Angebot am besten durch das Einblenden von Klängen – Stimmen, Musik und Soundeffekten – untermalen kann. Falls erforderlich, müssen diese Klänge noch mit der visuellen Handlung, die sie begleiten soll, synchronisiert werden. Lassen Sie fünf weibliche Sprecher vorsprechen. Welche ist am besten geeignet, um Ihren Text an Tausende Zuhörer zu richten? Ihr Experte weiß das mit Sicherheit besser als Sie.

6. *Videoproduktion* ist eine solch komplexe Kunst und Wissenschaft, daß die Sound-Produktion im Vergleich dazu harmlos erscheint. Hier müssen Sie alle Kunstformen aufeinander abstimmen – Schauspiel, Bühnenbild, Musik, Drehbuch, Choreographie, Illustrationen, Spezialeffekte – und das alles ausschließlich zu dem Zweck, ein Produkt oder eine Dienstleistung zu vermarkten. Sie

müssen sich dabei in die Rolle des Unternehmers, des Drehbuchautors, des Designers, des Computerexperten und des Regisseurs hineinversetzen. Die Technologie ändert sich mit rasender Geschwindigkeit. Es ist selbst für Profis schwer genug, immer auf dem letzten Stand zu sein. Sind Sie wirklich überzeugt davon, daß Sie diese Aufgabe mit der nötigen Eleganz bewältigen können? Wenn Ihnen der Sinn nach Nervenkitzel steht, dann gehen Sie doch Seilhüpfen am Mount Everest, aber lassen Sie die Finger von der eigenhändigen Produktion Ihrer Fernsehwerbespots oder Marketingvideos. Widerstehen Sie der Versuchung, es selbst zu machen. Es gibt einfach zu viele mögliche Fehlerquellen: das Tempo, die Gefühle, der gedankliche Aufbau, die Wortwahl, die Bilder, die Musik und der Klang. Alles muß zusammenpassen, um Ihren Verkauf wirksam zu unterstützen.

7. Bei *Druckerzeugnissen* müssen Sie sich bei den Schwierigkeiten der Montage auskennen und darüber Bescheid wissen, wie Ihre Vorlagen reproreif gemacht werden können. Sie müssen im Bilde sein über Kopierverfahren, Drucktechnik, Einsparmöglichkeiten, Photographie, Illustrationen, Farben, Papiersorten, und die Unterschiede in den Produktionserfordernissen für die einzelnen Medien kennen. Werbeagenturen haben Riesenabteilungen, die sich ausschließlich mit Druckerzeugnissen befassen. Glauben Sie wirklich, daß Sie ganz allein das genausogut können?

8. Das letzte Fachwissen schließlich, das vonnöten ist, ist das *Urteilsvermögen*. Bedauerlicherweise muß ich Ihnen mitteilen, daß das nichts ist, was Sie delegieren könnten. *Sie* müssen derjenige sein, der weiß, ob die Leute, die sich um die anderen sieben Bereiche kümmern, in die richtige Richtung arbeiten. Möglicherweise kann Ihr Guerilla-Stellvertreter Ihnen hier in der Anfangsphase der Entwicklung Ihrer Marketing-Unterlagen einiges abnehmen – bei den Layouts, den Rohentwürfen, den Drehbüchern, den groben Skizzen. Sogar wenn Sie mit lauter Profis arbeiten, sind immer noch Sie derjenige, der die Lorbeeren oder auch Schimpf und Schande erntet, je nachdem, ob Ihr Marketing ein Erfolg wird oder in die Hosen geht. Sie sind es nämlich, der die letzte Entscheidung darüber hat, was gut und was schlecht ist. Als Orientierungshilfe bei diesem Entscheidungsprozeß sollten Sie dabei immer den Gewinn

als Maßstab ansetzen. Wenn das, was man Ihnen zeigt, die Leute dazu bringen kann, das zu kaufen, was Sie verkaufen, dann ist es gut. Alles andere ist schlecht. Diese Goldene Regel legt Ihnen die Zusammenarbeit mit Profis ans Herz. So werden Sie ein Maximum an »gutem« und ein Minimum an »schlechtem« Marketing zustandebringen.

*Vierter Teil*

## Goldene Regeln für Ihre Marketing-Aktionen

# Spionage

## Goldene Guerilla-Marketing-Regel Nr. 38:

*Je besser Sie Ihre Konkurrenten, Ihre Branche und sich selbst ausspionieren, desto mehr Verbesserungsmöglichkeiten werden sich Ihnen eröffnen.*

Eines der wichtigsten Werkzeuge für den Guerilla ist ein klares Bild von der Wirklichkeit. Dazu muß man sich die Mühe machen, hinter die volle Wahrheit zu kommen, anstatt sich von Äußerlichkeiten oder dem eigenen Wunschdenken einlullen zu lassen.

Solche Unternehmer sind sich in jedem Augenblick der Tatsache bewußt, daß sie einfach *alles besser machen müssen als ihre Konkurrenten.* Aber wie können Sie da so sicher sein?

Ganz einfach: durch Spionieren. Bei Konkurrenzunternehmen. In Ihrem eigenen Unternehmen. In Ihrer ganzen Branche. Und, noch wichtiger, bei sich selbst.

Rufen Sie (oder ein Freund, falls die Gefahr besteht, daß Ihre Stimme erkannt werden könnte) bei einer Konkurrenzfirma an. Bestellen Sie etwas und äußern Sie einen Sonderwunsch. So können Sie am besten herausfinden, wie Ihre Bestellung und Ihr Anliegen dort bearbeitet werden.

Als nächstes kommt Ihre eigene Firma dran. Auch hier geben Sie von außerhalb eine Bestellung auf und äußern einen Extrawunsch. Verfolgen Sie innerhalb Ihres Unternehmens unauffällig, wie diese Bestellung und die Zusatzanfrage bearbeitet werden. Achten Sie besonders darauf, ob Ihr Wettbewerber *irgendetwas* besser oder schneller oder attraktiver macht als Sie. Wenn dem so ist, muß sich bei Ihnen etwas ändern.

Bitten Sie einen Freund, Ihrem Geschäftslokal einen Besuch abzustatten, um irgendein Geschäft abzuwickeln. Schicken Sie denselben Freund zu einem Konkurrenten, damit er das gleiche tut. Bringen Sie in Erfahrung, ob es dort etwas gibt, was bei Ihnen fehlt. Ihr

Unternehmen verbessert sich laufend in dem Maße, in dem es Ihnen gelingt, in Erfahrung zu bringen, was andere besser machen als Sie selbst.

Der Besuch von Geschäftslokalen ist auch aus einer Reihe weiterer Gründe eine gute Spionagetechnik. Ich kenne jemanden, der über 100 Läden im ganzen Land besuchte, alle aus seiner Branche, bevor er sein eigenes Geschäft eröffnete. Er nahm diese Mühe in der Hoffnung auf sich, zumindest eine gute Idee pro Geschäft aufschnappen zu können. Tatsächlich mußte er sich mit einer guten Idee in jedem zehnten Geschäft zufriedengeben. Daraus konnte er zum einen den Schluß ziehen, daß das Wettbewerbsklima nicht besonders rauh war. Und zum zweiten blieben ihm noch immer zehn phantastische Ideen. Sie gehören bis heute zu den Grundpfeilern seines überragenden Erfolges.

Fünf Ideen für die Damenboutiquen dieses Unternehmers, an die ich mich erinnere, sind:

1. die Gründung eines Clubs und die Ausgabe von Mitgliedskarten;
2. die Abhaltung von privaten Verkaufsabenden für Kunden und Freunde;
3. der Versand von Rundschreiben mit Rabatt-Koupons;
4. ein Belohnungssystem für die Mitarbeiter, bei dem sie sofort und in bar für besondere Leistungen im Geschäft belohnt werden;
5. niemals ein Geschäft an einem Ort zu eröffnen, der das Anbringen einer Neonreklame nicht gestattet.

Es gibt noch eine ganze Reihe solcher Ideen, die Ihnen zufliegen werden, wenn Sie erst einmal auf den Geschmack der Spionage gekommen sind. Gehen Sie mit offenen Augen durch Ihr Viertel, Ihre Straße, Ihre wichtigsten Märkte. Besuchen Sie erfolgreiche Betriebe. Die Adressen können Sie Fachzeitschriften und dem Branchentelefonbuch entnehmen. Viel Glück bei Ihrer Jagd nach Ideen.

Der Guerilla, von dem hier die Rede ist, verdankt seine Geschäftsideen zum Teil der eigenen Phantasie und zum Teil seiner begeisterten Spionage. Sogar die Route seiner Heimfahrt im Wagen führt an zwei seiner eigenen Geschäftslokale und einem Laden seines Hauptkonkurrenten vorbei. Wenn Sie sich wie die meisten Unternehmer nur auf Ihren eigenen Ideenreichtum verlassen, enthalten Sie sich selbst unermeßlich ergiebige Fundgruben für gute Ideen vor.

Spionage ist sowohl billig als auch aufschlußreich. Genau wie zahlreiche andere Marketing-Taktiken sollte sie regelmäßig angewandt werden. Das heißt, zumindest zwei Mal pro Jahr – lieber aber noch öfter, wenn Sie als Guerilla ernst genommen werden wollen.

Die Wahrheit wird immer ein verläßlicher Verbündeter sein. Um zu ihr vorzustoßen, ist es häufig erforderlich, die Ärmel aufzukrempeln und sich die Hände schmutzig zu machen. Nach der Wahrheit zu graben ist ein schmutziger Job. Wenn Sie sich zu gut dafür sind, um selbst die Rolle des James Bond zu spielen, werben Sie einen Freund an – nicht einen Geschäftspartner, wohlgemerkt –, um für Sie zu spionieren.

Sehen wir uns fünf Methoden an, wie Sie mehr aus Ihrer Schnüffelei machen können.

1. *Bestellen:* Kaufen Sie bei sich selbst ein. Kaufen Sie etwas bei Ihren wichtigsten Konkurrenten. Führen Sie Ihre Bestellungen per Telefon, per Post oder persönlich durch, je nachdem, welche Methode die besten Vergleichsmöglichkeiten mit der Konkurrenz verspricht. Vielleicht werden Sie alle drei Bestellarten ausprobieren müssen. Achten Sie während des ganzen Vorganges darauf, was reibungslos funktioniert und was nicht. Es wird in vielen Bereichen große Unterschiede geben, mehr als Sie vielleicht denken. Setzen Sie alles daran, in allen Bereichen besser zu sein als alle Ihre Konkurrenten. Ein guter Ansatzpunkt: Schreiben Sie sich auf, wann Ihre Konkurrenten jeweils mit ihrem Nachbearbeitungs-Marketing bei Ihnen begonnen haben. Ich wette, Sie können das schneller. Wenn nicht, haben Sie es mit einem anderen Guerilla zu tun.

2. *Besuchen:* Vorausgesetzt, Sie betreiben ein Geschäftslokal mit Kundenkontakt, nehmen Sie sich selbst die Zeit oder schicken Sie den von Ihnen ernannten Spion, um Ihren Laden als Kunde zu besuchen. Dasselbe machen Sie mit den Geschäftslokalen Ihrer wichtigsten Konkurrenten. Achten Sie auf alle Unterschiede, besonders auf die Feinheiten, die darüber entscheiden, ob man Interessenten gewinnt oder verliert. Unterschätzen Sie nicht die Bedeutung winziger Details.

3. *Telefonieren:* Bitten Sie um eine Auskunft. Bitten Sie um die Zusendung eines Prospektes oder einer Preisliste, oder stellen Sie sonstige Fragen. Rufen Sie auch bei Ihren Konkurrenten an. Konzen-

trieren Sie Ihre Beobachtung auf das Wesen und Verhalten der Person, die mit Ihnen am Telefon spricht. Schreiben Sie sich die Stärken und Schwächen, die bei diesen telefonischen Kontakten zutage treten, auf. Ich hoffe, die Stärken finden sich bei Ihnen. Falls dem nicht so ist, wird Ihnen die Spionage genau die Schwachpunkte aufzeigen, die Sie ausmerzen müssen.

4. *Vergleichen:* Wenn Sie schon einmal dabei sind, sich als Undercover-Agent zu betätigen, sollten Sie mit den Augen eines Interessenten die folgenden Bereiche bei sich und Ihrer Konkurrenz besonders genau unter die Lupe nehmen: *Service, Preise, Verpackung, Personal, Auswahl, Nachbearbeitung, Beschilderung, Geschäftsmethoden, Qualität, Marketing, Lieferservice* und *Verhalten nach dem Kauf.* Als Guerilla müssen Sie in vielen Arenen gleichzeitig kämpfen. Um erfolgreich zu sein, müssen Sie auf allen Kampfplätzen die besten Noten erzielen. Nur durch Spionage können Sie herausfinden, wie Sie nach außen wirken. Das Gegenteil eines Spions ist ein Vogel Strauß.

5. *Ausprobieren:* Es wird immer hilfreich sein, das Produkt oder die Dienstleistung Ihrer Konkurrenten selbst auszuprobieren. Selbst etwas zu besitzen oder in Anspruch zu nehmen, ist die Grundlage guter Spionage und gibt Ihnen die Möglichkeit, Ihre eigenen Unzulänglichkeiten ebenso wie Ihre Vorzüge zu erkennen. Falls Ihre Konkurrenten die Rechtsform einer Aktiengesellschaft haben, sollten Sie zusätzlich jeweils eine Aktie erwerben. So haben Sie Zugang zu den Jahresberichten, den Hauptversammlungen und zu allen Aktionärs-Informationen. Auf diese Weise können Sie eine Menge erfahren. Verlieren Sie dabei aber nie das Hauptziel aus den Augen, nämlich Ihren eigenen Betrieb zu verbessern.

Spionage ist möglicherweise der beste Weg, um den Standort des eigenen Unternehmens im Wettbewerbsspektrum kennenzulernen und mehr darüber zu erfahren, wie die Firma auf Kunden und Interessenten wirkt. Bereiten Sie sich schon während Ihres Guerilla-Trainings innerlich darauf vor, daß Ihnen ein paar niederschmetternde Wahrheiten über Ihr eigenes Unternehmen bevorstehen könnten. Die Wahrscheinlichkeit, daß Sie *alles* besser machen als *alle anderen*, ist äußerst gering. Und trotzdem muß genau das Ihr Ziel sein.

Nach der Spionage müssen Sie aus den neugewonnenen Erkenntnissen die entsprechenden Lehren ziehen. Teilen Sie die Ergebnisse allen Ihren Mitarbeitern mit. Sagen Sie ihnen, was sie besser als die Konkurrenz machen; und sagen Sie ihnen, was nicht so gut funktioniert wie bei der Konkurrenz.

Fordern Sie sie auf, Sie bei der gemeinsamen Spionage zu unterstützen. Zuvor sollten Sie sich aber vergewissern, ob jeder Mitarbeiter verstanden hat, daß der Zweck dieser Art von Spionage ausschließlich der ist, auf legale Weise Ihr Unternehmen zu verbessern. Schlüssellochgucken ist dazu nicht erforderlich. Und Sabotage hat nichts mit Spionage zu tun. Die Grundvoraussetzungen sind lediglich eine scharfe Beobachtungsgabe und ein wacher Verstand.

Dem Unternehmen der Zukunft ist bewußt, daß es ständig an sich arbeiten muß. Verbesserungen entstehen nicht in einem luftleeren Raum. Wenn Sie diese Goldene Regel der Selbstkritik und der Überprüfung anderer beherzigen, werden Sie immer wissen, wann und wo bei Ihnen Verbesserungen angebracht sind.

# Glaubwürdigkeit

## Goldene Guerilla-Marketing-Regel Nr. 39:

*Bauen Sie Ihren Kunden einen Weg des geringsten Kaufwiderstandes. Dieser Weg muß mit Glaubwürdigkeit gepflastert sein.*

Sie müssen sich damit abfinden: Kein Interessent wird Ihnen etwas abkaufen, solange Sie nicht glaubwürdig sind. Er wird nicht Ihre Telefonnummer wählen, nicht Ihren Antwortkoupon zurücksenden oder einen Blick auf Ihr Geschäft werfen. Er wird ebensowenig mit Ihrem Verkäufer reden oder Ihr Gratisangebot annehmen wollen.

Zeit ist Geld. Ihre Interessenten können es sich nicht leisten, ihre Zeit oder ihr Geld mit Leuten zu vertun, die nicht ihr volles Vertrauen besitzen. Es ist nicht weiter verwunderlich, daß *Vertrauen* nachweislich das wichtigste Einzelmotiv dafür ist, warum aus Interessenten Kunden werden. Wahrscheinlich ist das nichts Neues für Sie.

Um dieses Vertrauen zu gewinnen – keine leichte Aufgabe, wie Sie in der Zwischenzeit vielleicht bemerkt haben – müssen Sie besondere Guerilla-Marketing-Waffen zum Einsatz bringen. Ihr Ziel muß dabei sein, Glaubwürdigkeit zu erlangen und sich des in Sie gesetzten Vertrauens würdig zu erweisen.

Jede Ihrer Marketing-Unterlagen enthält unabhängig von der konkreten Text- oder Bildbotschaft eine »Über-Botschaft« – eine unausgesprochene, aber dennoch hoch bedeutsame Kommunikation mit den Interessenten.

Nehmen wir etwa einen erstklassigen Direktmailing-Brief auf billigem Briefpapier, und daneben haargenau denselben Brief auf teurem Papier, das kostbar aussieht und sich auch so anfühlt. Die Über-Botschaften der beiden Briefe unterscheiden sich ganz wesentlich. Hier ist das Papier Träger dieser Nachricht. Die Über-Botschaft ist auch in den Schrifttypen und in der Druckqualität enthalten. Die Unterschrift sollte echt aussehen. Sie könnte etwa in blauer Tinte gedruckt sein.

Es überrascht nicht, daß die Antwortquote des Werbebriefes auf billigem Papier weit unter der liegt, die auf teurem Papier gedruckt wurde, obwohl der Text in beiden Fällen identisch ist. Die Über-Botschaft des billigen Papiers war weit schwächer. *Sie hat einfach kein Vertrauen eingeflößt.* Wer kein Vertrauen besitzt, wird nichts verkaufen. Gutes Papier und guter Druck sind zwei Möglichkeiten, dieses Vertrauen zu erringen.

*Ganze Marketing-Pläne bleiben auf der Strecke, weil fehlende Aufmerksamkeit gegenüber scheinbar unwichtigen Details das Vertrauen der Interessenten untergräbt. Auf diese Weise kann sogar bereits gewonnenes Vertrauen wieder zerstört werden.*

Ein laienhaftes Firmenlogo etwa läßt Sie wie einen Amateur erscheinen. Jeder Hauch von Dilettantismus in Ihrem Marketing suggeriert Ihrem Interessenten das Potential für Dilettantismus in Ihrem Unternehmen – in allen Bereichen Ihres Unternehmens.

Soll das also heißen, daß billiges Briefpapier, fasrige Schrift und eine schwarze Unterschrift Ihre Glaubwürdigkeit zerstören? Nein, nicht notwendigerweise. Aber Schäbigkeit stärkt Ihre Glaubwürdigkeit auch nicht gerade. Genau das könnten Sie aber für wenig mehr Geld leicht erreichen.

*Alles und jedes, was Sie im Bereich des Marketing tun, beeinflußt Ihre Glaubwürdigkeit.* In Abhängigkeit von Ihrem Geschmack, Ihrer Intelligenz, Ihrem Fingerspitzengefühl und Ihrem Bewußtsein dieser Macht wird sich dieser Einfluß positiv oder negativ auswirken.

Dieser Tatsache sollten Sie sich bereits in dem Moment bewußt sein, in dem Sie Ihre Geschäftstätigkeit aufnehmen. Glaubwürdigkeit erzielen können Sie mit Ihrem Firmennamen, Ihrem Logo, Ihrem Grundthema, Ihrem Standort, Ihrem Geschäftspapier, Ihren Visitenkarten, Ihrer Verpackung, Ihren Prospekten, Ihren Formularen, Ihrer Inneneinrichtung, ja sogar mit Ihrer Kleidung und der Ihrer Mitarbeiter. Das Gebäude, in dem Sie sich ansiedeln? Ein wichtiger Bestandteil Ihrer Glaubwürdigkeit, sofern Kunden zu Ihnen kommen – aber kaum von Bedeutung, wenn das nicht der Fall ist.

Wenn Sie nun all diese Instrumente einer Prüfung unterziehen, verlieren Sie dabei nie die allgegenwärtige Über-Botschaft aus den Augen. Sie sollte ein Spiegel Ihrer tatsächlichen Identität sein. Alle Ihre Waffen sollten dieselbe Über-Botschaft signalisieren – eine positive

Aussage, die mühelos zu Ihrem gesamten Marketing und zu all Ihren Angeboten paßt. Sie benötigen kein Mercedes-Image, wenn Sie eine kleine Würstchenbude betreiben. Die einfache Wahrheit ist, daß schon ein Schild mit der falschen Über-Botschaft Ihr Geschäft beeinträchtigen kann. Wenn Sie ein Discount-Geschäft mit einem durchgestylten Hochglanzschild schmücken, kann es leicht sein, daß Sie Ihre preisbewußte Kundschaft verschrecken. Die weiß nämlich genau, wie ein Billigladen auszusehen hat.

Ist Ihr Geschäft erst einmal etabliert und läuft alles nach Wunsch, dann können Sie sich daranmachen, durch die Guerilla-Waffe der Qualität Ihre Glaubwürdigkeit weiter zu verbessern: mittels richtigem Verhalten am Telefon, Sauberkeit innen und außen, gutem Service und regelmäßigen Kundenkontakten. Und natürlich durch Ihre Bereitschaft, Zeit, Energie und Phantasie für Ihr Marketing aufzuwenden.

Wenn Sie in diesen Bereichen gute Arbeit leisten, werden Sie damit automatisch eine Menge anderer Guerilla-Marketing-Waffen aktivieren. Die meisten davon werden die Glaubwürdigkeit Ihres Unternehmens erhöhen. Dazu gehört, daß Sie persönlich in Ihrer Gemeinde oder Ihrem Viertel soziale Kontakte pflegen. Zu diesem Zweck müssen Sie Klubs und Vereinen beitreten, Referenzen von Ihren bestehenden Kunden erbitten und mit einer wachsenden Zahl zufriedener Stammkunden regelmäßigen Kontakt pflegen. Diese guten Stammkunden sind es, die sehr wahrscheinlich anderen von Ihnen erzählen werden. Ein freundlicher Wink mit dem Zaunpfahl mittels Ihres Marketing kann dabei nicht schaden. Im Kampf um Glaubwürdigkeit ist Mundpropaganda unbezahlbar.

Es gibt ein paar Abkürzungen auf dem Weg zu mehr Glaubwürdigkeit: Sie können etwa Artikel für Publikationen verfassen, ein Buch schreiben, Seminare und Workshops veranstalten oder öffentliche Reden halten. All diese Methoden unterstreichen Ihre Sachkenntnis, Ihre Autorität und Ihre Glaubwürdigkeit.

Weitgestreute Glaubwürdigkeit erzielen Sie durch professionellen Einsatz von PublicRelations. So können Sie den richtigen Leuten zur richtigen Zeit die richtigen Dinge sagen. Ist Ihnen das einmal gelungen, dann lassen Sie die daraus resultierenden Zeitungs- oder Zeitschriftenartikel nachdrucken. Rahmen Sie sie ein, integrieren Sie sie in Ihr Prospektmaterial und versenden Sie dieses an Kunden und Interessenten. Um mit Ihrer Öffentlichkeitsarbeit erfolgreich zu sein, sind echte Neuigkeiten und enge Kontakte zu den Medien erforderlich. Wenn Sie über solche Verbindungen nicht verfügen, können Ihnen PR-Berater weiterhelfen. Professionelle PR-Agenturen stehen mit einflußreichen Herausgebern auf du und du. Das ist fast soviel wert wie eine Goldene Regel.

Die ungeheure Glaubwürdigkeit von Publicity-Artikeln oder öffentlichen Auftritten ist nicht gerade billig, das können Sie mir glauben. Wenn Sie es aber eilig haben, Ihre Glaubwürdigkeit zu verbessern, kann PR diese Aufgabe für Sie erledigen. Natürlich können auch Ihre Messestände Ihre Glaubwürdigkeit erhöhen. Dasselbe gilt für Gratisvorführungen, kostenlose Beratungsgespräche oder Gratismuster, die Sie anbieten.

Auch eine ganzseitige Anzeige in einer angesehenen Zeitschrift stellt eine solche Guerilla-Abkürzung dar. Die einzelne Anzeige selbst wird nicht besonders viel zu Ihrer Glaubwürdigkeit beitragen, sehr wohl aber die Nachdrucke, die Sie in Ihren Geschäftsräumen aushängen, versenden und in Ihr sonstiges Marketing einbauen können. Die Saat wird aufgehen.

Auf diese Art und Weise können Sie an all der Glaubwürdigkeit, die Millionen von Lesern einer großen Zeitschrift verleihen, teilhaben. Das soll jetzt nicht heißen, daß Sie eines schönen Morgens aufwachen und der »Spiegel« nach Ihrer Pfeife tanzt. Aber auf Ihren Aushängen, Ihren Hochglanz-Prospekten und auf riesigen Posters kann stehen »... wie im ›Spiegel‹ inseriert.« Und das ist bloß ein Beispiel für eine ganze Reihe von angesehenen Zeitschriften, die Ihnen ihre Glaubwürdigkeit leihen können.

Die Auswahl der richtigen Medien für eine solche Aktion überlassen Sie am besten einer Media-Beratungsagentur. So lautet das kleine Guerilla-Geheimnis, welches Ihnen diese Goldene Guerilla-Regel mit auf den Weg gibt.

# Zurückhaltung

## Goldene Guerilla-Marketing-Regel Nr. 40:

*Reparieren Sie nichts, bevor Sie absolut sicher sind, daß es überhaupt kaputt ist.*

Der Geschäftsführer einer der bekanntesten Werbeagenturen der Welt, David Ogilvy, wurde einmal mit der folgenden Aussage zitiert, die ich hier frei wiedergebe: »Meine Aufgabe besteht aus zwei Teilen: erstens, gute Werbung zu gestalten, und zweitens, meinen Kunden beizubringen, ihre verdammten Finger davon zu lassen.«

Als Philip Morris ihre »Marlboro« auf den Markt brachte, fristete sie einige Jahre lang ein Mauerblümchendasein an einunddreißigster Stelle der Verkaufsstatistik amerikanischer Markenzigaretten. »Marlboro« hatte ein eher feminines Image. Als den Leuten von Philip Morris die Idee eines Cowboys und eines fiktiven Landes namens Marlboro Country präsentiert wurde, sagten sie sich: »Sieht ganz gut aus, versuchen wir's mal.«

Ein ganzes Jahr später, nachdem im Fernsehen, in Zeitungen, in Zeitschriften und auf riesigen Reklametafeln ein rauhbeiniger Cowboy, der sich gerade im Marlboro-Land seine Zigarette anzündet, gezeigt wurde, lag die Zigarettenmarke mit ihren Verkaufszahlen noch immer an einunddreißigster Stelle. Und sie hatte immer noch ein feminines Image. Das war von einigem Nachteil, weil zu jener Zeit Rauchen noch Männersache war.

Das Management von Philip Morris aber blieb bei seiner Kampagne, wie es jeder gute Guerilla getan hätte. Es erklärte sich einverstanden, die Werbung unverändert weiterlaufen zu lassen. Heute ist Marlboro bei weitem Marktführer – mit immer noch derselben Cowboy-Figur und derselben Wildwest-Landschaft in ihren Anzeigen. Heute hat Marlboro ein eindeutig männliches Image, und trotzdem greifen auch zahlreiche Frauen zu dieser Zigarettenmarke.

Die Aussage von David Ogilvy bringt die Notwendigkeit zum Ausdruck, Vorsicht walten zu lassen, wenn es um die Frage einer nachträglichen Änderung Ihres Marketing geht. Die Erfolgsgeschichte von Marlboro ist ein gutes Beispiel für diese Philosophie.

Manchmal ist es schwierig, seine Marketing-Linie beizubehalten, wenn einem Mitarbeiter, Freunde und Familienmitglieder zu einer Umgestaltung raten, einfach weil es ihnen schon zu langweilig wird. Es ist eine harte Prüfung, der Verlockung zu größeren Modifikationen zu widerstehen, wenn einem die Konkurrenz im Nacken sitzt oder wenn Großkonzerne die Interessenten mit raffinierten Spezialeffekten umwerben. Auch wenn Sie Vergleiche mit dem Marketing anderer Unternehmen anstellen, könnten Sie auf den Geschmack kommen, Ihr Marketing ständig abzuwandeln, weil jene es auch tun.

Aber Sie müssen durchhalten. Als Guerilla wissen Sie schließlich, daß vor allem spürbare Kontinuität Ihrem Marketing zum Erfolg verhilft. Und weil Sie nicht von gestern sind, ist Ihnen mittlerweile auch klargeworden, daß Standhaftigkeit Zurückhaltung voraussetzt.

Unternehmen, die sich angewöhnt haben, ihre »verdammten Finger von ihrem Marketing zu lassen«, können oft jahrzehntelang mit demselben Grundthema erfolgreiche Werbung machen. Im Schönheitssalon der Frau Tilly baden immer noch Hausfrauen ihre Hände in Palmolive-Spülmittel. Und Senta Berger in gedämpftem Licht war über Jahrzehnte das Synonym für Rexona-Seifen und -Deodorants.

Einige der gegenwärtig erfolgreichsten Unternehmen erzielen kräftige Gewinne durch besonders aggressives Marketing. Andererseits habe ich schon den Untergang allzu vieler aufstrebender, junger Unternehmen mit ansehen müssen. Und ich möchte auf keinen Fall, daß Ihr ganzer Idealismus vor dem Konkursrichter endet. Ich möchte Ihnen eine Art von Marketing näherbringen, das den Unternehmen, in denen es zur Anwendung kam, über lange Zeiträume gedient hat. Einem Guerilla geht es um den langfristigen Erfolg, nicht um die schnelle Mark.

Natürlich ist ein Guerilla aggressiv in seinem Marketing, er hält immer Ausschau nach neuen Wegen. Ständig experimentiert und testet er, aber bei alldem läßt er sich immer auch von Zurückhaltung leiten.

Es ist einfacher, aggressiv zu sein, zu forschen und zu experimentieren als Zurückhaltung zu üben. Wenn Sie sich aber einmal für einen Marketing-Plan und für eine Marketing-Kampagne entschieden haben, werden Sie nur dann den Sieg davontragen, wenn Sie auch Zurückhaltung auf die Liste Ihrer Verbündeten setzen.

Der erzkonservative Leitspruch »Was nicht kaputt ist, braucht man auch nicht zu reparieren« sollte im Marketing zur Anwendung kommen. Aber Zurückhaltung scheint ein seltenes Gut zu sein. Unternehmer verspüren einen unwiderstehlichen Drang, »*etwas*« mit ihrem Marketing zu tun. Dieses »Etwas« sollte am besten sein, *es in Ruhe zu lassen*.

All Ihre kleinen grauen Zellen und Ihre Kreativität sollten ganz zu Beginn aufgewendet werden, wenn Sie Ihre Marketing-Strategie entwickeln, und nicht nachdem Ihre Marketing-Kampagne bereits gestartet wurde. Natürlich werden Ihnen nachträglich Ideen dafür kommen, welche neuen Marketing-Waffen Sie einsetzen könnten. Ein Guerilla hält ständig nach solchen Möglichkeiten Ausschau. Setzen Sie sie ein, und zwar mit Nachdruck. Aber das darf keineswegs auf Kosten Ihres altbewährten Marketing gehen. Zerstören Sie nicht, was Sie bereits erreicht haben. Fügen Sie etwas hinzu, aber ändern Sie es nicht.

Wenn Sie das Gefühl haben, unbedingt etwas tun zu müssen, dann verstärken Sie energisch Ihre gegenwärtigen Marketing-Aktivitäten. Als Guerilla kämpfen Sie immer mit mehreren Waffen und an mehreren Fronten zur gleichen Zeit. Sorgen Sie dafür, daß Sie alle Ihre Waffen meisterhaft beherrschen. Eliminieren Sie die Blindgänger und verstärken Sie jene, die die meiste Feuerkraft haben.

Sie können in diesem Stadium noch an der Feinabstimmung Ihres Marketing arbeiten, müssen aber aufpassen, daß Sie ihm dabei nicht den Hahn zudrehen. Bleiben Sie Ihrem Grundthema und Ihrer Identität treu. Wenn all Ihre Konkurrenten etwas Fabelhaftes machen, das Sie noch nicht im Programm haben, dann sollten Sie das auf jeden Fall auch tun. Aber solange Sie nicht rückhaltlos und ohne Zweifel davon überzeugt sind, daß größere Veränderungen fällig sind – ändern Sie lieber nichts. Ihre Aufgabe als Marketing-Guerilla lautet, zu Beginn mit beiden Händen kräftig zuzupacken, aber Ihre Finger davon zu lassen, sobald das Marketing einmal läuft.

Es ist nicht leicht, das eigene Marketing in Ruhe zu lassen. Und das sollten Sie eigentlich auch nicht wirklich tun. Sie sollten es ständig verbessern und ausweiten. Das heißt aber nicht, es zu ändern.

Solange Ihr Marketing nicht zumindest ein Jahr alt ist, können Sie mit großer Wahrscheinlichkeit noch gar nicht beurteilen, ob es ein Reinfall oder ein Erfolg ist. Und wenn Sie sich in dieser Zeit nicht in Zurückhaltung üben und stattdessen anfangen, daran herumzubasteln, kann es sein, daß Sie etwas zerstören, das gerade dabei ist, sanft seine Wirkung zu entfalten. Und wenig später Ihre optimistischsten Erwartungen übertreffen wird.

Worauf es ankommt, ist, *die Sache gleich von Anfang an richtig zu machen*. Wenn ein Haufen gescheiter Leute sich für eine Strategie entscheidet, und die Marketing-Unterlagen zur Umsetzung dieser Strategie erfolgreich getestet wurden, dann bedeutet das, daß Sie auf dem richtigen Weg sind.

Und wenn Sie auf dem richtigen Weg sind, dann lassen Sie den Dingen ihren Lauf. Manche Unternehmen glauben, sie müßten ihr Marketing ständig veredeln. In Wirklichkeit sabotieren sie es unbewußt durch diese ständige Einmischung. Wenn Guerillas von einem solchen Drang befallen werden, gehen sie spazieren oder joggen eine Runde, essen einen Apfel, machen fünfzig Kniebeugen oder gehen Radfahren. Aber sie doktern auf keinen Fall an ihrem Marketing herum. Wissen sie doch genau, daß die Zeit für sie arbeitet. Sie lassen sich einfach von der Goldenen Regel der Zurückhaltung leiten.

# In zweiter Reihe

## Goldene Guerilla-Marketing-Regel Nr. 41:

*Es ist ein lohnendes Ziel, in der ersten Reihe zu stehen, sobald Ihr Interessent sich zum Kauf entschließt; ertragreicher ist aber oft ein Platz in der zweiten Reihe.*

Wenn Sie so dringend liquide Mittel brauchen, daß Sie *jetzt sofort* eine schnelle Geldspritze benötigen, dann ist diese Geldknappheit mit Sicherheit nicht das einzige Problem in Ihrer Firma.

Finden Sie die anderen Probleme heraus, oder geben Sie auf. Guerilla-Marketing kann nicht ein schlecht geführtes Unternehmen retten. Die Natur eines Guerilla-Marketing-Angriffes – kraftvolle Offensive – wird in allen Bereichen zur Expansion führen, das gilt auch für die Probleme. Ist es wirklich zuviel verlangt, wenn ich von Ihnen erwarte, daß Sie Ihr Unternehmen vervollkommnen? Das müssen Sie aber, wenn Sie Ihre Position als Zweiter in den Herzen, dem Bewußtsein und den Einkaufsplänen Ihrer Interessenten einnehmen wollen.

Häufig wird man durch leere Taschen, die Unmöglichkeit, weitere Kredite zu erhalten, verzweifelte Situationen oder mangelnde Weitsicht dazu gezwungen, sein gesamtes Waffenarsenal darauf zu konzentrieren, jetzt sofort schnelle Umsätze zu erzielen. Man ist darauf angewiesen, wie besessen in der ersten Reihe zu stehen, um das Geschäft mit dem Interessenten machen zu können. Und sein Geld zu kassieren. Auf den ersten Blick klingt das logisch.

Solch ein Mangel an Weitblick hat schon zahlreiche Unternehmer gleich zu Beginn ihres kurzlebigen Geschäftslebens zum Untergang verurteilt. Obwohl auch sie sehr wahrscheinlich die Absicht hatten, für längere Zeit im Geschäft zu bleiben, ist es anders gekommen. Ihr Marketing war zu sehr darauf ausgerichtet, in der ersten Reihe zu stehen.

Guerillas aber wissen, daß sie hinter diesen ersten Platz in der

Reihe hinausschauen müssen. Die zweite Reihe hat viel für sich. Der Grund? *Die sich ganz vorne drängeln, neigen dazu, auch als erste aus dem Spiel auszuscheiden.*

Denken Sie immer daran, daß 80 Prozent der verlorenen Kunden wegen Untätigkeit nach einem erfolgreichen Verkauf abspringen. Unternehmer in der ersten Reihe neigen dazu,

- ihre Kunden zu vernachlässigen
- einen unterdurchschnittlichen Service zu bieten
- die Qualitätserwartungen nicht zu erfüllen
- in Lieferverzug zu geraten
- bei Preiserhöhungen zu übertreiben
- Anrufer zu lange in der Leitung warten zu lassen
- unpünktlich zu Verabredungen zu erscheinen
- der Bequemlichkeit ihrer Kunden nicht genug Aufmerksamkeit zu schenken
- Dinge zu tun, die sie um das Vertrauen ihrer Kunden bringen.

Und was glauben Sie, wohin diese mißhandelten Kunden gehen werden? *Sie gehen zu jenen Unternehmen, die gleich dahinter geduldig in der zweiten Reihe stehen.*

Um kein Mißverständnis aufkommen zu lassen: Man kann sehr wohl wunderbaren Service mit dem Ziel bieten, der Erste zu sein. Den Wenigsten gelingt das allerdings auf die Dauer. Bei den Konkursgerichten stapeln sich die Akten solcher Unternehmen, die diesem Ziel nachgejagt sind und denen irgendwo unterwegs die Luft ausgegangen ist. Wir wissen auch wo. Im Bereich der Kunden-Nachbearbeitung. Bei den vielen Kleinigkeiten, die so unbedeutend erscheinen, daß ihnen niemand Beachtung schenkt.

Es kommt selten vor, daß man auf seinem Gebiet der Erste ist. Wie kann man also einen Platz in der zweiten Reihe erreichen? Die Antwort finden Sie, wenn Sie ein paar Seiten zurückblättern: mit einer *kontinuierlichen Marketing-Offensive*. Sichern Sie Ihrem Unternehmen seinen Platz in der zweiten Reihe mit den Guerilla-Marketing-Waffen, die für einen ununterbrochenen Einsatz geeignet sind. Es gibt hunderte Waffen, aber viele davon eignen sich nicht für ständige Wiederholungen. Wie oft müssen Sie beispielsweise einen Marketing-Plan entwickeln oder ein Logo entwerfen?

Andererseits gibt es hochwirksame Waffen, die Sie kontinuierlich zum Einsatz bringen können, um der Zweite in der Reihe zu werden oder auch, um Ihren Platz in der ersten Reihe zu verteidigen. Die wirkungsvollsten dieser Waffen sind:

- Ihr *öffentliches Engagement*, entweder in Ihrem Viertel oder in Ihrer Branche.
- Ihre *Referenzen-Liste*, also die systematische Methode, mit Hilfe Ihrer bestehenden Kunden neue Kunden zu gewinnen.
- Ihr *Verkaufstraining*, damit die Dinge in Schwung bleiben und Ihre besten Verkaufsargumente laufend verkündet und wiederholt werden.
- Ihre *Werbung*, um Interessenten daran zu erinnern, daß es Sie noch gibt, warum sie mit Ihnen Kontakt aufnehmen sollten, oder auch um diesen Kontakt erstmals überhaupt herbeizuführen.
- *Ihre Informationssuche*, um etwas über die Probleme Ihrer Interessenten in Erfahrung zu bringen und sie besser kennenzulernen.
- Ihr *Verhalten am Telefon*, innerhalb und außerhalb des Unternehmens, als Beweis dafür, daß es leicht ist, mit Ihrer Firma Geschäfte zu machen.
- Ihre permanenten Angebote von *kostenloser Beratung*, *Gratis-Mustern*, *Vorführungen, Seminaren, Werbegeschenken*, eines Redners und so weiter.
- Ihre *Marketing-Kooperationen*, die beweisen, daß Sie auch von anderen Unternehmen akzeptiert werden. Also könnte man es einmal mit Ihnen versuchen.
- Ihr *Service*, der bereits lange vor dem Kauf einsetzt, indem Sie Ihre Interessenten beraten und ihnen Ihre Hilfe anbieten.
- *Ihr Werberundschreiben*, das mehr informiert als verkauft und Ihnen ständige Aufmerksamkeit sichert, also Ihre Platzkarte für die richtige Reihe ist.
- Ihre *Spionage*, die Ihnen die eigenen Schwächen und die Stärken der anderen zeigt, so daß Sie Ihre Schwachpunkte ausmerzen können.
- Ihr *Bewußtsein für die Bedeutung von Markennamen*, die die Zeit zu Ihrem Verbündeten macht, Beständigkeit zu Ihrer Politik erhebt und Ihnen den richtigen Platz in der langen Reihe sichert.

- Ihr *Guerilla-Stellvertreter*, der den Überblick über die Vielzahl von Marketing-Waffen, die Sie gleichzeitig einsetzen, bewahrt, besonders die hier genannten.
- Ihr Gespür für *Wettbewerbsfähigkeit*, das Sie immer wieder von neuem dazu anspornt, stets eine große Vielfalt von Waffen aufzubieten.
- Ihre *Nachbearbeitung*, nicht nur bei Kunden, sondern auch bei Interessenten, während Sie sich Zentimeter um Zentimeter weiter zur Frontlinie vorarbeiten.

Konsequenter Einsatz dieser Taktiken und Verhaltensweisen wird Sie genau dahin bringen, wohin Sie – *vorläufig* – wollen, nämlich in die zweite Reihe. Als Guerilla wird Ihr Aufenthalt an diesem geschätzten Ort nur von kurzer Dauer sein. Ihr Sinn für Marketing wird Sie in vielen Bereichen bald in die erste Reihe katapultieren. Das ist dann eine behagliche Position, die von Guerillas als ihre natürliche Heimat betrachtet wird.

Andere Unternehmen, einige von ihnen Guerillas wie Sie, werden augenblicklich hinter Ihnen in die zweite Reihe aufschließen. Aber Guerillas kleben geradezu an ihren Kunden, weil sie nach den Grundsätzen dieser Goldenen Regel leben und handeln.

# Zeigen Sie Ihre Fürsorge

## Goldene Guerilla-Marketing-Regel Nr. 42:

*Im Geschäftsleben gibt es mehr Pleiten als Erfolgsstories. Die Erfolgreichen sich diejenigen, die beweisen, wie sehr ihnen das Wohl ihrer Kunden am Herzen liegt.*

Sie können all die flotten Sprüche aufsagen, Ihr Angebot mit den richtigen Worten formulieren und Ihr Credo mit Bekenntnissen Ihrer Fürsorge für Ihre Kunden versüßen. Trotzdem werden Sie erst dann ernstgenommen, wenn Sie Ihren Kunden – und Ihren Interessenten – bewiesen haben, daß Ihnen ihr Wohl wirklich am Herzen liegt.

Sich um seine Kunden zu *sorgen*, ist etwas anderes, als ihnen einfach Aufmerksamkeit entgegenzubringen. Viele Firmen überschütten ihre Kunden mit Aufmerksamkeit, aber nur wenige zeichnen sich durch echte Fürsorge aus. Guerillas wissen genau, wie man ein Matador des Dienstes am Kunden werden kann.

Die folgenden 20 Möglichkeiten zeigen Ihnen Mittel und Wege, wie Sie den Beweis Ihrer Fürsorge für den Kunden antreten können:

1. Halten Sie die Prinzipien Ihres Kundenservice in einem *schriftlichen Dokument* fest. Solch ein Schriftstück sollte vom Chef persönlich kommen.
2. Organisieren Sie ein *System unterstützender Maßnahmen*, aus denen der absolute Vorrang des Dienstes am Kunden als klare Anweisung hervorgeht.
3. Entwickeln Sie ein *gerechtes Beurteilungssystem* für herausragende Leistungen im Kundenservice, und belohnen Sie Mitarbeiter, die sich in diesem Bereich besonders hervortun.
4. Sorgen Sie dafür, daß Ihre Passion für den Dienst am Kunden *in Ihrem gesamten Unternehmen* vorherrscht, nicht bloß an der Spitze.

5. Tun Sie alles in Ihrer Macht Stehende, um jenen Mitarbeitern, die direkten Kundenkontakt haben, eine tiefe *Hochachtung vor der Bedeutung eines guten Kundenservice* einzuflößen.

6. Seien Sie *aufrichtig darum bemüht*, einen umfassenderen und besseren Dienst am Kunden als jeder andere in Ihrer Branche zu bieten.

7. Versichern Sie sich, daß jeder Ihrer Mitarbeiter, der mit Ihren Kunden in Berührung kommt, sich ihnen mit *größter Aufmerksamkeit* widmet. Die Kunden müssen das spüren können.

8. Stellen Sie Ihren Kunden Fragen und *hören Sie bei den Antworten genau zu*. Haken Sie nach, um noch genauere Antworten zu bekommen.

9. *Halten Sie Kontakt* zu Ihren Kunden: per Brief, durch Postkarten oder Aussendungen, telefonisch, auf Messen und durch Fragebögen.

10. Bauen Sie zusätzlich zu Ihrer geschäftlichen Verbindung eine *persönliche Beziehung* zu Ihren Kunden auf. Erweisen Sie ihnen gelegentlich eine Gefälligkeit. Bringen Sie ihnen etwas bei. Machen Sie ihnen Geschenke. Führen Sie sie aus. Ihre Kunden verdienen es, auf diese ganz besondere Art behandelt zu werden. Wenn Sie es nicht tun, wird sich bestimmt jemand anders finden.

11. Denken Sie daran, daß Kunden *Bedürfnisse und Erwartungen* haben. Erstere müssen Sie befriedigen, zweitere sollten Sie sogar übertreffen.

12. Finden Sie heraus, warum Großunternehmen wie 3M Qualität als *»Anpassung an die Bedürfnisse des Kunden«* definieren.

13. *Seien Sie hellhörig für neue Trends* und reagieren Sie darauf. McDonald's arbeitet nach dem Motto »Wir sind Branchenführer, weil wir unseren Kunden folgen«.

14. Tauschen Sie mit den *Leuten an der Front* Informationen aus. Montagearbeiter oder Vertreter sollten sich regelmäßig treffen, um über Möglichkeiten zu beraten, wie man den Service verbessern könnte.

15. Weil Kunden nun einmal menschliche Wesen sind, sollten Sie an ihre *Geburtstage und sonstige Jubiläen* denken. Sie müssen um kontinuierlichen Kontakt bemüht sein.

16. Denken Sie einmal über Möglichkeiten für *gemischte Veranstaltungen* nach, bei denen die Kunden Ihre Mitarbeiter besser kennenlernen können und umgekehrt. So entstehen Freundschaften.

17. *Bauen Sie Ihre Telefonanlage so aus*, daß Ihr Unternehmen am Telefon einen freundlichen und professionellen Eindruck hinterläßt. Die Kunden spüren dann, daß man mit Ihnen leicht Geschäfte machen kann.

18. Achten Sie darauf, daß Ihre Geschäftsräume durch Effizienz, klare Beschriftung, gute Beleuchtung, Behindertenfreundlichkeit und Übersichtlichkeit bestechen.

19. Handeln Sie in dem Bewußtsein, daß die Kunden am allermeisten Aufmerksamkeit, Verläßlichkeit, prompte Bedienung und Kompetenz zu schätzen wissen.

20. Eine nordamerikanische Warenhauskette hat in ihrem Servicehandbuch für Mitarbeiter einen Grundsatz festgehalten, der durch seine Schlichtheit besticht: »Verlassen Sie sich in allen Situationen auf Ihr gutes Urteilsvermögen. Andere Regeln gibt es nicht.«

Ihre Fürsorge können Sie am besten dadurch unter Beweis stellen, daß Sie ein besonderes Augenmerk auf die kleinen Dinge richten. Es gibt eine Unzahl solcher Details. Eine große Fluglinie stellt das in ihrer Werbung als »Augenblicke der Wahrheit« dar. Ein »Augenblick der Wahrheit« ist jeglicher Kontakt, den irgendeine Person aus ihrer Organisation mit einem Kunden hat. Diese Fluglinie schätzt, *daß sie 50000 Augenblicke der Wahrheit pro Tag hat.* Ihr Ziel ist es, jeden dieser Momente so zu gestalten, daß er zur Zufriedenheit des Kunden verläuft. Alles, was man sehen kann, worauf man herumgehen, was man halten, hören, besteigen, riechen, überspringen, berühren, benutzen, ja sogar schmecken kann, was man fühlen und ertasten kann, ist so ein Augenblick der Wahrheit. Ein winziges Detail, das zusammen mit zahllosen anderen Kleinigkeiten die Entscheidung über einen Kauf bestimmt.

Seien Sie der Lehrer Ihrer Kunden. Eine große Druckerei hält ihre Kunden durch Intensivlehrgänge immer über die neuesten technischen Entwicklungen auf dem laufenden. Dabei lernen die Kunden, wie sie die besten Druckergebnisse erzielen können. Steuerberatungskanzleien wenden sich mit dem Angebot öffentlich zugänglicher Seminare sowohl an Klienten als auch an Buchhalter. Küchengerätehersteller und Küchenerzeuger können ihre Fürsorge für ihre Kunden beweisen, indem sie ausführlich alle Funktionen der Geräte, die sie verkaufen, vorführen.

Läuft einmal etwas schief, dann haben Sie erst recht Gelegenheit, Ihre Fürsorge zu zeigen, indem Sie eine Lösung finden, die den Kunden voll zufriedenstellt. Die beste Garantie lautet immer noch: »Wenn Sie etwas gekauft haben und Sie nicht damit zufrieden sind, dann nehmen wir es zurück und erstatten Ihnen den vollen Kaufpreis. Punkt.« Apropos, Untersuchungen haben ergeben, daß zirka 30 Prozent aller geschäftlichen Probleme von den Kunden verursacht werden. Bleiben 70 Prozent für Sie. Sie beweisen Ihre Fürsorge, wenn Sie die Dinge zu 100 Prozent bereinigen, ohne lange zu fragen, wer schuld an dem Mißgeschick ist.

Es ist leicht, einen *dankbaren* Kunden sympathisch zu finden. Kluge Unternehmen erkennt man aber an dem Eifer, mit dem sie *Kundenreklamationen* bearbeiten. Zuerst lösen sie das Problem, und erst dann kümmern sie sich um die Bürokratie. Sie wissen genau, daß Kunden, die sich beschweren, für eine Guerilla-Firma ein Aktivposten sein können. Guerillas befassen sich äußerst intensiv mit allen Beschwerden.

Ein Kunde, der reklamiert, hat nämlich entschieden, daß es sich lohnt, um Ihre geschäftliche Verbindung zu kämpfen. Andernfalls würde er sich nicht die Mühe machen. Es gibt Studien, die beweisen, daß jede Beschwerde, die Sie zu hören bekommen, für 24 weitere steht, die gar nicht erst an Ihr Ohr dringen. Achten Sie auf wiederholte Beschwerden aus denselben Gründen. Veranlassen Sie sofort die nötigen Verbesserungen.

Und vergessen Sie nicht, sich zu entschuldigen, wenn einmal etwas danebengeht. Das allein genügt oft schon, um den Kunden davon zu überzeugen, daß Sie eine zweite Chance verdient haben. Entschuldigungen kosten keinen Pfennig. Ebensowenig wie schriftliche Entschuldigungen, die Sie den verbalen folgen lassen sollten.

Das Ziel sollte es ohne Frage sein, Beschwerden überhaupt zu vermeiden. Das ist natürlich ein unmögliches Vorhaben. Aber so haben Sie wenigstens Gelegenheit, Ihre Fürsorge unter Beweis zu stellen. Ermuntern Sie Ihre Kunden, ihren Eindruck über Ihren Service kund zu tun. Das kann mittels Fragebögen (immer mit frankiertem Antwort-kuvert), Einwurfkästen für Vorschläge und Kritik im Geschäftslokal und durch Briefe an Ihre wichtigsten Kunden mit der expliziten Bitte um Anregungen geschehen. So beweisen Sie nicht nur, wie sehr Sie um Ihre Kunden bemüht sind. Sie finden gleichzeitig mögliche Schwachstellen heraus und gelangen sicher durch jeden einzelnen Punkt dieser Goldenen Regel.

# Geben und Nehmen

## Goldene Guerilla-Marketing-Regel Nr. 43:

*Unternehmen, die sich Gedanken darüber machen, was sie ihren Kunden zu geben haben, leben besser als solche, die sich nur darüber den Kopf zerbrechen, wieviel Profit sie aus ihnen ziehen können.*

Manche Firmen verteilen Geschenke an ihre Kunden. Manche geben kostenlose Rundschreiben heraus. Andere geben Parties oder veranstalten unentgeltliche Seminare. Nur wenige Unternehmen tun all das und noch ein bißchen mehr. Andere wiederum geben nie etwas her. Sie nehmen immer nur von ihren Kunden.

Würden Sie sich als Kunde mehr von einem Unternehmen, das zu geben weiß, oder von einem, das immer nur nimmt, angezogen fühlen? Würden Sie als Marketing-Profi Ihre eigene Firma als Geber oder Nehmer bezeichnen? Wenn Sie ein bekennender Guerilla sind, dann ist es Ihnen geradezu ein Bedürfnis zu geben. Und Sie wissen ja, wie gerne die Kunden etwas geschenkt bekommen.

Nehmen Sie an, Sie hören von einem vollbelegten Appartmenthaus. Das ist an und für sich nichts Ungewöhnliches. Dann erfahren Sie aber, daß die anderen Wohnhäuser in dieser Gegend lediglich eine Auslastung von 70 Prozent haben. All diese Wohnhäuser befinden sich in derselben Wohngegend einer größeren Stadt, verlangen annähernd dieselben Mieten, haben etwa dieselbe Größe und bieten im Prinzip dieselben Annehmlichkeiten. Dann graben Sie etwas tiefer und finden heraus, daß beim vollbelegten Gebäude kostenlose Autopflege in der Miete enthalten ist.

Kostenlose Autopflege? Was soll das nun wieder heißen? Es ist eine Guerilla-Marketing-Waffe, die einen ansehnlichen Gewinn abwirft. Es ist auch ein Service, der von den Mietern sehr geschätzt wird.

Dazu braucht man nur einen Mitarbeiter, der einmal wöchentlich die Autos aller Mieter wäscht. Egal, wieviel man dieser Person zahlt, es ist mit Sicherheit ein lächerlicher Betrag im Vergleich dazu, was 30

Prozent leerstehende Wohnungen kosten würden. Das vollbelegte Appartmenthaus gibt etwas, und kassiert nicht bloß die Mieten. Man sollte meinen, daß eine Kleinigkeit wie eine Gratis-Autowäsche keinen Einfluß darauf hat, wo jemand wohnen möchte. Das kann aber durchaus der Fall sein, besonders in Zeiten einer Rezession. Eine Autowäsche scheint so unbedeutend im Verhältnis zum gesamten Lebensplan. Aber diese scheinbar unbedeutenden Kleinigkeiten haben genügend Gewicht, um einen Interessenten zu veranlassen, nicht nur das Schild an der Außenseite zu betrachten, sondern reinzugehen und nachzufragen.

Im Kern geht es dabei um folgendes: Manche Unternehmen gehören zu den Gebern und finden Gefallen daran, Geschenke zu verteilen, um Interessenten anzulocken und treue Kunden durch Belohnungen bei der Stange zu halten; andere wiederum sind Nehmer, die keinen Finger rühren, ohne dafür gleich eine Rechnung auszustellen.

Was meinen Sie, erkennt ein Interessent den Unterschied? Darauf können Sie Ihre gesamten Ersparnisse verwetten. Auch wenn sie im Augenblick Kunde bei Nehmer-Firmen sind, würden die Leute im Zweifelsfall – bei vergleichbaren Angeboten – lieber bei einem Geber-Unternehmen einkaufen.

Was für Sachen bieten Geber-Unternehmen sonst noch an, außer kostenloser Autowäsche? In guten Warenhäusern wird man am Eingang von einem Angestellten liebenswürdig begrüßt und gefragt, womit man dienen könne. Der Grüßende erhält von Ihnen im Gegenzug nichts, außer – hoffentlich – einem Lächeln. Deshalb ist das eine Geber-Taktik.

Geber-Firmen spielen gerne das Zeige-Und-Verkaufe Spiel, das Interessenten sehr zu würdigen wissen. Dabei besteht ein ausgewogenes Verhältnis zwischen Information und Verkaufsbemühungen. Heißt das also, daß Geben bedeutet, etwas zu bekommen? Genau so ist es.

Heutzutage gibt es mehr Gelegenheiten als jemals zuvor, sich als Geber-Unternehmen auszuzeichnen. Falls Ihnen das bislang entgangen sein sollte, wir stehen gerade an der Schwelle zum Zeitalter der elektronischen Prospekte. Kluge Firmen verschenken Videokassetten und Audiokassetten über sich. Richtig gemacht, können diese elektronischen Verkäufer gute Arbeit leisten. Darüber hinaus eignen sie sich hervorragend dafür, die Beziehungen zu Ihren Interessenten zu pflegen und machen allgemein einen guten Eindruck. Die Leute werden sich zu Ihrem Unternehmen hingezogen fühlen, wenn Sie mit einem netten Geschenk ein gutes Klima schaffen. Dasselbe gilt für Dankschreiben, eine Geste, für die Sie nichts im Gegenzug verlangen, die aber großes Gewicht hat.

Geber-Firmen erregen Wohlgefallen – und erzielen Gewinne – durch kleine Bestechungen, Gratismuster, Vorführungen, kostenlose Beratungsgespräche, Plakate, Broschüren, informative Kataloge und andere Publikationen. Solche Unternehmen könnten etwa eine Kolumne in einer Zeitschrift schreiben, die von ihren Interessenten gelesen wird. Sie verlangen dafür von der Zeitschrift unter Umständen nicht einmal ein Honorar. Alles, worauf sie Wert legen, ist eine Verfasserangabe, aus der ihr Firmenname hervorgeht, und vielleicht auch noch der Abdruck ihrer Telefonnummer.

Eine weitere Gelegenheit bieten Ansprachen vor örtlichen Vereinen und Verbänden. Die Redner bieten ihrem Publikum wertvolle und interessante Informationen, verkaufen dabei aber nichts und verlangen keine Gegenleistung für ihre Zeit und die preisgegebenen Daten. Es ist nicht weiter überraschend, daß die Zuhörer bei solchen Veranstaltungen dazu neigen, später bei jenen Unternehmen zu kaufen, die durch solch blendende Redner vertreten werden. Sie haben ja ihre Sachkenntnis schon unter Beweis gestellt.

Die Idee dabei ist, so wie bei dem Vermieter mit der Gratis-Autowäsche, den Leuten *mehr zu geben als sie erwarten*. Das ist der Leitgedanke allen Guerilla-Verhaltens im Geschäftsleben.

Besonders schwer fällt das nicht, wenn Sie überlegen, daß vieles von dem, was Sie geben können, ohnehin unter den Sammelbegriff des Dienstes am Kunden fällt. So gesehen, kosten Sie viele Extras im Prinzip gar nichts. Sie brauchen kein Vermögen auszugeben, um aus Ihrer Firma ein Geber-Unternehmen zu machen.

Denken Sie über Serviceleistungen oder Produkte oder Geschenke oder Informationen nach, die Sie kostenlos anbieten könnten. Sobald Sie Ihre Erkenntnisse umsetzen, kann auch aus Ihrer Firma ein Geber-Unternehmen werden. Und Sie werden staunen, wieviele Interessenten sich wie von Zauberhand in zahlende Kunden verwandeln. Nur ist dabei keine Zauberei im Spiel. Es ist einfach das Ergebnis Ihrer Großzügigkeit.

Geber-Firmen erwecken den Anschein – und nicht selten stimmt das auch –, kundenorientierter zu sein als Nehmer-Firmen. Daraus folgt, daß sie einen höheren Umsatz machen, mehr Wiederholungskäufe verbuchen können, eine bessere Mundpropaganda haben und am Ende einen höheren Gewinn einstreichen.

Für einen Guerilla kommt der Dienst am Kunden immer an erster Stelle. Das beweist er immer wieder dadurch, daß er Waren oder Dienstleistungen mit einem gewissen Wert verschenkt und nicht irgendeinen Trödel. So erhält Ihr Unternehmen einen Ruf, großzügig zu sein, nicht zuviel Druck auf seine Interessenten auszuüben. Jeder weiß doch, daß Firmen, die einen ständig unter Kaufdruck setzen, lieber nehmen als geben. Geber-Firmen gelingt es, eine unbewußte Verpflichtung zum Kauf hervorzurufen. Sie erwecken Wohlwollen und heben sich wohltuend ab von den anderen Unternehmen, die gierig alles an sich raffen, was ihnen in die Hände kommt.

Die Mathematik beim Guerilla-Marketing ist faszinierend: Je mehr Sie geben, desto besser verdienen Sie; je weniger Sie geben, desto weniger verdienen Sie. Nur jemand, der diese Goldene Regel kennt, weiß warum.

# Guerilla-Netzwerke

## Goldene Guerilla-Marketing-Regel Nr. 44:

*Um ein gutes Netzwerk von Beziehungen aufzubauen, stellen Sie Fragen, hören Sie gut bei den Antworten zu und konzentrieren Sie sich auf die Probleme der Leute, mit denen Ihr Netzwerk Sie verbindet.*

Als Guerilla müssen Sie wissen, daß der Zweck von Netzwerken darin besteht, mehr über die Probleme anderer Leute zu erfahren. Nur so können Sie die richtigen Lösungen anbieten. Ein Netzwerk aufzubauen bedeutet für einen Guerilla, daß er gesellschaftliche Kontakte zum Vorteil seines Geschäftes pflegt.

Ein Netzwerk ausschließlich mit der Absicht zu betreiben, sich selbst zu verkaufen, wäre der falsche Ansatz. Verschwenden Sie Ihre Energie nicht durch Reden. Hören Sie stattdessen lieber zu. Geben Sie den anderen Gelegenheit, ihr Herz zu erleichtern. Wenn Sie Ihre Fäden zu den richtigen Leuten spinnen, dann werden diese Leute fast alle bald zu Ihren Interessenten zählen. Ein Maßstab zur Beurteilung Ihres Netzwerkes ist der *Prozentsatz von Interessenten, die zu Kunden werden.* Je höher diese Zahl ist, desto besser ist Ihr Netzwerk.

Ein anderes Kriterium ist die *Menge an erhaltenen Informationen.* Je mehr Sie erfahren, desto besser funktioniert Ihr Netzwerk. Ein weiterer Maßstab: *Großzügigkeit.* Je mehr Sie geben können, desto besser ist Ihr Netzwerk. Geben Sie Ihrem Interessenten eine wichtige Information preis, kurz und bündig präsentiert. Oder verhelfen Sie ihm zu einem wichtigen Kontakt. Je nützlicher Ihr Informations-Leckerbissen für die betreffende Person ist, desto besser ist Ihr Netzwerk. Soweit einige Beispiele aus dem Cocktail von Möglichkeiten, die sich einem geschickten Guerilla-Netzwerker bieten.

In den sechziger Jahren verstand man unter Netzwerken progressive, ja sogar radikale Organisationen, die Informationen über Themen wie den Frieden, die Energiekrise oder den Umweltschutz austauschten. In den achtziger Jahren wurde der Begriff Netzwerk zum Bestandteil des allgemeinen Wortschatzes für Unternehmer.

1989 konnte man im Webster's Dictionary die folgende Definition für den Begriff »Netzwerk« finden: »der Austausch von Informationen oder Dienstleistungen zwischen Einzelpersonen, Gruppen oder Institutionen«. Nicht erwähnt ist seine Funktion als Super-Marketing-Instrument für Guerillas.

Ein Netzwerk stellt einen ehrlichen und geraden Weg dar, um Vertrauen zu schaffen und Beziehungen zu pflegen. Es ist persönliches Marketing in seiner reinsten Form. Viele der Guerilla-Marketing-Waffen spielen dabei eine Rolle: Ihre Kleidung, Ihre Persönlichkeit, Ihre Begeisterung, Ihre Glaubwürdigkeit, Ihre Gewandtheit, Ihr Charme.

Ihre Aufgabe ist ganz einfach: Stellen Sie Fragen. Beginnen Sie bei den Problemen, mit denen Ihr Gegenüber bei seiner Arbeit zu kämpfen hat. Bohren Sie durch weitere Fragen nach. Wenn man sich nach dem Grund für Ihre Neugier erkundigt, dann nennen Sie Ihre Beweggründe: Ihr Unternehmen bietet für zahlreiche, ähnlich gelagerte Probleme maßgeschneiderte Lösungen an; vielleicht können Sie auch dem Gesprächspartner helfen. So kann aus einem Geschäftskontakt Freundschaft entstehen.

Um sich ein wirklich erstklassiges Netzwerk zu schaffen, sollten Sie zuerst Ihre Strategie in Schriftform festlegen – jawohl, Sie haben richtig gelesen: eine Netzwerk-Strategie. Dazu benötigen Sie lediglich drei Informationen. So etwas kann ungeheuer hilfreich sein, um die richtigen Gelegenheiten zur Netzwerk-Pflege auszuwählen und das Optimum daraus zu machen.

Eine Netzwerk-Strategie bezeichnet zuerst einmal den Zweck Ihres Netzwerkes, also etwa, mehr über Probleme zu erfahren, zu deren Lösung Ihr Unternehmen beitragen kann. Danach folgt eine Liste jener wertvollen Geschenke, die Sie hergeben möchten, etwa eine wertvolle Information für die Anwesenden bei einem Treffen. Schließlich entscheiden Sie, welche Gruppen für Ihr Netzwerk von Interesse sind. Daraus können Sie ableiten, zu welchen Veranstaltungen Sie hingehen sollten und auf welche Sie verzichten können. Es ist besser, an Ihren Netzwerk-Aufbau *mit* diesen Informationen heranzugehen, als ohne sie.

Bewaffnet mit Marketing-Unterlagen in Form von Visitenkarten oder Miniprospekten – jetzt wissen Sie auch, warum so viele Guerillas Visitenkarten haben, die sich zu kleinen Faltprospekten aufklappen lassen – suchen Sie jene Konferenzen und Versammlungen auf, an denen Ihre Interessenten mit großer Wahrscheinlichkeit teilnehmen werden.

Vergeuden Sie keine Zeit mit Netzwerken von Gleichgesinnten, es sei denn, Sie suchen Partner für eine Strategische Allianz. Gehen Sie dorthin, wo Ihre Interessenten sind. Veranstaltungen auf Gemeinde- oder Bezirksebene sind oftmals eine ergiebige Quelle für Kontakte. Es kann aber auch sein, daß solche Veranstaltungen gerade für Sie nicht das geeignete Forum sind, um neue geschäftliche Kontakte zu knüpfen. Seien Sie daher äußerst wählerisch bei der Zusammensetzung Ihres Netzwerkes.

Gute Kontakte sind immer ein Vorteil, je mehr, desto besser. Aber Kontakte sind nur ein Nebenprodukt eines Netzwerkes. *Probleme* sind der eigentliche Goldesel. Wenn Sie Ihren Interessenten Gelegenheit zum Gespräch über ihre Probleme geben, können Sie Verständnis zeigen und gleichzeitig hilfreiche Ratschläge anbieten. Das ist ein ideales Sprungbrett für künftige Direktwerbung per Post und für Ihr Telefonmarketing bei diesen Interessenten. Sie können dann bereits auf Ihre Unterhaltung über das Problem Bezug nehmen. So sind Sie in der Lage, das Terrain für Ihren großartigen Lösungsvorschlag vorzubereiten.

Ihr Interessent wird sich bestimmt an Sie erinnern, waren Sie doch derjenige, der all diese Fragen gestellt und so aufmerksam zugehört hat. Sie haben sich sogar Notizen gemacht! Und Sie hatten gleich ein paar wirklich gute Lösungsvorschläge parat.

Ein Netzwerk ist auch ein ideales Forum für Gegengeschäfte. Solange es sich nicht um Mitbewerber und Konkurrenten handelt, werden einige Leute mehr als erfreut sein, ihre Produkte oder Dienstleistungen gegen Ihr Angebot tauschen zu können. Gelegentlich kommt man so zu seinen besten Einkäufen. Ich habe mich schon mehrmals darauf eingelassen und es niemals bereut. Im Gegenteil, ich habe eine Solarheizung, einen Großbildschirmfernseher und Erinnerungen an zwei wunderbare Kreuzfahrten als Ergebnis von Tauschgeschäften. Einige dieser Gegengeschäfte waren das direkte Resultat meines Netzwerkes – und scheinbar kam der Handel aus dem Nichts zustande. Ich hatte lediglich Fragen gestellt, das war alles.

Wenn ein Guerilla eine für den Netzwerkaufbau erfolgverspre-chende Situation herstellen möchte, *dann tut er etwas dafür*. Zum Er-folg benötigt er genau vier Elemente:

1. einen Gastredner mit einem interessanten Beitrag;
2. eine Gelegenheit für alle Anwesenden, sich mit ein paar Worten selbst vorzustellen, eine Ankündigung zu machen und ihre Visiten-karte oder einen Prospekt auszuteilen;
3. ein Buffet und Getränke;
4. die richtige Gästeliste – Ihre Interessenten.

Überlegen Sie reiflich, was Sie bei Ihrer eigenen Vorstellung sagen könnten, und bereiten Sie Ihre Ankündigung gut vor. Weil Sie anson-sten nicht viel sagen, aber umso mehr zuhören werden, ist das Ihre große Chance, in den paar Sekunden, die Ihnen zur Verfügung ste-hen, die wichtigsten Dinge zum Ausdruck zu bringen.

Wenn Sie im Leben Erfolg haben wollen, werden Sie immer zuerst nachdenken müssen, bevor Sie den Mund aufmachen. Improvisation kommt der Verschwendung einer günstigen Gelegenheit gleich. Ich habe bei solchen Anlässen mehr Leute jämmerlich versagen als glän-zen sehen.

Sie wissen ja, daß es seine *Zeit* braucht, um ein gutes Netzwerk aufzubauen. Das bedeutet, daß Sie Ihre Netzwerk-Zeit ausschließ-lich mit Leuten verbringen, bei denen die Möglichkeit besteht, daß sie zu wichtigen Kunden werden könnten. Es gibt Leute, mit denen man sich im Urlaub prima unterhält. Für Ihr Netzwerk ist so ein Kontakt aber Zeitverschwendung. Guerillas setzen klare Prioritäten. Habe ich Ihnen etwa versprochen, daß es ein Kinder-spiel sein wird?

Konzentrieren Sie sich auf einen kleinen, ausgesuchten Personen-kreis. Worauf es ankommt, ist Nähe, nicht Menge. Die Probleme eines Gesprächspartners können Sie nicht in ein paar Minuten heraus-finden. Wenn Sie aber die Zahl Ihrer Netzwerk-Gesprächspartner be-grenzen, dann haben Sie eine gute Chance, deren wirkliche Probleme zu erkennen.

Es wird immer noch mehr Gelegenheiten geben, bei denen Sie noch mehr wichtige Leute kennenlernen könnten. Begrenzen Sie bei jeder Teilnahme an einer solchen Zusammenkunft strikt Ihre Gesprächspartner, nicht aber die Intensität der Gespräche. Durch Fragen kann man das leicht erreichen. Fragen enthüllen Probleme, und diese Goldene Regel zeigt Ihnen den Weg von Problemen zu Profiten.

# Pioniergeist

## Goldene Guerilla-Marketing-Regel Nr. 45:

*Wenn Sie ein neues Produkt oder eine neue Dienstleistung einführen, müssen Sie auf Desinteresse und Widerstände gefaßt sein.*

Es besteht kein Zweifel, daß es ein erhebendes Gefühl ist, wenn man der Welt ein brandneues Produkt oder eine neuartige Dienstleistung ankündigen kann – besonders wenn sie klare und einleuchtende Vorzüge für die Kunden bieten. Aber für jedes Gefühl des Überschwangs müssen Sie mit fünfzehn bösen Überraschungen bezahlen. Pioniere müssen alles zum ersten Mal machen. Nicht selten enden sie mit einem Dolch im Rücken. Autsch.

Guerillas wissen schon lange, daß das Sondieren neuen Territoriums oftmals die unfreiwillige Bekanntschaft mit Tretminen bedeutet. Diese Art von schmerzlicher Erfahrung kommt an der Marketing-Front häufig vor, besonders dort, wo die Claims gerade erst abgesteckt werden.

Bei der Gestaltung Ihres Marketing sind Sie besser dran, wenn Sie sich wo irgend möglich auf sicherem Terrain bewegen. Vermeiden Sie Originalität, und lassen Sie den Gedanken an etwas völlig Neuartiges gar nicht aufkommen. Lesen Sie Bücher und Zeitschriften über Marketing, besonders Fachzeitschriften aus Ihrer Branche. Dort können Sie erfahren, was für wen funktioniert hat, und welche Lehren Sie daraus für sich selbst ziehen können.

Heutzutage erzielen Wasserbetten in Amerika ein jährliches Umsatzvolumen von 3 Milliarden Mark. Als sie erstmals auf den Markt kamen, wurden die Angebote der Erfinder für Beteiligungen von der Matratzenindustrie dankend abgelehnt. »Nein danke«, hieß es »Wir wünschen Ihnen viel Erfolg, aber wir haben früher schon schlechte Erfahrungen mit Produktneuheiten gemacht und lassen uns auf so etwas nicht mehr ein.« Diese Verhaltensweise war darauf zurückzuführen, daß es zwanzig Jahre gedauert hatte, bis die breite Öffentlichkeit von gefüllten Matratzen auf Federkernbetten umgestiegen war. Ein Pionier braucht viel Geduld.

Seit langem heißt es, Procter und Gamble, eine der berühmtesten Marketing-Organisationen überhaupt, versuche, mit seinen Produkten stets als *Zweiter* auf den Markt zu kommen. »Zuerst sollen die anderen die Fehler machen. Wir lernen daraus. Dann machen wir es richtig.« Das klingt für mich wie ein Guerilla-Marketing-Credo. Guerillas können es sich nämlich nicht leisten, Fehler zu machen. Sie müssen es gleich beim ersten Mal richtig machen. Für Pioniere ist das nicht leicht.

Im Gegensatz zu einer weitverbreiteten Überzeugung wollen die meisten Menschen keineswegs die ersten in ihrem Bekanntenkreis sein, die etwas besitzen. Viel lieber sind sie die siebenten oder achten in ihrem Umfeld. Oder auch erst die sechsundzwanzigsten. Sie haben schon früher gelegentlich unnötige Sachen gekauft, und das soll sich nicht wiederholen. Abwarten und Teetrinken lautet die Devise.

Es gibt eine Faustregel, die besagt, daß zwei Prozent der Bevölkerung Neuerungen sofort mit Begeisterung aufnehmen. Weitere 12 Prozent machen sie nach etwa einem Jahr mit. Nach zwei Jahren sind weitere 22 Prozent mit von der Partie. Das bedeutet im Klartext, daß Pioniere einen langen finanziellen Atem haben müssen. Und selbst nach zwei langen Jahren gibt es immer noch jene 64 Prozent der Bevölkerung, die weiterhin abwarten und Tee trinken.

Sie haben sicher selbst beobachten können, wie die Compact-Disc-Geräte sich durchgesetzt haben. Anfangs ein großer Hit bei einem kleinen Grüppchen von Leuten, heutzutage Bestandteil der meisten Haushalte. Dasselbe passiert mit Faxgeräten und Satelliten-Schüsseln fürs Fernsehen. Egal, ob es sich um ein neues Produkt oder eine neuartige Dienstleistung handelt, die menschliche Natur verhindert einen sofortigen Erfolg.

Wenn die Wissenschaft eine Pille gegen das Altern entwickelte und das Gesundheitsministerium dem Medikament die sofortige Zulassung erteilte, würde es dennoch fünf bis zehn Jahre dauern, bis eine Mehrheit der Bevölkerung die Pille auch einnähme. Was ist, wenn sie unerwünschte Nebenwirkungen hat? Wenn die Freunde einen auslachen, weil man sie nimmt? Wenn sie nicht funktioniert? Wenn sie das Geld nicht wert ist, das sie kostet? Es gibt so viele mögliche Fehlerquellen. Die Leute sind vorsichtig, weil sie in der Vergangenheit schon zu viele schlechte Erfahrungen gemacht haben – oder zumindest Geschichten von Leuten kennen, denen es so ergangen ist.

Obwohl man auch in Amerika mißtrauisch gegenüber allem Neuen ist, akzeptiert man es dort letztendlich viel schneller als in Europa. In den späten sechziger Jahren habe ich in England gearbeitet. Damals nahm ich an einer Präsentation für das Marketing-Komitee der bekanntesten Salbe gegen Mitesser im Vereinigten Königreich teil. Wir schlugen Fernsehspots vor, die auf die Zielgruppe der Teenager abzielten. Die Antwort, und das war immerhin schon 1968, lautete: »Nun, wir sind mit Ihnen einer Meinung, daß Teenager unser wichtigster Markt sind. Wir sind aber nicht davon überzeugt, daß sich das Fernsehen lange halten wird.« Pioniere müssen tagtäglich mit einer solchen Einstellung zurechtkommen.

Ich vermute, daß es einfach in der menschlichen Natur liegt, sich gegen Veränderungen zu sträuben. Das rührt vielleicht daher, daß die Leute eine unbewußte Furcht davor haben, etwas falsch zu machen. Obwohl sie neugierig sind auf das neue Angebot, ja es vielleicht sogar brauchen könnten, werden sie solange abwarten, bis sie von einem Freund gehört haben, der es gekauft und verwendet hat. Soll lieber der Freund den Fehler machen.

Als unsichtbarer Beobachter bei Zielgruppen-Interviews habe ich nur allzu oft die Gründe zu hören bekommen, warum die Leute sich gegen neue Entwicklungen sperren: »Ich warte lieber, bis die Kinderkrankheiten ausgemerzt sind.«, »Ich kaufe nie etwas im ersten Jahr seines Erscheinens.«, »Darüber weiß ich noch nicht genug« (obwohl sie gerade einen ausführlichen Prospekt darüber gelesen haben). »Ich warte erst mal ab. Ich weiß nicht warum, aber ich warte lieber ein Weilchen zu, bevor ich es kaufe.«, »Vielleicht verursacht es Krebs, wie soll ich das wissen?«.

Wenn Sie sich der bedauernswerten Tatsache bewußt sind, daß die Leute nur schwer zu bewegen sind, Ihr neues Produkt oder Ihre neue Dienstleistung auszuprobieren, können Sie daraus Ihre Schlüsse ziehen. Nachfolgend finden Sie fünf Dinge, die Sie tun können, um die Barriere zu überwinden, der sich alle Pioniere gegenübersehen:

1. Betonen Sie, wie viele Leute schon von Ihrem Angebot Gebrauch gemacht haben, und wie viele es sogar schon mehrmals gekauft haben.

2. Bieten Sie zusätzliche Information in Form eines Prospektes, eines Videos oder eines Beratungsgespräches an.
3. Bieten Sie eindeutige Garantien und Gewährleistungen an, um den Interessenten vor einem Fehlkauf zu bewahren.
4. Erwähnen Sie den Namen einer Person oder eines Unternehmens, die dem Interessenten ein Begriff sind und die bereits gekauft haben.
5. Erinnern Sie den Interessenten daran, daß irgendwann alles einmal neu war: Fernsehen, Computer, Kühlschränke, sogar Autos. Sprechen Sie davon, wie viele Leute etwas versäumt haben, weil sie nicht daran geglaubt hatten, daß diese Neuerungen sich als Durchbruch erweisen würden.

Nachdem ich das Wort »*Durchbruch*« in den Mund genommen habe, möchte ich im gleichen Atemzug eine Warnung aussprechen. Gerade weil Ihr Produkt oder Ihre Dienstleistung neu ist, sollten Sie Wörter wie »Durchbruch«, »revolutionär« und »fortschrittlich« vermeiden. Lassen Sie die Vorzüge des Produktes für sich selbst sprechen, und halten Sie sich mit Adjektiven zurück. Es mag durchaus sein, daß Ihr Angebot wirklich einen Fortschritt darstellt. Für den Interessenten bleibt es dennoch ein Experiment – bei dem er das finanzielle Risiko trägt. Je neuartiger Ihr Angebot ist, umso mehr sollten Sie sich an bewährte und vertraute Worte halten. Das Wort »*bewährt*« erhält für Sie einen besonderen Sinn, wenn Sie ein Pionier sind.

Das Wort »*Geduld*« gewinnt gleichermaßen eine neue Bedeutung, weil es so lange dauert, bis Sie von den Leuten akzeptiert werden. Stellen Sie sich auf diese Durststrecke ein und beginnen Sie nicht, an Ihrem Produkt oder Ihrer Dienstleistung zu zweifeln, nur weil sich die Leute zu Beginn in Scharen von Ihnen fernhalten. So sind die Leute nun einmal. Und ein Pionier muß darauf mit freundlicher Zuversicht reagieren. Vergessen Sie nicht, daß Ihre Interessenten umso weniger Neugier entwickeln, je mehr sie sich von Ihrem Angebot eingeschüchtert fühlen. Diese Goldene Regel kann Ihnen dabei helfen, diese Befangenheit zu überwinden und das Desinteresse in helle Begeisterung zu verwandeln.

# Marketing in einer Rezession

### Goldene Guerilla-Marketing-Regel Nr. 46:

*Um während eines wirtschaftlichen Abschwunges erfolgreiches Marketing zu betreiben, müssen Sie Ihre Anstrengungen auf den bestehenden Kundenkreis und auf die Ausweitung dieser Geschäftsbeziehungen konzentrieren.*

Guerillas wissen, daß sie ihre Gewinne in erster Linie bei den *bestehenden Kunden* machen können. Sie beten am Altar der Kunden-Nachbearbeitung. Sie sind anerkannte Experten, wenn es darum geht, ihre Kunden zu noch mehr Käufen zu bewegen. Die Kosten eines Verkaufes an einen neuen Kunden sind *fünfmal höher* als diejenigen, die es verursacht, wenn man an einen bestehenden Kunden verkauft. Eine verstärkte Bearbeitung des Kundenstocks hält die Marketing-Kosten in Grenzen und verstärkt gleichzeitig die Kundenbeziehungen. Guerillas sind sich immer bewußt, daß sie es mit den umschwärmtesten Bewohnern des Planeten Erde zu tun haben – ihren Kunden.

Wenn Ihre Kunden ihre tägliche Ladung Post-Müll erhalten, wandert Ihre Sendung nicht zusammen mit den anderen ins Altpapier. Denn man kennt Sie schließlich. Man identifiziert sich mit Ihnen. Man vertraut Ihnen. Man weiß, daß Sie immer einen guten Grund haben, den Kontakt zu erneuern. Und so wird man gerne Ihr neues Produkt oder Ihre neue Dienstleistung in Anspruch nehmen. Man wußte gar nicht, daß Sie so etwas auch im Angebot haben. Zumindest aber wird man der Sache einen zweiten Blick gönnen. Ihre Kunden werden immer lieber bei einem Unternehmen kaufen, zu dessen Stammkunden sie zählen, ehe sie Experimente mit einer anderen Firma machen, die sich noch keinen Platz in ihren Herzen erobert hat.

Unternehmen, die während einer Rezession florieren, sind solche, die ihre Kunden-Nachbearbeitung bereits innerhalb von 48 Stunden nach dem ersten Kauf des Kunden mit einem Dankschreiben für das erwiesene Vertrauen beginnen. Drei bis fünf Wochen später folgt ein weiterer Brief, um nachzufragen, ob der Kunde auch wirklich vollständig zufrieden sei, und ob er noch irgendetwas brauche. Dieses Nachfassen soll bis in alle Ewigkeit – und selbst danach noch – fortgeführt werden. Es kann sein, daß sich daraus ein ganzes Füllhorn von Referenzen ergibt.

Wenn Sie Ihre Nachbearbeitung mit einer solchen Intensität betreiben, beweisen Sie gleichzeitig Ihre aufrichtige Fürsorge. Sie geben dem Kunden das Gefühl, daß Sie immer da sein werden, wenn er etwas von Ihnen braucht. In einer Rezession ist es am besten, sein Marketing mit einem Hinweis auf die Tatsache, daß man sich in einer Rezession befindet, einzuleiten. Anschließend können Sie Wege aufzeigen, wie Ihr Kunde sich mit Ihrer Hilfe vor den Folgen schützen kann. Stellen Sie die Vorzüge Ihres Angebotes auf die Rezession um, wenn das möglich ist. Lassen Sie sich etwas einfallen; der Aufwand und die Phantasie, die Sie einsetzen müssen, werden sich auszahlen.

Wenn Sie noch nicht mit Ihrem Kunden-Streichel-Programm begonnen haben, dann fangen Sie morgen damit an. Und was immer Sie auch tun, halten Sie es schriftlich fest und treffen Sie dabei zwei Entscheidungen: (1) Wer ist jeweils für eine Nachbearbeitungs-Aktion zuständig, und (2) in welchen Abständen sollen solche Aktionen stattfinden?

In jeder Rezession ist das Telefon eine wichtige Nachbearbeitungs-Waffe für Guerillas. Es ist bestimmt nicht erforderlich, nach jedem Rundschreiben alle Ihre Kunden anzurufen. Aber Sie sollten regelmäßig von sich hören lassen. Es stimmt, telefonische Nachbearbeitung ist ein harter Job. Aber es funktioniert. Und niemand behauptet, daß Guerilla-Marketing ein Spaziergang ist.

Noch eine wichtige Rezessionstaktik: *Eliminieren Sie jegliches erdenkliche Kaufrisiko für Ihre Kunden durch Betonung Ihrer Geld-Zurück-Garantie, Ihrer großzügigen Gewährleistungsregelungen und Ihres Leitsatzes: »Bei uns ist der Kunde König.«.* Erwähnen Sie die Namen oder die Anzahl jener, die auch zu Ihren Kunden zählen. Ihr guter Ruf ist der Boden, auf dem Ihre Glaubwürdigkeit gedeiht. Während einer Rezession brauchen Sie jede nur erdenkliche Unterstützung. Glaubwürdigkeit kostet Sie keinen Pfennig, also setzen Sie auf sie, wo immer es geht.

Guerillas machen sich ständig über neue Produkte oder Dienstleistungen Gedanken, die ihnen zusätzliche Gewinnquellen erschließen könnten. In jeder Wirtschaftslage halten sie Ausschau nach Möglichkeiten, strategische Allianzen zu bilden. Diese Art der Marketing-Kooperation ist zu jedem Zeitpunkt sinnvoll. Während einer Rezession, wenn die Firmen aggressiv am Markt auftreten und gleichzeitig ihre Marketing-Budgets kürzen müssen, gewinnt sie zusätzlich an Bedeutung.

Guerilla-Unternehmen stellen in einer solchen Situation ihre Werbung in Massenmedien zum Großteil ein und verstärken stattdessen ihr Direkt-Marketing – bei Kunden und anhand von sorgfältig ausgewählten Interessentenlisten. Eine Rezession ist eine unangenehme Sache. Trotzdem gelingt es Guerillas auch in solchen Zeiten, ihre Bankguthaben beträchtlich zu erhöhen. Manch einer kann all der wirtschaftlichen Tristesse sogar schöne Seiten abgewinnen.

Während einer Rezession, wenn man den Eindruck hat, daß alles schrumpft, sollten Sie daran denken, Ihre Angebotspalette zu *erweitern*. Lassen Sie nichts aus, was Ihre Kunden dazu bewegen könnte, mehr bei Ihnen zu kaufen. Führen Sie den Beweis, daß gerade jetzt ein guter Moment zum Kaufen ist, eben *wegen* der Rezession.

Wenn Sie hochpreisige Artikel verkaufen, machen Sie sich die Rezession als Verkaufslokomotive zunutze. Erklären Sie den Leuten, daß es während einer Rezession entscheidend ist, kein Geld zu verschwenden. Also sollten sie ihr Geld beschützen, indem sie es für die richtigen Dinge ausgeben. Fehler könnten ja während einer Rezession zu finanziellen Katastrophen ausarten. Klingt das etwa nicht plausibel?

Bei Marketing gegenüber Kunden und solchen, die es bald werden sollen, müssen Sie darauf hinweisen, daß Sie sich der Rezession völlig bewußt sind, und daß Sie Ihre Artikel und Serviceleistungen preislich entsprechend angepaßt haben. Machen Sie ja nicht den Fehler zu glauben, daß während einer Rezession der richtige Preis unbedingt der niedrigste Preis sein muß. In wirklich harten Zeiten wird der Preis nahezu nebensächlich; die Leute sind auf der Suche nach *Werten*. Wenn Sie den Kunden Werte anzubieten haben – etwa in Form von haltbareren Gütern, komfortablerem Service oder langfristiger Wirtschaftlichkeit –, dann werden Sie höhere Gewinne machen, als wenn Sie Ihr Marketing ausschließlich an die Pfennigfuchser richten.

Obwohl Ihr Marketing natürlich immer ehrlich sein sollte, müssen Sie sich während einer Rezession noch mehr als sonst darum bemühen, daß es auch glaubhaft *klingt*. Geben Sie zu, daß Sie sich in einer Rezession befinden; geben Sie zu, daß die Leute in dieser Situation beim Kauf von Dingen besonders vorsichtig sein müssen; weisen Sie darauf hin, daß Sie besondere Schritte unternommen haben, weil die Zeiten so hart sind und Sie das auch wissen.

In Wahrheit haben Guerillas in Zeiten einer Rezession ein paar nicht zu unterschätzende Vorteile. Sie sind in der Lage, schneller zu reagieren. Ihr ständiger Hunger nach Informationen versetzt sie in die Lage, rascher und kreativer auf die Bedürfnisse des Marktes einzugehen.

Ein Guerilla arbeitet während einer Rezession nach anderen Regeln als während einer Hochkonjunkturphase. Er greift an, wenn der Feind sich auf dem Rückzug befindet. Die Attacke konzentriert sich auf jene Bereiche, in denen der Guerilla ganz besondere Produkt- oder Service-Vorzüge anzubieten hat. Unternehmen, die sich zurückziehen, hinterlassen Lücken am Markt, ideale Nischen für Guerilla-Unternehmen.

Guerillas konzentrieren nie ihre ganze Kampfkraft auf eine Front. Sie versuchen immer, Reserven für neue Optionen und für mögliche Konfrontationen mit der Konkurrenz zurückzuhalten. Flexibilität ist ein Vorteil. Erfolgreiche Guerillas genießen ihren Erfolg im Stillen. So begrenzen sie die Gefahr, die durch Nachahmer und Angriffe seitens der Konkurrenz droht.

Guerillas machen sich die Tatsache zunutze, daß zahlreiche Unternehmen ihre Marketing-Budgets ausgedünnt oder gar eingefroren haben, um der Rezession zu begegnen. Es wird diese Firmen später drei Mark für jede eingesparte Mark kosten, um wieder denselben Bekanntheitsgrad und einen ebenso großen Platz im Bewußtsein der Kunden zu erringen wie früher. Guerillas wissen, daß ihre Interessenten sich eher an eine Marketing-Botschaft erinnern, die während einer Rezession dauernd an ihr Ohr gedrungen ist. Das gilt selbst dann, wenn diese Werbe-Botschaften kürzer und weniger oft zu vernehmen waren als zu normalen Zeiten. Auf diese Art und Weise bleiben sie ihrer Guerilla-Philosophie sogar dann treu, wenn die Wirtschaft ein finsteres Tal durchschreitet.

Zu einem aggressiven Marketing gehört auch die Bereitschaft, unter Umständen etwas aufzugeben, um etwas anderes retten zu können. Intelligente Opfer sind eine Notwendigkeit. Sofern ein Unternehmen nicht nach dieser Goldenen Regel durch eine Rezession gesteuert wird, könnte Marketing zu teuer werden, um noch nutzbringend zu sein.

# V.I.P.-Marketing

## Goldene Guerilla-Marketing-Regel Nr. 47:

*Wenn Sie einen besonders wichtigen Kunden haben, dann sollten Sie sich um diese Person auch auf besondere Art und Weise kümmern.*

Der Trend bei großen Sportveranstaltungen, egal ob Fußball oder Eishockey, geht dahin, sogenannte V.I.P.-Logen einzurichten, von denen aus man das Spiel live verfolgen kann und gleichzeitig denselben Komfort wie zu Hause genießt – Sofas, Stühle, eine Bar, Fernsehen und so weiter.

Manchmal mieten große Sponsoren diese V.I.P.-Logen. Aber sie beanspruchen sie nicht bei jedem Spiel. Und während der anderen Spiele, bleiben sie da unbesetzt? Nein, natürlich nicht. Und jeder Guerilla sollte wissen, daß man solche Logen preiswert mieten kann, und daß sie in der Regel etwa einem Dutzend Personen Platz bieten. So können Sie Ihren Kunden für eine geringe Summe ein einmaliges Erlebnis bieten. Um Ihnen näher zu erläutern, was ich meine, erzähle ich Ihnen jetzt eine wahre Geschichte:

Vor langer, langer Zeit (hier und heute, um genau zu sein) gab es einen Guerilla-Unternehmer, der regelmäßig Anrufe von seinen allerbesten Kunden und Interessenten erhielt – *direkt bei sich zu Hause.*

Manchmal erfolgen diese Anrufe, um eine Bestellung für sein Produkt, nennen wir es Burger-Snacks, durchzugeben. Ein anderes Mal geht es um eine Verabredung zum Mittagessen, zum Abendessen oder zum gemeinsamen Besuch eines Fußballspieles.

Er erhält aufwendige Weihnachtsgeschenke. Obwohl er seinen besten Kunden auf die ihnen gebührende Art und Weise begegnet, behandeln sie ihn sogar noch besser. Ich brauche nicht extra zu betonen, daß dies im Geschäftsleben nicht der Normalfall ist. Nicht in Europa. Nirgendwo auf der Welt. Aber für diesen mit einer klaren Vision ausgestatteten Geschäftsmann ist so etwas ganz alltäglich.

Um Ihnen die Bedeutung dieser Goldenen Regel vor Augen zu führen, müssen wir zehn Jahre zurückgehen ...

Hunderte, ja vielleicht Tausende Arten von verpackten Lebensmitteln werden jedes Jahr in Europa und Nordamerika auf den Markt gebracht. Obgleich viele davon von bekannten Markenartiklern entwickelt werden, verschwinden die meisten bald wieder aus den Supermarktregalen.

In dieser traurigen Lage erscheint ein Mann auf der Bildfläche – eine richtige Sportskanone. Aber leider, leider finanziell so notleidend, daß er in seinem Auto wohnen muß. Zusammen mit seiner Idee. Auf den ersten Blick bietet er also kaum das Ebenbild eines Guerilla. Er gehört aber eindeutig in diese Kategorie, wie wir gleich sehen werden.

Heute besitzt dieser Mann eine Firma mit einem Jahresumsatz von 20 Millionen Mark. Das Unternehmen hat noch enormes Wachstumspotential, das vom Besitzer ganz nach Belieben gesteuert werden kann. Kluges Wachstum bedeutet nicht notwendigerweise schnelles Wachstum, wie Ihnen zahlreiche bedauernswerte Unternehmer versichern können, die nach einer allzu unkontrollierten Expansion noch immer ihre Wunden lecken.

20 Millionen Jahresumsatz ist eine Zahl, die einem heißblütigen Guerilla ins Auge springt. Wie konnte es jemand mit einer so miserablen Ausgangslage so weit bringen? Die Antwort auf diese Frage lautet *V.I.P.-Marketing*.

Der Mann, der sein Interesse an Sport und Lebensmitteln miteinander zu verbinden wußte, schaffte es, genügend Geld aufzutreiben, um ein winzig kleines Unternehmen zu kaufen, das sich mit der Erzeugung von Imbissen beschäftigte, die für den Mikrowellenherd ebenso geeignet waren wie für die Zubereitung im Backofen. Er hatte zwei Zielgruppen im Auge. Die eine Gruppe waren Sportfans und Kinder, die diese Snacks gerne essen. Die andere waren Einkäufer großer Supermarkt-Ketten. Er rechnete sich aus, daß ihm seine Geheimwaffe den Zugang zu den begehrten Regalbrettern in den Supermärkten sichern könnte. Diese zweite Zielgruppe, die Einkäufer der großen Supermärkte, war so klein und übersichtlich, daß man die Leute an den Fingern einer Hand abzählen konnte. Das nenne ich eine klar definierte Zielgruppe.

So konnte er darangehen, einen ernsthaften Schritt in Richtung V.I.P.-Marketing zu unternehmen. Zuerst verschaffte er sich die Genehmigung, vor den Toren eines großen Fußballstadions Verkaufsautomaten für seine Produkte aufzustellen; ein paar genügten ihm schon. Nach diesem Erfolg gelang es ihm innerhalb eines Jahres, seine Burger-Snacks auch an den meisten der konzessionierten Imbißbuden im Stadion zum Verkauf anzubieten. Und wieder folgte eine Testphase von einem Jahr.

Als nächstes mietete er eine V.I.P.-Loge im Stadion an. Gleichzeitig schaltete er eine Anzeige in der Programmzeitschrift der Heimmannschaft, in der in großen Lettern Burger-Snacks angepriesen wurden. Und er ließ den Namen seines Produktes innerhalb des Stadions anbringen. Ein Schild an den Seitenwänden des Feldes konnte er sich nicht leisten, aber er mietete andere gut sichtbare Plakatwände an.

In seine V.I.P.-Loge, die er mittlerweile regelmäßig zwölf mal im Jahr anmietet, lädt er jeweils die Großeinkäufer der Supermärkte ein – jedoch nie zwei Konkurrenten zum gleichen Spiel. Außerdem lädt er seinen Betriebsleiter, seine wichtigsten Vertriebspartner, einige seiner Mitarbeiter und eine Handvoll seiner sonstigen Kunden ein. Zwölf Personen nehmen so an jedem dieser Spiele teil. Sie werden von einer Mietwagen-Limousine zu Hause oder in ihrem Hotel abgeholt und in die V.I.P.-Loge des Fußball-Stadions begleitet.

Unser Burger-Snack-Guerilla engagiert jedesmal einen Barmixer, der den Kunden jeden Getränkewunsch von den Augen abliest, und einen Partyservice mit Kellnern, die eine erlesene Mahlzeit servieren. Während des Essens weist er auf seine Anzeige im Spielprogramm und auf sein Stadionplakat hin. Da er grundsätzlich Spiele auswählt, die am Abend stattfinden, ist die Menschenmenge immer beeindruckend. Guerillas achten auf solche Details.

Es ist keineswegs Zufall, daß während des Spieles ein Flugzeug über dem Stadion seine Runden dreht, auf dessen mitgeführtem Transparent zu lesen ist: »Burger-Snacks grüßt Aldi« – oder welche Supermarkt-Kette auch immer an diesem Abend vertreten ist. Subtilität ist bei unserem Guerilla nicht gefragt.

Der Abend in der V.I.P.-Loge ist für die Leute ein unvergeßliches Erlebnis. Für die meisten von ihnen war es das erste Spiel, das sie von einer V.I.P.-Loge aus verfolgen konnten. Auch eine Fahrt in einer Limousine gehört nicht zu ihren alltäglichen Erlebnissen, ganz zu schweigen von einem Partyservice und einem Barmixer für Gratis-Getränke. Das Flugzeug wird seine Wirkung bestimmt auch nicht verfehlen.

Ich bin mir nicht sicher, ob man hier Ursache und Wirkung eindeutig zuordnen kann, aber in den Supermärkten erhält Burger-Snacks stets bevorzugten Regal- und Auslagenplatz. Seine Schilder werden an gut sichtbarer Stelle plaziert. Wenn die Mitarbeiter von Burger-Snacks in die Supermärkte kommen, um Verkaufs-Vorführungen abzuhalten oder Gratisproben zu verteilen, werden sie besonders herzlich willkommen geheißen. Genauso wie ihre Produkte von den Käufern gut aufgenommen werden.

Wie Sie sicher schon erraten haben, richtet sich der Expansionsplan dieses Unternehmers streng danach, wo prominente Sport-Mannschaften zu Hause und V.I.P.-Logen verfügbar sind. Aber die Geschäfte gehen mittlerweile so gut, daß er eigentlich nicht weiter expandieren müßte.

Manche Guerillas haben schon den Luxus von V.I.P.-Logen und ihre einzigartige Wirkung auf eine kleine, überschaubare Zielgruppe für sich entdeckt. So können Sie bei Ihrem Lieblingssport zusehen und, während Sie Ihr Team anfeuern, bei gutem Essen und ausgezeichneten Getränken Super-Marketing für sich machen – und das regelmäßig. Klingt das etwa schlecht? Das ist so angenehm, wie Guerilla-Marketing nur sein kann.

V.I.P.-Logen-Marketing ist aber nur eine mögliche Version dessen, was man als »Luxus-Marketing« bezeichnen könnte. Anstelle von V.I.P.-Logen bei Sportereignissen können Sie Ihre wichtigsten Kunden auch zu Besuchen in die Oper, in ein Konzert oder ein Theater ausführen. Sie können sie zu ereignisreichen Wochenendausflügen ins Grüne oder zu feudalen Städtereisen einladen. Sie können sie zu einem fürstlichen Abendessen in das beste Restaurant der Stadt ausführen – ins Séparée, versteht sich. Es gibt auch Luxus-Kreuzfahrten, die nicht länger als einen Tag dauern und dennoch Aufträge für ein ganzes Leben einbringen. Ich war bei einigen solchen Ereignissen dabei und jedesmal von neuem tief beeindruckt. Gelegentlich wurde ich dabei vom Interessenten zum zahlenden Kunden.

Der Grund, warum ich die V.I.P.-Logen vor den anderen Beispielen für Luxus-Marketing besonders hervorgehoben habe, ist der, daß es die anderen schon seit Jahrzehnten gibt. Sie werden bereits von zahlreichen Unternehmen auf der ganzen Welt eingesetzt. Aber V.I.P.-Logen sind etwas relativ Neues, und das Interesse an großen Sportereignissen ist ständig im Wachsen begriffen. So eine Kombination ist wie geschaffen für Guerillas. Ein Guerilla weiß, daß seine Interessenten schon früher Konzerte und Fußballspiele besucht und auch schon in eleganten Restaurants diniert haben. Aber in einer V.I.P.-Loge haben sie mit einiger Sicherheit noch nie gesessen.

Wenn Sie V.I.P.-Logen-Marketing betreiben – oder überhaupt irgendeine Form von Luxus-Marketing – denken Sie stets daran, daß das nur ein Teil Ihres Marketing-Mix ist. Es ist Ihren allerwichtigsten – also potentiell gewinnbringendsten – Interessenten und Kunden vorbehalten. Und es ist nicht überall anwendbar. Manche Leute interessieren sich nicht für Fußball. Sie wollen mit Ihrem Luxus-Marketing doch niemanden verärgern. Gehen Sie stets mit Feingefühl vor – laden Sie die Chefin ein, auch wenn Sie in Wirklichkeit eine Bestellung von einer ihrer Untergebenen anstreben. Kann man Luxus-Marketing überhaupt übertreiben? Jedermann fühlt sich durch die Aufmerksamkeit, die ihm zuteil wird, geschmeichelt. Luxus behagt jedem. Unaufrichtigkeit, die Ausübung von Druck oder auch nur ein Hauch von Bestechung hat bei dieser Art von Marketing aber nichts zu suchen.

Interessenten und Kunden, die in den Genuß von V.I.P.-Logen-Marketing kommen – oder von irgendeiner anderen Form von Luxus-Marketing (aber bitte nicht die Oper, was mich betrifft) – reißen sich darum, es immer wieder zu erleben. Deshalb ist es recht einfach, diese Goldene Regel zu befolgen.

# Systematische Vorgehensweise

## Goldene Guerilla-Marketing-Regel Nr. 48 :

*Während der Planung und Umsetzung Ihres Marketing und bei der anschließenden Beurteilung ist es unerläßlich, nach einem Guerilla-Kalender vorzugehen.*

Ein Guerilla-Marketing-Kalender ist zweimal im Jahr von Bedeutung: Zuerst, wenn Sie Ihr Marketing für das ganze Jahr planen, Woche für Woche. So können Sie Ihren Marketing-Aufwand abschätzen, die geeigneten Waffen auswählen und die zu erwartenden Kosten kalkulieren. Und zweitens am Ende jedes Jahres, wenn Sie zurückblicken und Ihre Bilanz vor sich haben, die Sie nun Ihrem Marketing-Kalender gegenüberstellen. Zu diesem Zeitpunkt wissen Sie bereits, welche Maßnahmen sich als Flops entpuppt haben, die können Sie streichen. Die Aktivitäten dagegen, die gut angekommen sind, können Sie im nächsten Jahr verstärkt einsetzen. Aber noch wichtiger ist, daß der Guerilla-Marketing-Kalender Ihnen erlaubt, *systematisch vorzugehen.*

Wie jeder Guerilla im Laufe seines Geschäftslebens erfahren muß – oftmals auf bittere Art und Weise –, kommt es bei der Entwicklung von Marketing auf Geschwindigkeit, Qualität und Wirtschaftlichkeit an. Wenn er die Wahl zwischen zwei dieser drei Faktoren hat, wird sich ein Guerilla immer für Qualität und Wirtschaftlichkeit entscheiden. Einem Guerilla würde es nicht einmal im Traum einfallen, bei der Qualität seines Marketing Kompromisse zu machen. Er will immer die beste Qualität zu einem vertretbaren Preis. Aber es kommt selten vor, daß ein Guerilla es mit seinen Marketing-Unterlagen eilig hat. Durch kluge Vorausplanung macht sein Kalender Hektik vermeidbar. Auf diese Art und Weise kommt der Guerilla in den Genuß von Qualität zu niedrigen Kosten.

Von der Vielzahl von Klagen, die ich von meinen Marketingberater-Kollegen zu hören bekomme, bezieht sich die bei weitem häufigste Beschwerde auf solche Klienten, die ihren Auftrag möglichst schon gestern erledigt haben wollen. Diese Klienten, die etwa 75 Prozent der Kundenliste jeder Werbeagentur ausmachen, entscheiden sich für Geschwindigkeit und Qualität. Die Wirtschaftlichkeit bleibt bei Überstunden und Eilzuschlägen auf der Strecke. In den meisten Fällen wären diese Aufpreise vermeidbar gewesen, denn ein Guerilla-Marketing-Kalender macht die Hetze vermeidbar.

Obwohl ein Guerilla immer flexibel genug ist, um auch kurzfristig Änderungen vorzunehmen, falls das erforderlich wird, ist er eigentlich immer bemüht, solche Notfälle zu vermeiden. Das gelingt, indem er mit der Produktion seiner Marketing-Unterlagen seinem Zeitplan *immer einen bis drei Monate voraus ist.*

Das ist kein Problem, wenn Sie mit einem Guerilla-Marketing-Kalender arbeiten, der Ihnen immer den Überblick über das ganze Jahr gewährt. Solch ein Kalender hat den Vorteil, daß man in die Zukunft sehen und möglichen Zwangslagen aus dem Weg gehen kann.

Obschon ein Guerilla-Marketing-Plan nur sieben Sätze lang ist, sollten Sie sich über jeden dieser Sätze ausgiebig den Kopf zerbrechen. Dazu müssen Sie sich soviel Zeit nehmen, wie es eben braucht, ohne Hast und in dem Bewußtsein, daß jeder dieser Leitgedanken Ihre Marketing-Bemühungen für die folgenden Jahre maßgeblich bestimmen wird.

Auch für die Beurteilung des fertigen Planes sollten Sie sich Zeit nehmen. Unabhängig davon, wie einfach und schlicht er Ihnen auf den ersten Blick auch vorkommen mag, denken Sie an die langfristigen Folgen für Ihr Unternehmen. Schlafen Sie lieber eine oder zwei Nächte darüber, bevor Sie ihn genehmigen.

Beim Entwurf Ihres Marketing-Kalenders sollten Sie ebenfalls voller Überlegung vorgehen. Dieser Teil des Konzeptes setzt sich aus nur drei Bestandteilen zusammen: Marketing-Botschaft, eingesetzte Medien und Kosten des Marketing. Und das für jede der 52 Wochen des Jahres. Am Ende jedes Jahres, wenn Sie den Kalender im Lichte einer vierten Komponente – der Ergebnisse – beurteilen, gehen Sie bei etwaigen Änderungen wiederum mit Sorgfalt und Überlegung vor. Natürlich sollen Sie jene Aktivitäten eliminieren, die keine befriedigenden Ergebnisse erbracht haben und jene verstärken, die sich bewährt haben. Eine wichtige Aufgabe. Aber kein Grund, die Dinge zu überstürzen. Ihr Ziel ist ein Kalender, der ausschließlich bewährte Marketing-Methoden enthält.

Nehmen wir an, Sie planen für den November eine Direktmailing-Kampagne bestehend aus Brief, Antwortkarte und Nachbearbeitungs-Brief. Weil Sie Ihren Kalender schon im Januar erstellen, wissen Sie bereits elf Monate im voraus, was Sie dazu benötigen werden. Rufen Sie Ihren Texter und Ihren Graphiker an. Erteilen Sie ihnen die nötigen Anweisungen. So vermeiden Sie die exorbitanten Eilzuschläge, die so hoch sind, weil es furchtbar schwer ist, gutes Marketing in nur einem Tag aus dem Boden zu stampfen. Nun haben die kreativen Leute Zeit, über Ihre Anweisungen nachzudenken, Entwürfe anzufertigen, Verbesserungsvorschläge zu machen, allem den letzten Schliff zu verpassen und es zu perfektionieren. Anstelle von hektisch hingepfuschter Arbeit, die auch noch einen Haufen Geld kostet, bekommen Sie ein durchdachtes Werk zu einem vernünftigen Preis. Aber was noch wichtiger ist, Sie bekommen ein Marketing, das wesentlich größere Chancen hat, die gewünschte Wirkung zu entfalten.

Guerillas scheuen keine Mühe, wenn es darum geht, ihrem Marketing die allerbesten Startbedingungen zu geben. Sie wissen, daß knappe Ablieferungstermine zu schlampiger Arbeit führen. Glauben Sie mir, ich weiß, wovon ich spreche. Ich habe das alles mit eigenen Augen gesehen. Ich habe Klienten gesehen, die am nächsten Tag die fertige Arbeit auf dem Tisch haben wollten. Sie erhielten sie, und zwar pünktlich. Am nächsten Tag kam demjenigen, der die Marketing-Unterlagen entworfen hatte, eine Idee, die zehnmal besser war als die gelieferte. Schade. Zu spät.

Im Marketing sind zahlreiche Entscheidungen zu treffen. Viele dieser Entscheidungen sind subjektiver Natur, und oft müssen sie in großer Eile getroffen werden. Was für eine Farbe? Welches Photo? Was für eine Schriftart? Welches Fotomodell? Welcher Preis? Welche Überschrift? Die meisten Geschäftsleute gehen Entscheidungen aus dem Weg, wo sie nur können, denn sie fürchten sich davor, einen Fehler zu begehen.

Ihr Marketing-Apparat sollte von Leuten geführt werden, die bereit sind, Entscheidungen zu treffen und auch einmal einen Irrtum in Kauf zu nehmen. Leute mit der Befugnis, ja oder nein zu sagen, denen aber der Mut fehlt, sich wirklich für eines von beidem zu entscheiden, *erzeugen unnötige Engpässe im Marketing*. Sie halten die Arbeit auf.

Wenn sich das Kreativ-Team dann endlich an die Arbeit machen kann, sieht es sich einem mörderischen Termindruck gegenüber.

Sondern Sie solche Zauderer aus. Betrauen Sie sie mit anderen Aufgaben. Schicken Sie sie zu Seminaren, in denen Entscheidungskraft geschult wird. Entscheidungen müssen getroffen werden, damit der Marketing-Prozeß sich weiterentwickeln kann. Wenn Sie einem Kreativ-Team einen knappen Termin setzen, schießen Sie sich damit ein Eigentor. Das Geschäftsleben ist auch ohne künstlich erzeugte Engpässe hart genug.

David Ogilvy, Werbetexter und Gründer der gleichnamigen Werbeagentur, sagte einmal, daß sich ein wirklicher Profi dadurch zu erkennen gibt, daß er selbst dann noch Verbesserungsvorschläge macht, wenn das Marketing bereits vom Kunden genehmigt wurde. Wenn Sie Ihre Marketing-Unterlagen in Eile ausarbeiten, haben Sie oftmals keine Gelegenheit mehr dazu, Verbesserungen durchzuführen, weil die Anzeige oder der Werbespot bereits in Produktion ist. Der Termindruck nimmt dem wahren Profi jegliche Chance, Ihrem Marketing Biß, Schwung und Substanz zu geben.

Jede Verbesserung, die Sie in Ihrem Geschäftslokal noch während des Monats *vor der* großen Eröffnung vornehmen lassen, legt Zeugnis ab für die Klugheit einer systematischen Vorgehensweise. Die kostenlose PR, die Ihnen durch einen Zeitungsartikel winkt oder gar durch einen Beitrag im Fernsehen? Sagen Sie nicht zu, bis alle Details zur Perfektion ausgereift sind, die für einen überragenden Dienst am Kunden und für eine ausgezeichnete Qualität sorgen werden. Handeln Sie mit Überlegung. Es besteht immer die Versuchung, in Aktionismus zu verfallen. Aber als Guerilla kennen Sie die entscheidende Bedeutung eines Marketing-Kalenders und die allzeit gültige Maxime, kritische Situationen zu meiden wie die Pest. Mit einer sorgfältigen Planung wird Ihr Kalender von Jahr zu Jahr noch besser werden, Erfolg wird auf Erfolg aufbauen, und das alles im Zeitlupentempo.

Qualität und Wirtschaftlichkeit sind immer von Bedeutung, nicht aber Geschwindigkeit – *Gewinne* sind stattdessen das Markenzeichen eines Guerilla, der die Weisheit dieser Goldenen Regel begriffen hat.

# Guerilla-Beziehungen

## Goldene Guerilla-Marketing-Regel Nr. 49:

*Betrachten Sie einen Verkaufsabschluß nicht als zufälliges Ereignis, sondern als den Beginn oder die Fortsetzung einer engen und dauerhaften Beziehung.*

Jedes erfolgreiche Marketing gründet auf Beziehungen. Manchmal handelt es sich um kurzlebige, nüchterne und recht oberflächliche Beziehungen. Wo immer möglich, haken die Guerillas ein und machen daraus dauerhafte Bindungen. Jeder Verkaufsabschluß oder sonstige soziale Kontakt, egal wie er sich anläßt, stellt für einen Guerilla eine Gelegenheit dar, diese Beziehung zu intensivieren.

Denken Sie daran, daß eine Beziehung im geschäftlichen Bereich weit wertvoller ist als ein einzelner Verkaufsabschluß. Beziehungen führen zu Verkäufen aufgrund von Empfehlungen, zu Wiederholungs-Verkäufen, höheren Verkäufen und sicheren Verkäufen. Je tiefer solch eine Bindung ist, desto höher werden die Gewinne für den Guerilla sein.

Es gibt eine Menge Unterschiede zwischen einem großartigen Verkaufsabschluß und einer großartigen Beziehung. Denken Sie an diese Guerilla-Worte.

Guerilla-Beziehungen entstehen durch Ihren Kontakt mit den folgenden sechs Hauptgruppen:

1. Kunden
2. Mitarbeiter
3. Lieferanten
4. Medien
5. Geschäftsleute aus Ihrem Bezirk oder Ihrer Gemeinde
6. Jedermann sonst, der mit Ihnen gemeinsam die Früchte einer für beide gewinnbringenden Beziehung ernten könnte.

Neben einem schwungvollen Nachbearbeitungs-Marketing – mittels Briefen, Postkarten, Anrufen, Werbegeschenken, Vorführungen, Rabatten und namentlicher Anrede des Kunden, wenn man ihn irgendwo trifft; den Standard-Guerilla-Taktiken also – vertieft der Guerilla seine Beziehungen zu einer kleinen und ausgewählten Gruppe von Personen ganz besonders. Mit diesen Menschen teilt er sein Wissen und hilft ihnen so dabei, erfolgreich zu sein. Dabei hält er sich immer die 80-zu-20-Regel vor Augen. Diese Regel besagt, daß 80 Prozent der Gewinne mit nur 20 Prozent der Kunden gemacht werden.

Das bedeutet natürlich, daß Sie Ihre engsten Beziehungen zu diesen 20 Prozent herstellen sollten, wobei Sie gleichzeitig auch zu den übrigen 80 Prozent den Draht nicht abreißen lassen dürfen. Auch diesen letzteren müssen Sie das Gefühl geben, daß Sie ihnen große Wertschätzung entgegenbringen.

Das Prinzip beim Guerilla-Marketing lautet, Zeit statt Geld zu investieren. Dabei sind auch die folgenden Kriterien zu berücksichtigen:

- Wird die Zeit, die Sie in diese Beziehung investieren, einen angemessenen Ertrag abwerfen?
- Wer profitiert mehr von der Beziehung, Sie oder Ihr Kunde? Beiderseitiger Vorteil sollte das Ziel sein.
- Besteht die Beziehung zu einer bestimmten Person (was immer am besten ist) oder zu einer Gruppe von Personen (was als zweitbeste Lösung auch nicht zu verachten ist)?
- Ist der Kunde in der Lage, die von Ihnen vorgeschlagenen Lösungen auch wirklich umzusetzen?
- Stimmt die Chemie zwischen Ihnen beiden? Verbringen Sie gern Zeit mit diesem Kunden?

Ein Unternehmen mit Weitblick ist nicht nur in der Lage, seinen Zielmarkt genau zu definieren, es hat auch bereits damit begonnen, ein Netz von engen Beziehungen zu entwickeln, die wechselseitig gewinnbringend sind. Solche Verbindungen können, obwohl sie im Kern darauf ausgerichtet sind, *die Geschäfte Ihres Kunden zu stärken*, in Restaurants und beim Picknick, im Fußballstadion und auf Flußdampfern, auf Gartenparties und im Schiurlaub gepflegt werden. Beachten Sie, daß ich hier Golf- und Tennisplätze unerwähnt lasse. *Ein Guerilla soll seinen Kunden dienen, aber sich nicht mit ihnen messen.* Es geht darum, die nüchterne Geschäftsumgebung zu verlassen und die betreffende Person als Geschäftspartner und als Mensch besser kennenzulernen. So können Sie Ihren Dienst am Kunden auf geschäftlicher *und* menschlicher Ebene verbessern.

Es ist allgemein bekannt, daß die Leute ihre Geschäfte am liebsten mit Freunden machen. Das soll jetzt nicht heißen, daß Sie Freundschaften schließen sollen, um Geschäfte zu machen. Wirklich gute Freundschaften sind mehr wert als die beste Geschäftsbeziehung. Aber Sie sollten über Ihren Kunden und seine Bedürfnisse genausoviel in Erfahrung bringen, wie Sie über Ihren besten Freund wissen.

Guerilla-Beziehungen nützen nicht jedem Unternehmen. Wenn das Ihre aber zu denjenigen zählt, für die der Aufbau solcher Verbindungen vorteilhaft erscheint, dann ziehen Sie es ernsthaft in Erwägung. Informieren Sie sich in der Fachliteratur über die Psychologie von Geschäftsbeziehungen. Je mehr Sie über den Zusammenhang zwischen einer menschlichen Beziehung und einer geschäftlichen Bindung wissen, um so besser für Sie.

Das Motiv, das einer Guerilla-Beziehung zugrundeliegt, ist der *Erfolg des Kunden* – wobei Sie Erfolg mit allen möglichen Maßstäben messen können. Wie tragen Sie zu diesem Erfolg bei? Durch Information. Durch Ausbildung. Durch Aufmerksamkeit. Durch kleine Weisheiten aus Ihrem reichen Erfahrungsschatz. Mit Vorabinformationen. Mit Preisnachlässen. Mit Vorschlägen. Wenn Sie es mit einem Unternehmen zu tun haben, denken Sie wie ein Manager dieser Kundenfirma. Lassen Sie sich ein paar gute Ideen einfallen – ohne Kosten für den Kunden, versteht sich – und stehen Sie mit Vorschlägen für deren Umsetzung zur Verfügung.

Unterstützen Sie Ihre Kunden mit Rundschreiben, kostenlosen Seminaren, Hausbesuchen, Vorführungen und Mustern. Sprechen Sie mit Ihren Kunden und verschicken Sie Fragebögen. Nehmen Sie sich Zeit für lange Gespräche, und zwar auch an anderen Orten als' in Ihrem Büro. Wenn das bei Ihnen möglich ist, hängen Sie Einwurfkästen für Kundenvorschläge aus. Und vergessen Sie nicht, sich bei *jedem*, der einen Vorschlag macht, zu bedanken.

Um Ihr Talent zur Pflege von Guerilla-Beziehungen zu testen, stellen Sie sich nach jedem Kundenkontakt die Frage: »Habe ich dieser Person jetzt das Gefühl gegeben, daß sie besonders, einzigartig, einmalig und unverwechselbar für mich ist?«. Lautet die Antwort nein – dann haben Sie versagt. Fragen Sie sich weiterhin: »Haben wir eine echte Verbindung aufgebaut, verstehe ich wirklich, was diese Person bewegt?«. Und wieder ist »Ja« die einzig akzeptable Antwort.

Ein Guerilla balanciert immer auf der hauchdünnen Grenzlinie zwischen geschäftlichen und privaten Beziehungen. Ständig ist er darauf bedacht, ein vernünftiges Gleichgewicht zwischen diesen beiden Bereichen zu bewahren. Es ist nicht etwa so, daß Guerillas ihr Privatleben mit Leuten bevölkern, mit denen sie ins Geschäft kommen wollen. Aber auch ich muß gestehen, daß zwei meiner besten Freunde Männer sind, die ich als meine Klienten kennengelernt habe – wieder eine Ausnahme von der Regel.

Die freie Marktwirtschaft ist schon hart genug, ohne daß Sie auch noch Ihre Freunde im Kreis Ihrer Kunden finden müssen. Guerilla-Beziehungen finden in erster Linie in der Arbeitszeit statt, obwohl es Ausnahmen gibt und geben muß. Wie ich gerade gesagt habe, ist die Grenzlinie hauchdünn. Balancieren Sie darauf. So halten Sie sich an diese Goldene Regel und sorgen dafür, daß Ihre besten Kunden reichlichen Gewinn aus der Beziehung zu Ihnen schöpfen.

# Das große Fressen

## Goldene Guerilla-Marketing-Regel Nr. 50:

Wenn Sie über Ihr Marketing nicht mit eiserner Faust wachen, wird die Zukunft Ihres Unternehmens in den Händen Ihrer Konkurrenten liegen.

Es gibt ein altes Sprichwort: »Fressen oder gefressen werden.« Bei dieser Goldenen Regel geht es darum, diese alte Weisheit in die Sprache des Guerilla-Marketing zu übersetzen.

Es steht außer Frage, daß äußere Umstände den Erfolg oder Mißerfolg eines Unternehmens wesentlich mitbestimmen können. Weniger bekannt ist die Tatsache, daß man *innere Umstände* schaffen kann, um jene Faktoren, auf die man keinen Einfluß hat, auszugleichen.

Im Geschäftsleben haben Sie zwei Möglichkeiten. Sie können ernsthafte Anstrengungen im Marketing unternehmen, verschiedene Waffen und Ihren gesunden Menschenverstand einsetzen, um Ergebnisse zu erzielen. Oder aber Sie machen einfach ein bißchen Werbung und glauben, das sei schon Marketing.

Wenn Sie sich an Guerilla-Marketing halten, sind Sie ein Fresser-Typ. So können Sie sicher sein, daß Sie nie in die Defensive geraten. Marketing-Guerillas bringen ihre Konkurrenten – und ihre Kunden – dazu, *auf sie zu reagieren* und nicht umgekehrt. Sie wissen, daß man den Dingen nicht ihren Lauf lassen darf. Dann weisen sie nämlich eine unweigerliche Tendenz auf, sich in die falsche Richtung zu entwickeln. Schlimmer noch, wenn die Möglichkeit besteht, daß mehr als eine Sache schiefläuft, kommt das Murphy'sche Gesetz zur Anwendung. Diese Regel besagt, daß immer ausgerechnet das mißglückt, was den meisten Schaden anrichtet. Guerillas nehmen ihr Leben, die Umstände, ihre Lage und auch ihre Mißgeschicke und Glücksfälle selbst in die Hand. Sie behalten immer die Kontrolle. Sie fressen, statt gefressen zu werden.

Eine solche Unternehmensführung ist nicht nur darauf ausgerichtet, Brände zu löschen und ansonsten alles vor sich hin dümpeln zu lassen. Es gelingt ihr vielmehr, *Ergebnisse zu erzielen.* Lesen Sie weiter, wie das geht:

1. *Ermutigen Sie Ihre Mitarbeiter, sich Ziele zu setzen.* Belohnen Sie sie, wenn sie diese Ziele erreichen. Stellen Sie sicher, daß diese Ziele auch realistisch sind.
2. *Setzen Sie sich selbst Ziele.* Sagen Sie nicht einfach:»Ich werde die Kosten senken.« Sagen Sie lieber:»Ich werde die Kosten bis zum 30. Juni 1994 um 5 Prozent senken.«
3. *Stellen Sie sicher, daß Ihre Mitarbeiter von Fachleuten geschult werden.* Die Quelle ist genauso wichtig wie der Inhalt.
4. *Seien Sie ein Trainer, kein Befehlshaber.* Halten Sie sich mehr an einen mitarbeiterorientierten als an einen ergebnisorientierten Führungsstil.
5. *Belohnen Sie konsequent jene Mitarbeiter, die besondere Leistungen erbringen.* Sie nämlich sind es, die Ihrem Unternehmen zu Glanz verhelfen werden.
6. Schreiben Sie nach Sitzungen ein einseitiges Protokoll, aus dem genau hervorgeht, wer was zu tun hat, und bis wann es jeweils erledigt werden soll. So stellen Sie sicher, daß *Ihren Besprechungen auch Taten folgen.*
7. *Belohnen Sie* diejenigen Ihrer Mitarbeiter, die die *niedrigsten Fehlzeiten* aufzuweisen haben. Das hat zwar nichts mit Marketing zu tun, reduziert aber die Krankenstände.
8. *Reduzieren Sie die Anzahl der schriftlichen Berichte, die Sie von Ihren Mitarbeitern verlangen.* So können etwa wöchentliche Berichte durch vierzehntägige ersetzt werden.
9. *Vergeben Sie kürzere Aufgaben am besten freitag mittags.* So sorgen Sie für Betriebsamkeit zu einem Zeitpunkt, da sie am dringendsten benötigt wird.
10. *Bei der Einstellung von Mitarbeitern sollte deren Mentalität den Ausschlag geben, und weniger ihre fachliche Befähigung.* Es ist leichter, jemanden auszubilden, als seinen Charakter zu beeinflussen. Halten Sie sich mit Neueinstellungen solange zurück, bis alle so voller Arbeit stecken, daß jeder neue Mitarbeiter, egal wo er sitzen soll, mit offenen Armen aufgenommen wird.

Guerillas fressen sich durch, indem sie dem Wert und der Vergänglichkeit der Zeit ihren Tribut zollen. Sie wissen, daß Zeit nicht Geld ist; sie ist viel kostbarer. Deshalb rufen Guerillas lieber an statt zu schreiben; sie fragen grundsätzlich, wie lange es voraussichtlich dauern wird, wenn sie um einen Termin gebeten werden; sie lassen Fachzeitschriften zuerst von ihren Mitarbeitern lesen und die entscheidenden Passagen anstreichen, um Zeit zu sparen; sie vereinheitlichen ihre Formulare so weit wie möglich; sie bevorzugen Termine im Büro des Gesprächspartners, damit sie gehen können, wenn sie spüren, daß die Besprechung zu Ende ist, wodurch sie eine bessere Kontrolle über ihre Zeit gewinnen; sie bestätigen ihre Termine grundsätzlich nochmals telefonisch, bevor sie sich auf den Weg machen; und sie wissen genau, daß Arbeitsgruppen oft eine Woche brauchen, um dasselbe zustandezubringen, was ein guter Mann in einer Stunde erledigt.

Sind Unternehmen, die lieber fressen als gefressen werden, schwer zu finden? Nein, keineswegs. Diese Unternehmen haben vieles gemeinsam, und es ist nicht ausgeschlossen, daß Sie schon bald zu dieser erlesenen Tafelrunde gehören werden.

- Konzentrieren Sie sich auf das, *was Sie am besten können.* Die Fehlstarts zahlreicher Konzern-Konglomerate bestätigen diese Regel.
- Entwickeln Sie *ein gutes Verhältnis zur Öffentlichkeit* – nicht nur zu den Medien, sondern auch zu Ihren Mitarbeitern, Vertretern und Kunden.
- Bauen Sie *gute Beziehungen zu anderen Geschäftsleuten* in Ihrer Umgebung auf, damit ein kontinuierlicher Fluß von wertvollen Informationen in beide Richtungen strömen kann.
- *Lassen Sie Ihre Mitarbeiter an Ihren Erfolgen teilhaben.* Das ist nicht nur fair, sondern auch in höchstem Maße klug.
- Stellen Sie sicher, daß Ihr Management *sich auf allen Ebenen mit denselben Unternehmenszielen identifiziert* und daß sie diese Ziele im Schlaf aufsagen können.
- *Halten Sie Ihre Versprechungen immer ein*, egal ob sich diese auf Lieferzeiten, Preis, Auswahl oder was auch immer beziehen.
- Behalten Sie den *höchstmöglichen Standard an Qualitätskontrolle* bei. Sie wissen ja, daß jede Schlamperei irgendwann einmal ans Tageslicht kommen wird.

- *Konzentrieren Sie sich auf die Bedürfnisse Ihrer Kunden* und gehen Sie mit außergewöhnlichem Service darauf ein. Bieten Sie immer ein bißchen mehr, als man von Ihnen erwartet.
- Erstellen Sie *langfristige Pläne*, nicht nur was Ihr Marketing betrifft, sondern auch hinsichtlich Ihres Einkaufs, Ihrer Produktion und Ihres Personals.
- Trachten Sie danach, mit Ihren Investitionen für Marketing, aber auch für Forschung und für neue Technologien *über dem Durchschnitt Ihrer Branche zu liegen.*
- Bestehen Sie darauf, daß *jede Ihrer Investitionen angemessene Erträge abwirft*; »angemessen« ist das Zauberwort.
- Erzielen Sie echte Ergebnisse, indem Sie den *entscheidenden Unterschied zwischen Leistungsfähigkeit* und *Leistung* verstehen lernen.

Vielleicht wundern Sie sich, was zum Kuckuck all das mit Marketing zu tun haben soll. Die Antwort lautet, daß diese Regeln den Kern des Guerilla-Marketing ausmachen. Denken Sie daran, daß zur Umsetzung dieser schönen Vorsätze nicht massenhaft Geld vonnöten ist, sondern stattdessen eine tüchtige Portion gesunder Menschenverstand. Das und die allzeit unerläßliche Geistesgegenwart, Einsatzfreude und Standhaftigkeit eines Guerilla.

Unternehmen, die Erfolg haben und sich positiv entwickeln, fressen lieber, statt sich fressen zu lassen. Wenn Sie Ihr Unternehmen auf diese Art und Weise führen wollen, müssen Sie eine Menge Energie darauf verwenden, soviel steht fest. Aber hören Sie auf meine Warnung: Wenn Sie diese Energie nicht aufbringen, wird jemand anders kommen und es an Ihrer Stelle tun. Und für den sind Sie dann ein leichter Happen. Lassen Sie nicht zu, daß das passiert. Fressen Sie selbst, indem Sie diese und alle anderen Guerilla-Marketing-Regeln befolgen.

# Schlußwort

## Verstöße gegen die Goldenen Regeln

*Manchmal ist es unvermeidlich, gegen Regeln – selbst gegen Goldene Regeln – zu verstoßen. Lernen Sie sie in- und auswendig, damit Sie im Fall der Fälle genau wissen, wogegen Sie verstoßen, und warum Sie es tun.*

Als ich meiner Frau von der Überschrift dieses Kapitels erzählte, meinte sie nur gelassen: »Na ja, dazu sind Regeln schließlich da.« Falsch. Nicht diese Goldenen Regeln.

Diese Regeln wurden niedergeschrieben, um Sie bei Ihren Bemühungen zu unterstützen, die Gewinne Ihres Unternehmens zu steigern. Sie werden dann hoffentlich wissen, wie Sie all das Geld in weniger Streß und mehr Freizeit ummünzen können. Wenn Sie diese Regeln befolgen, wird Ihnen das helfen, die Fallen zu umgehen, in die viele Unternehmer tappen, ohne überhaupt zu wissen, daß es Regeln gibt, nach denen man sich richten muß.

Wenn diese anderen Unternehmen gegen die Goldenen Regeln verstoßen, sind sie sich dieser Tatsache nicht einmal bewußt. Diese bequeme Ausrede haben Sie jetzt nicht mehr. Sie kennen die Regeln. Wenn Sie gegen eine von ihnen verstoßen, sollten Sie besser einen ziemlich guten Grund dafür haben. Schließlich wurden diese Regeln aufgestellt, um *befolgt* zu werden – auf dem Weg zu einer ständig steigenden Umsatzkurve und direkt hinein ins goldene Unternehmer-Nirwana.

Wenn Sie sich dabei ertappen, daß Sie mit dem Gedanken spielen, eine dieser Regeln zu mißachten, dann setzen Sie sich auf Ihr Fahrrad, fahren Sie 20 Kilometer durch die Gegend, oder gehen Sie Squash spielen. Aber beherzigen Sie diese Goldenen Regeln. Und vergessen Sie nicht: Obwohl diese Regeln heute genau goldrichtig sind, unterliegen die Dinge einem ständigen Wandel. Einige, wenn auch nicht viele dieser Regeln, werden sich irgendwann auch ändern müssen. Das ist wirklich eine Schande, zumal das Geschäftsleben doch soviel einfacher wäre, wenn man sich immer an klare Regeln halten könnte.

Die Goldenen Guerilla-Marketing-Regeln bieten Ihnen diese Klarheit an. An ihren Grundfesten gibt es nichts zu rütteln. Benehmen Sie sich wie ein Guerilla und befolgen Sie die Regeln. Ich habe nie behauptet, daß es immer leicht sein wird. Ich habe nie behauptet, daß es ein Kinderspiel ist. Ich habe auch niemals behauptet, daß es schnell gehen wird. Alles, was ich gesagt habe, ist, daß Sie, wenn Sie Ihre Firma nach diesen Goldenen Regeln führen, höhere Gewinne erzielen und weniger Kopfschmerzen haben werden.

Der Erfolg wird sich leichter und in größerem Umfang einstellen, als Sie es sich je hätten träumen lassen.

Wir beide wissen, daß es im Geschäftsleben neben dem Marketing auch noch auf andere Dinge ankommt. Diese Details müssen alle stimmen, sonst kann selbst das schönste Guerilla-Marketing, das nach diesen Goldenen Regeln betrieben wird, keine Wunder vollbringen. In diesem Buch werden viele dieser wichtigen Einzelheiten erwähnt, weil das Marketing so viele andere Geschäftsbereiche berührt. Lassen Sie sich von so einer kleinen Überlappung nicht verwirren.

Die menschliche Natur wird Sie bestimmt dann und wann in Versuchung führen, jene Regeln zu mißachten, die von der Schlauheit, der Zurückhaltung, Ihrem Netzwerk, einer systematischen Vorgehensweise, Humor oder Originalität im Marketing handeln. Das überrascht mich nicht, weil ich im Laufe meiner Karriere feststellen mußte, daß jene Regeln am häufigsten verletzt werden. Aber wenn Sie sich wirklich zu einem Verstoß hinreißen lassen, wette ich mit Ihnen, daß Sie diesen Fehler bald bereuen werden.

»Aua! Das Feuer ist heiß! Ich werde meine Hand bestimmt nicht mehr auf die Herdplatte legen!« Die vorliegenden Regeln ersparen Ihnen diese schmerzliche Lektion.

Weniger wahrscheinlich ist es, daß Sie mit den Regeln über Gewinne, Aufrichtigkeit, Wirtschaftlichkeit oder die Erlangung von Glaubwürdigkeit in Konflikt geraten, oder auch mit jenen beiden, die Sie dazu anhalten, sich interessant zu machen oder Ihre Fürsorge zu beweisen. Dazu sind Sie viel zu geschickt. Wenn Sie ein Buch über Marketing bis hierher gelesen haben, dann ist es nicht sehr wahrscheinlich, daß Sie Regeln von solch offensichtlicher Tragweite mißachten werden. Versuchen Sie, dieselbe Standfestigkeit auch bei den anderen Goldenen Regeln an den Tag zu legen.

Jetzt, wo Sie die Regeln und ihre Konsequenzen kennen, fordere ich Sie auf, in die Welt hinauszugehen und selber ein paar neue Regeln zu entdecken. Finden Sie durch Experimente mit Ihrem Marketing Ihre eigenen Regeln heraus. Standhaftigkeit schließt Versuche mit neuen Methoden nicht aus, solange diese Versuche auf Testmärkten durchgeführt werden.

Experimentieren und das Risiko, dabei einen Reinfall zu erleben, gehören sogar zum Guerilla-Marketing wie das Amen zum Gebet. Lassen Sie sich nicht durch kalte Füße von möglicherweise heißen Ideen abhalten. Wenn Sie noch nie auf die Schnauze gefallen sind, haben Sie offensichtlich noch nicht genügend ausprobiert, oder aber Sie sind bereits ein perfekter Guerilla, der immer genau weiß, wo der Hund begraben liegt. Denken Sie jedenfalls immer daran, daß man beim Experimentieren nicht notwendigerweise gegen die Regeln verstoßen muß.

So weit, so gut. Dann ändern wir jetzt unsere Richtung noch mal um 180 Grad und *denken einmal ernsthaft über Verstöße gegen die Regeln nach.*

Vielleicht haben Sie einmal einen wirklich guten Grund, es zu tun. Dann tun Sie's doch! Vielleicht möchten Sie zu einem bestimmten Zweck eine Ausnahme von der Regel machen. Sie haben sich die ganze Sache gründlich überlegt und auch die entsprechende Regel nochmals genau durchdacht. Tun Sie's! Viel Glück, und das meine ich ernst.

Meine Frau sagte, daß Regeln dazu da sind, um gebrochen zu werden. In Wirklichkeit sind Regeln natürlich dazu da, damit man sich nach ihnen richtet, aber man kann sie ruhig von Zeit zu Zeit hinterfragen. Viele dieser Regeln enthalten die Antworten auf Fragen, die sich irgendwann einmal ein Guerilla gestellt hat. Andere wiederum sind das Ergebnis schlechter Erfahrungen mit einem Verhalten, das zu ihrer Aussage in genauem Widerspruch steht. Viele haben durch Jahrhunderte hindurch und auf der ganzen Welt immer wieder ihre Richtigkeit bewiesen.

Ich habe diese Regeln nicht mehr erfunden, als Moses die Zehn Gebote »erfunden« hat. Ich stelle sie Ihnen nur vor, zusammen mit meinem Ratschlag, ihnen Glauben zu schenken und darauf zu vertrauen, daß sie Ihnen dieselben guten Dienste erweisen werden wie vielen anderen vor Ihnen.

Kommen wir auf den Punkt; das Versäumnis, diese Regeln zu befolgen, hat die Unternehmen vieler anderer Geschäftsleute ins Trudeln gebracht, obwohl sie die besten Absichten verfolgt hatten. Darunter waren einige durchaus intelligente Menschen, die aber von Guerilla-Marketing nichts verstanden.

Wenn Sie sich einen Gefallen tun wollen, für den Sie sich dann selbst ewige Dankbarkeit schulden, dann fragen Sie sich einmal, *warum* Sie gegen eine Regel verstoßen wollen. Fällt Ihnen kein gutes Argument ein, so ist das ein gewichtiger Grund mehr, die Regel doch zu befolgen. Stellen Sie sicher, daß Ihnen *bewußt* ist, was Sie im Begriff sind zu tun, wenn Sie gegen eine Regel verstoßen. Zumindest werden Sie mit voller Absicht handeln, und nicht ahnungslos in die Falle tappen.

Es fällt schwer, sich eine sinnlosere Geldverschwendung in einem Unternehmen vorzustellen als den unabsichtlichen Verstoß gegen eine Goldene Regel. Nach der Lektüre dieses Buches ist meine Hoffnung groß, daß das zumindest Ihrem Unternehmen nicht mehr passieren wird.

Alle diese Goldenen Regeln fügen sich zu Einsichten und Erkenntnissen zusammen, die einem erfolgreichen Marketing den Boden bereiten. Für einen Guerilla, der die Absicht hat, auch im dritten Jahrtausend nach Christus noch ein blühendes Unternehmen zu führen, ist das eine feine Sache. Ein altes chinesisches Sprichwort besagt, daß der gesegnet ist, der Voraussicht hat. Ich aber sage Ihnen, wenn Sie diese Einsichten haben, sind Sie tausendfach gesegnet. Zusammen mit allen Segnungen gebe ich Ihnen noch diese Goldenen Regeln mit auf den Weg.

## Aus unserem Programm

Jay Conrad Levinson
### *Guerilla Marketing*
Offensives Werben und Verkaufen für kleinere Unternehmen
Aus dem Englischen von Volkhard Matyssek
2. Auflage 1992. 224 Seiten. ISBN 3-593-34396-7

Kleine und mittlere Unternehmen müssen mit besonderen Mitteln kämpfen, um gegen die größeren Konkurrenten zu bestehen. Jay Conrad Levinson zeigt, wie kleine Unternehmen die neuesten Erkenntnisse des Marketings für maximale Gewinne bei niedrigen Kosten einsetzen können, und zwar in allen Varianten – von Kleinanzeigen bis zur Fernsehwerbung, vom Rundfunk bis zum Direkt-Marketing.

Jay Conrad Levinson, Bill Gallagher, Orvel R. Wilson
### *Guerilla Verkauf*
Mit unkonventionellen Ideen den Kunden gewinnen
Aus dem Englischen von Barbara Steckhan und Sonja Schuhmacher
1993. 247 Seiten. ISBN 3-593-34851-9

Levinson entwickelt für sieben Persönlichkeitstypen konkrete Strategien, wie man einen Kunden identifiziert, die Verkaufspräsentation darauf abstimmt und ihn zur Kaufentscheidung führt. Statt auf massive Überredungskraft setzt der »moderne« Verkäufer vorrangig auf Zeit, Überzeugen und Phantasie.

»Levinson überträgt das Guerilla-Prinzip praxisnah, verblüffend einleuchtend. Er wirkt wohltuend direkt und einfach dem Trend zu immer mehr Komplexität und Verwissenschaftlichung des Verkaufens entgegen. Es macht Spaß, sich von ihm zu mehr Erfolg führen zu lassen.«

*Rainer Krüger, Reemtsma*

Campus Verlag · Frankfurt / New York

J. T. Auer

# Die Kunst des Verkaufens

Aus dem Englischen von Margit Popp
1992. 188 Seiten. ISBN 3-593-34733-4

»Dieses Buch voller Ideen und Beispiele empfehlen wir allen Verkäufern und jedem, der eine Verkäuferkarriere ins Auge faßt.«

*The Commercial Travellers' Association of Canada*

»Dieses Buch ist praxisnah, informativ, motivierend und konzentriert sich auf das Wesentliche. Es hilft dem Verkaufs-Profi besser zu werden, und dem Verkaufsanfänger, schnell Erfolg zu haben.«

*Rainer Krüger, Reemtsma*

William H. Davidow, Bro Uttal

# Service Total

Mit perfektem Dienst am Kunden die Konkurrenz schlagen
Aus dem Englischen von Sonja Binder
2. Auflage 1992. 243 Seiten. ISBN 3-593-34442-4

»Noch nie wurde so eindringlich gezeigt, wie der Dienst am Kunden über den Erfolg jedes Unternehmens entscheidet. An vielen Beispielen aus der Praxis zeigen die Autoren, wie ein effizienter Kundendienst aufgebaut, organisiert und eingesetzt wird. Sehr hilfreich sind die konkreten Handlungsempfehlungen am Ende der Kapitel.«

*Prof. Dr. W. Engelhardt*

»Dieses Buch argumentiert überzeugend, daß sich Kundendienst auszahlt, weil ›Qualität nichts kostet‹. An dieses Konzept sollten sich alle am Wirtschaftsleben Beteiligten halten.«

*Andrew S. Grove, Vorstandsvorsitzender der Intel Corporation*

## Campus Verlag · Frankfurt / New York